Henner Kotte

Russentod in Frauenstein

Henner Kotte

Russentod in Frauenstein

und sieben weitere authentische Kriminalfälle
aus dem Erzgebirge

Bild und Heimat

Von Henner Kotte liegen bei Bild und Heimat außerdem vor:

Bonnie & Clyde vom Sachsenplatz *und zwei weitere Verbrechen* (Blutiger Osten, 2018)

Falsche Ideale. *Fünf wahre Verbrechen* (Blutiger Osten, 2019)

Ministermord unter der Augustusbrücke. *Ein historischer Kriminalfall aus Dresden* (Blutiger Osten, 2019)

Populäre Sächsische Legenden (2019)

Die vermauerte Frau. *Wahre Verbrechen aus Leipzig* (Blutiger Osten, 2020)

Jugend mit aller Gewalt. *Sechs authentische Kriminalfälle aus Sachsen* (Blutiger Osten, 2021)

Der Opfermord von Belmsdorf *und zwei weitere authentische Kriminalfälle aus der Oberlausitz* (Blutiger Osten, 2021)

Die Tote aus dem Zöffelpark. *Drei authentische Kriminalfälle aus der Region Chemnitz* (Blutiger Osten, 2021)

Versicherung zahlt! *Zwei aufsehenerregende Kriminalfälle aus Sachsen* (Blutiger Osten, 2022)

Sächsische Höhepunkte. *Von Gipfeln, Türmen, Aufsteigern und Überfliegern* (2022)

ISBN 978-3-95958-345-9

1. Auflage dieser Ausgabe

Umschlaggestaltung: capa
Umschlagabbildung: Chris Keller / bobsairport
Druck und Bindung: CPI Moravia Books s. r. o.

SUPERillu

In Kooperation mit der SUPERillu

www.superillu-shop.de

Inhalt

Russentod in Frauenstein

Es war einmal ein Soldat, der hatte dem König lange Jahre treu gedient: als aber der Krieg zu Ende war und der Soldat, der vielen Wunden wegen, die er empfangen hatte, nicht weiter dienen konnte, sprach der König zu ihm: »Du kannst heimgehen, ich brauche dich nicht mehr: Geld bekommst du weiter nicht, denn Lohn erhält nur der, welcher mir Dienste dafür leistet.« Da wusste der Soldat nicht, womit er sein Leben fristen sollte: ging voll Sorgen fort und ging den ganzen Tag, bis er abends in einen Wald kam. Als die Finsternis einbrach, sah er ein Licht, dem näherte er sich und kam zu einem Haus, darin wohnte eine Hexe. »Gib mir doch ein Nachtlager und ein wenig Essen und Trinken«, sprach er zu ihr, »ich verschmachte sonst.« »Oho!«, antwortete sie, »wer gibt einem verlaufenen Soldaten etwas? doch will ich barmherzig sein und dich aufnehmen.«

Brüder Grimm: *Das blaue Licht*

14 km südwestlich der ehemaligen Kreisstadt Dippoldiswalde, nahe am Kamm des Erzgebirges, schmiegt sich an einem Berg das Städtchen Frauenstein. Es wird von einer Burgruine malerisch dominiert. »Die Stadt Frauenstein, urkundlich bereits 1289 und 1384 erwähnt, auch Vrouwenstein und Browinstein, soll ursprünglich tiefer unterhalb der Burg und zwar hart neben der Begräbniskirche gelegen haben. Erst im 15. Jahrh. sollen die Bürger begonnen haben, sich mehr bergauf an

der jetzigen Stelle anzubauen. Ein Richelmus de Frauenstein wird in einer Urkunde des Markgrafen Heinrich des Erlauchten, d.d. Plauen 1. September 1266, aufgeführt. Als Stadt tritt Frauenstein urkundlich im Jahre 1384 auf, schon 1418 hatte es einen Bürgermeister. Zur Vergrößerung der Stadt trug der früher nicht unbedeutende Bergbau wesentlich bei. Stadt und Burg gehörten im Mittelalter den Burggrafen zu Meißen, dann jenen zu Reuß-Plauen, 1440 erkaufte sie Kurfürst Friedrich der Sanftmüthige und 1473 gingen beide in den Besitz der v. Schönbergischen Familie über, von welcher sie 1647 wieder in kurfürstlichen Besitz gelangten. Die ehemals ummauerte Stadt besaß fünf Thore, von welchen nichts mehr erhalten ist, und wurde durch viele Brände, besonders jene von 1534 und 1728 verwüstet, so dass von den alterthümlichen Gebäuden sich nichts mehr vorfindet.« Der berühmteste Sohn der Stadt ist der 1683 in dem heutigen Ortsteil Kleinbobritzsch geborene Orgelbauer Gottfried Silbermann. *Laß den Satan wittern, / Laß den Feind erbittern, / Mir steht Jesus bei. / Ob es itzt gleich kracht und blitzt, / Ob gleich Sünd und Hölle schrecken: / Jesus will mich decken.*

Kriegsende 1945: Am 2. Mai kapitulierte die Reichshauptstadt vor den einmarschierenden Truppen der Roten Armee. Sechs Tage später, am 8. Mai 1945, unterzeichneten die Generäle Hans-Georg von Friedeburg, Wilhelm Keitel und Hans-Jürgen Stumpff in Berlin-Karlshorst die bedingungslose Kapitulation aller unter ihrem Befehl stehenden Militäreinheiten. »Das Oberkommando der Deutschen Wehrmacht wird unverzüglich allen Behörden der deutschen Land-, See- und Luftstreitkräfte und allen von Deutschland beherrschten Streitkräften den Befehl geben, die Kampfhandlungen um 23.01 Uhr mitteleuropäischer Zeit am 8. Mai einzustellen und in den Stellungen zu verbleiben, die sie an diesem Zeitpunkt innehaben und sich vollständig zu entwaffnen, indem sie Waffen und Geräte an die örtlichen Alliierten Befehlshaber beziehungsweise an die von den Alliierten Vertretern zu bestimmenden Offiziere abliefern.« *Stunde Null.*

Erzgebirge. »Bei uns kommt der Frühling später als anderswo. Das macht die Höhe. Wenn unten im Lande die Kirschbäume schon in Blüte stehen und auf den Flächen das Wintergetreide längst grünt, öffnen sich bei uns erst die Krokusse, die Bauernweiber, über die Erde gebückt, stecken die Saatkartoffeln in den kargen Boden der winzigen Äcker, die eingebettet liegen zwischen den Steinen der Berge, und in den Wäldern findet sich noch, geschützt vom Schatten der Bäume, grauer Schnee. Ich beschreibe Ihnen das, damit Sie die Vorfrühlingsstimmung mitempfinden können, die über der Landschaft lag, obwohl man schon Mai schrieb, und die, für mich wenigstens, auch symbolische Bedeutung hatte, obwohl ich gewöhnlich solche gefühlsbeeinflussten Haltungen wenig ernst nehme«, schildert ein Augenzeuge jenen 1945er-Frühling im Gebirge.

Das östliche Erzgebirge wurde bei Kriegsende von den Truppen der Roten Armee besetzt, in den westlichen marschierten die Amerikaner. Dazwischen war es »in diesem Teil des Landes noch völlig unklar, wer kommen und das Dorf oder die Stadt besetzen würde, die Russen oder die Amerikaner; die Mehrzahl der Leute, das war sogar unter den Fremdarbeitern und erst recht bei den Flüchtlingen spürbar, hoffte, es möchten die Amerikaner sein, weil diese aus einem bekanntlich sehr reichen Lande kamen und daher größere Vorräte mit sich führen würden, an die sich eventuell herankommen ließe, während die Russen, ebenso arm wie unzivilisiert und ungezügelt, und dazu rachsüchtig, die geringen Werte, die einem noch geblieben waren, plündern, die Weiber vergewaltigen und Gott weiß was noch für Schandtaten begehen würden.«

Auf den Höhenzügen um Schwarzenberg standen sich die Armeen der Alliierten dann gegenüber. 2 000 km^2 dazwischen waren 42 Tage lang die *Freie Republik Schwarzenberg*. Frontverlauf und Truppenbewegungen in den letzten Kriegstagen waren unübersichtlich. »Oben auf der Höhe warf er einen Blick zurück. Es war ein überwältigendes Bild. So weit er in der Dämmerung sehen konnte, hatten die sowjetischen Truppen in voller Breite den Talgrund erreicht. Vielleicht würden sie noch ein Stück den Hang heraufrücken, aber weiter konnten sie den Angriff heute nicht mehr vortragen; es war schon zu spät. Wer von den deutschen Soldaten da unten noch lebte, würde in Gefangenschaft geraten. Er hatte es gewusst und war mit dem Instinkt, der sich in ihm in den Jahren an der Front entwickelt hatte, entschlüpft. Auf der anderen Seite jedoch lagerten die Amis. Ob die ihn laufen ließen war ungewiss«, beschreibt eine zeitgenössische Erzählung die Situation.

Auch in Frauenstein waren es im Mai 1945 lange Tage im Machtvakuum. Vereinzelt hallten Schüsse. Wehrwölfe und Wehrmachtssoldaten glaubten noch immer an den Endsieg. Flüchtlinge und Deserteure irrten durch die Wälder. Einwohner hockten bang in ihren Häusern. Behörden- und Befehlsstrukturen waren aufgehoben. Sowjetische Soldaten suchten Schlafstatt, Sex und was zum Fressen. Chaos und Angst und aussichtslose Zukunft.

»Im Osterzgebirge zogen wir uns in die Bergwälder zurück, um erst mal vor dem Zugriff der russischen Truppen in Sicherheit zu sein und unsere Lage in Ruhe klären zu können«, erinnert sich ein Landser, dessen Truppe sich in Auflösung befand.

»Wir zogen in den Bergwäldern westwärts, bis wir an ein Bergdorf kamen. Dort sahen wir, dass Frauen dabei waren, Bettlaken zu zerreißen, um weiße Armbinden für die Soldaten daraus zu machen. Wir sahen auch, dass am Ende des bergab führenden Weges ein russischer Soldat stand. Er ließ alle deutschen Soldaten, die eine weiße Armbinde hatten, nach kurzer Kontrolle unbehelligt weitergehen. Daraufhin fassten die meisten von uns und so auch ich den Mut, zu dem russischen Kommissar hinunterzugehen. Ich baute meine Maschinenpistole auseinander und warf die Einzelteile in verschiedene Richtungen in die Büsche. Von den Frauen erhielt ich auch eine weiße Armbinde und ging mit gemischten Gefühlen hinunter zu dem Russen. Der fragte in bestem Deutsch: ›Du noch Waffen, Munition?‹ Ich sagte ›Nein.‹ – ›Dann alle nach Hause nach Mutter.‹ Das Hinübergehen zu den Russen ging reibungsloser, als ich dachte. So zogen wir deutschen Soldaten dann entgegengesetzt zu den russischen Truppen auf derselben Straße. Die Russen zogen nach Süden Richtung Tschechoslowakei und wir gen Westen. Es gab verhältnismäßig wenig Übergriffe durch die Russen. Ich musste nur einmal irgendein Kraftfahrzeug mit anschieben helfen, worüber ich mich irgendwie doch innerlich erregte. Aber was sollte irgendeine Gegenreaktion. Wir mussten uns in unserer Lage eben fügen. Sobald wir konnten, verließen wir die Hauptstraße und zogen auf Nebenstraßen durch die Berge. Unterwegs hatten wir immer wieder in den Straßengräben viele Tote liegen sehen. Es waren vielfach erschossene Angehörige von Polizeieinheiten, was an der hellgrünen Uniform zu erkennen war. Warum die Russen sie erschossen hatten, habe ich nicht erfahren können. Ich hatte sicherheitshalber mein Ärmelband mit der Aufschrift *Hermann Göring* abgetrennt und weggeworfen, um nicht sofort als Angehöriger dieser Eliteeinheit erkannt zu werden. Auch habe ich dann den Luftwaffenadler aus der feldgrauen Uniform herausgetrennt, denn es gab in der deutschen Wehrmacht nur eine Einheit, die feldgraue Uniform mit Luftwaffenadler trug, nämlich unser *Fallschirmpanzerkorps H.G.* Bei uns ging immer das Gerücht, dass bei den Russen ein Kopfgeld auf Angehörige des *Fallschirmpanzerkorps H. G.* ausgesetzt sei. Dies sei der Fall, seitdem die russische Eliteeinheit *Die Stalinschüler*, die grundsätzlich keine Gefangenen machten, sondern alle Gegner vernichteten, von unseren Panzergrenadieren auch dementsprechend bekämpft und bei Warschau total aufgerieben wurde. Unterwegs im Erzgebirge sind mir öfter Soldaten begegnet, denen die Russen die guten Lederschuhe ausgezogen hatten und die sich nun mit den russischen Schuhen herumquälten oder auf Socken herumliefen, weil die Schuhe nicht passten. Meine neuen Schuhe haben die Russen auch wiederholt angeschaut. Aber meine Schuhe (Größe 47) waren ihnen wohl zu groß, und so behielt ich meine Schuhe. An der Ausrüstung der nach Süden ziehenden russischen Truppen konnte man erkennen, dass auch sie am Ende waren. Es waren wenig Motorfahrzeuge zu sehen. Vorwiegend zogen Pferdefuhrwerke, vor allem Panjewagen, mit vielen wohl erbeuteten Pferden und Massen von Soldaten aller russischen und asiatischen Rassen in erdbraunen Uniformen die Straßen entlang. Am Ende dieses Tages gegen Abend verfolgten uns plötzlich russische Soldaten und riefen uns etwas zu. Wir begriffen nicht, was wir sollten, denn es war uns doch gesagt worden, wir könnten alle ›nach Hause nach Mutter‹ gehen. Es wurde aber ernst. Die Russen schlugen uns mit Gewehrkolben ins Kreuz und riefen dabei: ›Dawai, dawai!‹ Sie trieben uns auf eine große Wiese, wo schon sehr viele Menschen lagerten. Im ersten Moment dachte ich noch, es seien alles befreite Gefangene. Nein, dann erkannte ich, dass es wohl an die 1000 oder noch mehr deutsche Soldaten waren, die zusammengetrieben worden waren und dort auf der Erde saßen. Wir waren in russischer Kriegsgefangenschaft!« *Stunde Null.*

Eine andere Beschreibung des gleichen Tages: »Frieden. Nach wie langer Zeit … Denn wann der Krieg eigentlich angefangen hatte, das wußte schon keiner mehr so richtig, wahrscheinlich begann er bereits mit den Fackelzügen der Uniformierten durch die Städte des Reiches und mit den gellenden Aufrufen der Führer.

Frieden. Und dann diese unvorstellbare Stille. In der vergangenen Nacht, pünktlich um null Uhr, so hatten sie im Radio angesagt, waren die Feindseligkeiten eingestellt worden – Feindseligkeiten, was für ein ausgesprochen zurückhaltendes Wort für soviel Blut. In solcher Stille ist man versucht, nachzudenken: wie alles war, und wie es geschehen konnte, auch wie es gekommen sein mag, daß man selbst noch lebt. Das nie mehr, hatte Bertha ihm gesagt, ich bin deine Frau, hatte sie gesagt, und ich verlange von dir, daß du dich von jetzt an ruhig verhältst, die haben die Macht, das siehst du doch, und es kommt mir kein unbedachtes Wort mehr aus deinem Mund, nichts, was sie reizen könnte, du tust deine Arbeit, wenn du welche kriegst, und wartest, bis sie dich vergessen.« So werden viele Frauen und Mütter in jenen Nächten ohne Zukunft zu ihren Männern und Söhnen gesprochen haben aus Angst, aus Hoffnung, aus unbedingtem Überlebenswillen. Vielleicht auch Hulda Hegewald zu ihrem Gatten in Frauenstein / Erzgebirge, Freiberger Straße 89, Erdgeschoss links.

Reinhold Hegewald erlebte die letzten Kriegstage daheim. Er war in Frauenstein geboren, aufgewachsen, hatte geheiratet und Kinder gezeugt. Er war kein Soldat gewesen. Er war Kommunist und Baggerführer, hörte schwer und hatte unfallbedingt ein steifes Bein. In seiner Wohnung gab er in jenen Nächten Nachbarsfrauen Obdach, die sich vor der Zeit und *dem Russen* fürchteten. Sie alle saßen gedrängt um seinen Küchentisch. *Zum Wohl!* Im Wohnzimmer trank Hegewald mit seinem Untermieter Erich Jäger Schnaps aus herrenlosen Wehrmachtsbeständen. Ungewiss war ihnen, was die nächsten Tage bringen würden. Da klopfte es.

Erich Jäger: »Hegewald kam in mein Zimmer und sagte, daß ein Soldat da wäre, der hier übernachten wollte. Ich sagte zu Hegewald, er soll den Mann dort schlafen lassen, wo die beiden anderen Soldaten von der vorhergehenden Nacht geschlafen haben, und damit hatte sich die Sache für mich erledigt. Nach einiger Zeit kam Hegewald wieder in mein Zimmer und sagte zu mir, ich solle herauskommen, der Soldat wolle nicht schlafen gehen bzw. wolle zum Schlafen eine Frau mithaben. Ich versuchte, den Soldaten zu beruhigen. Aus diesem Grunde wurden auch noch mehrere Schnäpse getrunken. Die Beruhigung gelang mir jedoch nicht, denn der Mann versuchte wiederholt, nach der Frau Hegewald zu greifen, sowie er auch zu verstehen gab, daß er eine Frau zum Schlafen haben wollte, worauf er mir an die Hand griff und den Daumen nach hinten verdrehte und mich auf das Sofa warf. Ich stand wieder auf und besah mir meinen Daumen, inzwischen hatte sich schon Hegewald mit dem Mann in den Haaren, und ich hörte nur noch einen dumpfen Knall, worauf der Mann zusammenbrach. Das war das Werk weniger Sekunden. Hegewald hat mehrmals zugeschlagen. Dieses ging so schnell, daß mir hier keine Möglichkeit blieb, helfend einzugreifen.«

Ein Polizeifoto zeigt das Tatwerkzeug: großer, metallener Aschenbecher der *Vernicklungsanstalt Wilh. Metzger Rheinstraße 24 Waldshut.* Der ist modelliert wie eine Plastik, zeigt ein Hochhausdach mit einem Zeppelin im Anflug. Er scheint schwer zu wiegen und zugleich ein Kunstwerk zu sein. Handhabbar wie eine Hantel aus dem Kraftraum.

Es ist der 8. Mai im Jahre 1945, abends gegen 22 Uhr. In Berlin-Karlshorst unterzeichnet die Führung der deutschen Wehrmacht ihre bedingungslose Kapitulation. Später wird man diesen Tag offiziell *Tag der Befreiung* nennen. Zur selben Zeit hat auch in Frauenstein / Osterzgebirge, im Haus Freiberger Straße 89, hinterm Ladenschild *Schuhwaren Strauß & Kreher* in Familie Hegewalds Wohnzimmer die *Stunde Null* geschlagen.

Reinhold Hegewald wurde am 13. Dezember 1909 in der Stadt Frauenstein geboren, und seine Biografie gleicht vielen aus dieser Zeit und Gegend: »Mein Vater Arthur Hegewald war Handelsmann und Seiler, sein Vater ebenfalls. Meine Mutter stammt aus einer Maurerfamilie. Wir waren eine kinderreiche Familie, so habe ich schon als Kind die Not und das Mitverdienen zum Leben kennengelernt. 1924 verließ ich die Volksschule und lernte bis 1927 das Seilerhandwerk. Von 1927 bis 1945 war ich im Tiefbau mit kurzen Unterbrechungen tätig. Habe als Tiefbauarbeiter angefangen, und bis zum Baggermeister habe ich mich heraufgearbeitet, damit war mein Wunsch, den ich als Kind hatte, erfüllt. Dann ich wollte gern das Schlosserhandwerk erlernen, was mein Vater aber nicht durchsetzen konnte. Durch meine Arbeit bin ich viel in Deutschland herumgekommen. Politisch habe ich mich 1927 organisiert, ich trat in die KPD ein, bis 1933. Der NSDAP habe ich nicht angehört. Am 2.10.1933 verheiratete ich mich mit der Tochter des Eisenbahners Hermann Schwarzer, Hulda Schwarzer, mit der ich ein uneheliches Kind hatte, das am 27.12.1927 geboren wurde. In meiner Ehe gebar meine Frau noch drei Kinder, zwei

Jungen und ein Mädchen. Mein Leben und meine Arbeit gilt nur meiner Familie, um meinen Kindern ein besseres Leben und Zukunft zu gestalten. Mein Familienleben war gut und ist auch ohne ernste Auseinandersetzungen bis 1945 verlaufen, obwohl ich ein bißchen mehr Liebe von meiner Frau verlangt hätte, dafür gleichten meine Kinder mir das fehlende aus.

1945 wurde ich als Bürgermeister in Frauenstein eingesetzt. Dieses Amt hatte ich bis zur Wahl 1946 inne, anschließend arbeitete ich als Geschäftsführer des Kreisvorstands der SED. 1947 übernahm ich die Holzabführung des Kreises Dippoldiswalde bis zu meiner Verhaftung am 28.4.1950. Militärdienst habe ich nicht geleistet, war als arbeitsverwendungsfähig gemustert. Habe bis 1945 ein einwandfreies Leben geführt, was ich auch meiner Mutter zu Liebe getan habe, die am 4.7.1950 70 Jahre alt sein wird und 16 Kinder zur Welt gebracht hat. Was ich aber seelisch von 1945 bis zu meiner Verhaftung durchgemacht habe, läßt sich nicht niederschreiben, und auch nicht der jetzige Zustand.

gez. Reinhold Hegewald«

1950: Die Kriegsjahre waren vergangen. In der Sowjetischen Besatzungszone hatte man am 7. Oktober 1949 *den ersten sozialistischen Staat auf deutschem Boden,* die DDR, gegründet. Das Leben begann seinen Gang zu gehen. Reinhold Hegewald hatten die Genossen der Partei aufgrund tadelloser Biografie und langer KPD-Mitgliedschaft an eine entscheidende Stelle des Zweijahresplanes 1949/50 gestellt. Als Bürgermeister von Frauenstein hatte Hegewald in den ersten Nachkriegsmonaten für Ordnung und Verwaltung in der Kleinstadt gesorgt. Dann hatte man ihn mit größerer Verantwortung betraut. Die Familie war deswegen in den Kreisverwaltungssitz Dippoldiswalde umgezogen. 1950 war Reinhold Hegewald im Osterzgebirge verantwortlich für die staatlichen Kontingente der Holzlieferungen.

Keiner plagt sich gerne, doch wir wissen:
Grau ist's allzeit, wenn ein Morgen naht,
und trotz Hunger, Kält und Kümmernissen
stehn zum Handanlegen wir parat.

Holz – Material, das beim Aufbau des neuen Staates helfen sollte. Denn »Holz ist weltweit vom Volumen und von der Masse her der bedeutendste Rohstoff«. Es gab guten Willen und Baupläne für kleine und Großprojekte. Die Jugendbrigaden sangen:

Fort mit den Trümmern und was Neues hingebaut!
Um uns selber müssen wir uns selber kümmern,
und heraus gegen uns, wer sich traut!

Max braucht Wasser, hieß es im thüringischen Unterwellenborn. Im nahen Höllengrund bei Eibenstock staute die FDJ in ihrem zentralen Jugendobjekt die *Kleine* und die *Große Bockau* zur *Talsperre Sosa.* Damit setzte sie ein lang gehegtes Vorhaben in die Tat um. »Von Anfang an erschwerten Materialmangel sowie fehlende Technik und Fahrzeuge die Bauarbeiten. Dennoch gelang es, die Talsperre bereits 1952 fertig zu stellen. Seit ihrer Inbetriebnahme versorgt die Talsperre Sosa den Raum Aue-Schwarzenberg mit Trinkwasser. Ihre Hochwasserschutzfunktion ist auf das Tal der *Großen Bockau* begrenzt. Als Trinkwasserreservoir sind hier Baden oder Wassersport nicht möglich. Sie ist aber dennoch ein beliebtes Ausflugsziel.«

Holz – es war nicht nur notwendig für Sosa, auch andere Aufbauwerke der keimenden sozialistischen Planwirtschaft warteten darauf. Holz aber brauchte man auch ganz privat. Es musste geschlagen, transportiert und gelagert werden. Dazu benötigte man Sägen, Traktoren, Lkws. Deren Koordination und Überwachung oblag Genossen Hegewald in der Kreisdienststelle Dippoldiswalde, denn »wenn der Baum gefallen ist, läuft jeder hin, um Holz zu holen«. Hegewalds Verantwortung war groß.

Im ersten Quartal des Jahres 1950 fielen der Kontrollkommission Unregelmäßigkeiten im Aufgabenbereich des Genossen Reinhold Hegewald auf. Dringend nötige Maschinen waren verschwunden, und sie blieben es. Vor allem Kraftfahrzeuge standen nicht mehr genügend zur Verfügung. Gerüchte kursierten, der Klassenfeind im andern Deutschland habe sie erhalten. Genosse Hegewald sieht sich plötzlich unter Verdacht der Schieberei und illegaler Geschäfte, vor allem scheint er ideologisch die Seiten gewechselt zu haben. Das bedeutet: Verhaftung und Karriereende. Doch wird der Verdacht noch in eine ganz andere Richtung gelenkt. Am 24. März 1950 geht bei der Kreisdienststelle der Volkspolizei ein anonymes Schreiben ein.

»… da Sie in Frauenstein dabei sind, alte Sachen auszuspionieren, möchte ich Sie zu einer kriminalen Sache verhelfen. Der frühere Bürgermeister Hegewald hat 1945 in seiner Wohnung einen russischen Offizier ermordet und im Wald vergraben, Zeugen sind seine Ehefrau, sein Bruder Hubert, der Rittmeister Herrmann und Rittmeister, sein Freund, Wilhelm Schubert, seine Mutter, seine Tante Thekla. Ich darf wohl hoffen, daß die Sache auf Erklärung findet.« Man ist alarmiert und ermittelt. Zunächst den Schreiber:

»Die zur Untersuchung beigefügte Handschrift trägt weiblichen Charakter; es handelt sich demzufolge beim Schreiber derselben vermutlich um eine Frau im Alter zwischen 20 bis 35 Jahren. Schreiber ist ein Verstandesmensch und verfügt über ein gut durchschnittliches Bildungsniveau, praktischen Verstand, Festigkeit und Energie. Schreiber ist eigenwillig und zurückhaltend und zeichnet sich durch Einfachheit, Verschwiegenheit und Gewissenhaftigkeit aus.« Wer aber die Zeilen tatsächlich verfasste, das bleibt ungeklärt. Grund aber gibt es jetzt mehr als einen für Reinhold Hegewalds Verhaftung. Polizisten nehmen den 40-Jährigen am 28. April des Jahres in Dippoldiswalde fest. Er wird, aufgrund der Schwere des Vergehens, alsbald in die Landesbehörde Sachsen, ins VP-Präsidium Dresden, Schießgasse 7, überstellt.

Das wuchtige Sandsteingebäude entwarf Julius Temper. 1895 bis 1900 baute man. Es dominiert mit seiner dunklen Fassade den Pirnaischen Platz auch heute. Das Haus »gehört zu den staatlich-repräsentativen Gebäuden des Historismus in Dresden und trägt Stilelemente der Renaissance und des Barocks. Die beiden runden Haupttürme an den Ecken enthalten auch eine angedeutete Brustwehr und verleihen dem Gebäude einen Festungscharakter. Das Gebäude hat vier Flügel und drei Innenhöfe. Das Hauptportal an der Schießgasse ist somit nicht Giebel eines Hauptflügels, sondern füllt den Raum zwischen den beiden inneren Flügeln.« Die Schießgasse wurde in Sachsens Hauptstadt bald zum Synonym für Polizei. Bei den Angriffen im Februar 1945 wurde das Dresdner Polizeipräsidium nur teilweise zerstört und blieb funktionsfähig. Ein 1983 erfolgter Neubau wurde abgerissen, die Rückfront schließt an den wiedererstandenen Neumarkt mit Frauenkirche an.

In den Räumen der Schießgasse am 29. Juni 1950: »Aus der

Haft vorgeführt wird der Hegewald, Reinhold. Nachdem er zur Wahrheit ermahnt wurde, macht er folgende Aussagen:

Zur Person: Hegewald, Reinhold Walther
geb. 13.12.09 in Frauenstein
wh. Dippoldiswalde, Goethestraße 10
Beruf: Baggermeister, z. Zt. Angestellter.
Einkommen: 380,– netto
verheiratet mit Hulda, geb. Schwarzer
wh. wie oben.
Kinder: 4 im Alter von 23, 16, 13 und 12 Jahren
Vater: verstorben
Mutter: Erna, geb. May
wh. Frauenstein, Freiberger Straße 89
Geschwister: 7
Staatsangehörigkeit: deutsch
Vorstrafen: angeblich keine

Zur Sache:
Ca. drei Wochen vor Kriegsschluß '45 kam ich in meinen Heimatort Frauenstein aus Rathen zurück. In Rathen war ich bei der Baufirma Hilmar Krauß als Baggermeister beschäftigt. Bei dieser Firma führte ich diese Tätigkeit ca. 9 Jahre aus. Soldat war ich infolge eines Unfalles im Jahre '31, wobei ich mir den Oberschenkel brach und eine Brustkorbverletzung davontrug, nicht. Weiter bin ich auf dem rechten Ohr vollkommen taub. Nach meiner Rückkehr wohnte meine Frau in Frauenstein, Freiberger Str. 89 im Erdgeschoß links. Nachdem ich in Frauenstein eingetroffen war, habe ich bis zum Kriegsschluß keine andere Arbeit aufgenommen. Ich fuhr mit meinem Motorrad des öfteren im Bereich Frauenstein und Dippoldiswalde umher, um festzustellen, wie weit die Rote Armee vorgestoßen ist.

Ich selbst gehöre seit 1927 der KPD an. Von 1933–45 habe ich keiner Gliederung der NSDAP angehört. Hinzufügen möchte ich, daß wir nach '33 in Frauenstein uns dem *Stahlhelm* (Bund der Frontsoldaten, gegründet 1918) angeschlossen, um die SA zu untergraben. Da uns dieses nicht gelang und der *Stahlhelm* der SA angegliedert wurde, bin ich und noch einige andere wieder ausgetreten. Unter den Ausgetretenen befand sich der jetzige Kreisforstmeister von Dippoldiswalde Weber. Der größere Teil der *Stahlhelmer* ist zur SA übergetreten.

Während der drei Wochen habe ich den im gleichen Haus zur Untermiete wohnenden Jäger, Erich, in meine Wohnung aufgenommen. Der Hauptmieter des Jäger wurde zum *Werwolf* (nationalsozialistische Untergrundbewegung am Ende des II. Weltkrieges, oft brutale Einzelaktionen gegen sogenannte Volksverräter / z. B. Deserteure) eingezogen, und so mußte dieser ausziehen. Jäger war Marineangestellter. Er trug eine blaue Marineuniform mit einem Offiziersdolch. Meines Erachtens stand dieser im Offiziersrang. Jäger verwaltete die ausgelagerten Wehrmachtsgegenstände, welche im Schloß und teilweise in der Garage der Gaststätte *Goldener Löwe* untergebracht waren. Jäger bezog meine Wohnstube. Das Bett brachte er selbst mit. Jäger erklärte mir, daß er verheiratet sei und zwei Jungens habe. Er selbst sei aus Schlesien, und seine Familie wohnte zur damaligen Zeit in Berlin. Auf Grund des Benehmens und der geführten Unterhaltungen mit Jäger hatte ich den Eindruck, daß dieser für die Wehrmacht nicht viel übrig hatte. Ich konnte beobachten, daß er nicht mit ›Heil Hitler‹ grüßte, sondern einen ganz lässigen Militärgruß erwies. Jäger erklärte mir, daß er vor 1933 in Schlesien der SPD angehört habe, diese Partei dort selbst gegründet habe. Einige Tage noch vor Kriegsschluß begann der Jäger mit der Verteilung der ausgelagerten Wehrmachtsbestände, wofür er teilweise Lebensmittel verlangte. Er unterstützte uns ebenfalls mit Lebensmitteln und Kleidungsstücken aus Wehrmachtsbeständen.« Zwielichtig und verdächtig scheint der Erich Jäger allemal. Bereits zu Kriegsende hat er Waren zu eigenem Vorteil verschoben und verkauft. Tat er auch beim Kraftfahrzeugdiebstahl nun im Jahre 1950 mit? Doch, man sagt, Jäger sei nach Berlin verzogen. All die Jahre hat ihn keiner mehr im Erzgebirge gesehen. Doch auf jeden Fall hat Jäger Kenntnis von den Geschehnissen in jener Nacht des 8. Mai 1945, der *Stunde Null*.

Reinhold Hegewald beschreibt »den Jäger wie folgt: ca. 48 Jahre alt, ca. 1.70 m groß, starke, kräftige Gestalt, dunkelblondes, nach hinten gekämmtes Haar, rundes, volles Gesicht«. Weitere Details kann er zum Untermieter nicht geben. Und über die Vorkommnisse in der Nacht des 8. Mai sagt Reinhold Hegewald:

»Gegen 22 Uhr befand ich mich mit meiner Ehefrau, meiner Tochter Renate, jetzt 23 Jahre alt, meiner Mutter, zwei Schwestern meiner Mutter mit Namen Elfriede und Liska, sowie meiner Schwester Henriette, wh. in Dresden, und Jäger, Erich, in der Wohnung. Ob meine Tochter Renate mit anwesend war, kann ich jedoch nicht mit Bestimmtheit sagen.

In meiner Wohnstube befand sich meine Frau, Jäger und ich. Die anderen hielten sich zu diesem Zeitpunkt in meiner Küche auf. Während wir uns dort aufhielten, hörten wir auf dem Korridor Geräusche. Jäger ging nach draußen und unterhielt sich mit einem Mann in ausländischer Sprache. Ich hörte von der Stube aus, daß sich Jäger mit dem Gekommenen ziemlich laut und heftig unterhielt. Daraufhin begab ich mich auch auf den Korridor. Hier stellte ich fest, daß es sich um einen Mann handelte in einem blauen Schlosseranzug. Der

Mann war ca. 1.70–1.75 m groß, kräftige Gestalt, ca. 35–40 Jahre alt. Weitere Personenbeschreibung kann ich heute nicht mehr geben. Ich stellte fest, daß dieser leicht angetrunken war und vermutlich einer von den Leuten ist, die sich zur damaligen Zeit im Kreis von Frauenstein wild umhertrieben. Jäger, der, wie er selbst erklärte, aus Schlesien stammt, unterhielt sich mit dem Mann in polnischer Sprache. Ich mußte aber feststellen, daß Jäger nur wenige Worte von dieser Sprache beherrschte und daß er mit diesem nicht überein kam. Ob er unter dem Schlosseranzug eine Uniform hatte, kann ich nicht angeben. Ebenfalls habe ich bei ihm keine Waffe irgendeiner Art gesehen. Ich versuchte in deutscher Sprache, diesen Menschen mit zu beruhigen. Auf deutsch fragte dieser wiederholt: *Wo Frau?* Da ich wußte, daß sich in meiner Wohnung die angeführten Frauen befanden, versuchte ich ihn zum Schlafen zu bewegen und drängte ihn in mein Schlafzimmer und legte ihn auf das erste Bett. Hierzu wendete ich keine Gewalt an. Als ich feststellte, daß er schlief, verließ ich mit Jäger das Schlafzimmer und begab mich in die Stube zurück. Nach ca. zehn Minuten hörte ich, daß es im Schlafzimmer wieder sehr laut umging. Bei meinem Eintreffen im Schlafzimmer sah ich, daß dieser Mann wieder aufgestanden war und mit der Faust gegen den Schlafzimmerschrank schlug. Als ich es wieder im Guten versuchte, ihn zu beruhigen, wurde ich von ihm zur Seite gestoßen. Es war mir darauf nicht mehr möglich, ihn weiter in der Schlafstube zu halten. Er lief in die Stube, in welcher sich noch meine Frau und der Jäger befanden. Hier lief er sofort zu meiner Frau. Meine Frau begann zu schreien und um den Tisch herumzulaufen. Sie wurde von dem Unbekannten verfolgt. Jäger versperrte ihm den Weg. Daraufhin entwickelte sich zwischen Jäger und dem anderen ein heftiger Wortwechsel, der mit Faustschlägen endete. Ich sah, wie der Jäger einen heftigen Schlag gegen sein Kinn erhielt. Daraufhin schlug Jäger ebenfalls kräftig zurück und schrie um Hilfe. Soviel ich mich entsinnen kann, gelang es meiner Frau in der Zwischenzeit, während sich Jäger mit diesem schlug, aus der Stube zu flüchten. Ich selbst sah der Schlägerei kurze Zeit zu und eilte im Anschluß dem Jäger zur Hilfe. Ich nahm vom Tisch einen Aschenbecher und schlug dem Unbekannten mit diesem auf den Hinterkopf. Nach diesem Schlag fiel der Unbekannte zu Boden. Soviel ich noch weiß, hat Jäger ebenfalls vermutlich mit einer Beißzange auf diesen eingeschlagen. Nach dem Zusammensacken lag dieser bewegungslos am Boden. Es wurde weder von mir noch vom Jäger auf ihn weiter eingeschlagen. Jäger gab mir sofort den Auftrag, die Frauen in der Küche einzuschließen, damit sie dieses, was geschehen war, nicht zu sehen bekamen. Als ich wieder in die Stube zurückkam, erklärte Jäger, daß der Unbekannte tot sei. Auf dem Fußboden und an der Kleidung des Unbekannten sah ich Blut. Vermutlich muß dieses aus Nase oder Mund gekommen sein. Irgendwelche Verletzungen im Gesicht oder am Kopf habe ich nicht festgestellt. Jäger hatte, während ich die Küchentür geschlossen hatte, schon eine Decke über den Toten gelegt. Er schrie mich an: ›Der muß sofort weg!‹ und machte den Vorschlag, den Leichnam in die Jauchengrube zu werfen. Jäger lief an die Haustüre und überzeugte sich dort, daß niemand ins Haus eintritt. Die Haustüre ging schlecht zuzuschließen. Als wir feststellten, daß Ruhe im Haus war, schafften wir gemeinsam den Toten in den Hof und warfen ihn in die im Hof befindliche Jauchengrube, welche halbvoll war. Im Anschluß verdeckten wir wieder die Grube und liefen wieder in die Stube zurück, wo ich sofort das Blut aufwischte.

Nachdem haben wir die Frauen aus der Küche gelassen. Von Jäger wurde ich beauftragt, über den Vorfall mit niemandem zu sprechen.«

Jauchengruben besaßen dazumalen jedes Haus und jeder Hof. Kaum eine Wohnstatt, kaum ein Stall waren dieser Zeit an die kommunale Wasser- und Abwassernetze angeschlossen, selbst wenn diese existierten. Manch einer konnte gar erst nach 1990 auf eigne Kosten diese Rohre legen lassen. Plumpsklos befanden sich nicht in unmittelbarer und nächster Nähe, sondern auf halber Treppe oder im Hof, nahe der Hintertür neben dem Misthaufen. Die Fäkaliengruben waren ausgemauert und mit einem Deckel versehen. Im Hof Freiberger Straße 89 maß sie 55x55cm im Quadrat. Darunter sammelte sich auch das Regenwasser aus Dachrinnen und Abflussrohren. Wenn die Grube vollgelaufen, wurde abgepumpt oder per Schöpfeimer am Stiel geleert. Bauern verteilten die erhaltene Gülle auf den Feldern. Hegewald und Komplize Erich Jäger kam der hauseigene Abort für den unbekannten Toten recht. Sie entsorgten dessen Leiche von keinem bemerkt in dieser Grube, während Gattin Hulda in Wohnung und Hausflur die Blutspuren verwischte. Doch Reinhold Hegewald belastet das Geschehene. Er kann Jägers Schweigegebot nicht Folge leisten.

»Ich konnte selbst dieses Ereignis nicht für mich behalten, sondern erzählte es meiner Frau bestimmt und den anderen Frauen ganz wahrscheinlich auch mit. Der Jäger machte mir daraufhin die bittersten Vorwürfe und erklärte, daß wir bestimmt jetzt, wenn es sich bei dem Unbekannten um einen russischen Soldaten gehandelt hat, nach Sibirien gebracht werden. Da Jäger mir diesbezüglich keine Ruhe ließ, hielt ich es zu Hause nicht mehr aus und verließ nach zwei Tagen meine Wohnung. Stundenlang lief ich wahllos in Frauenstein umher.

Nachdem begab ich mich zu dem Viehhändler Kohlbrecht, Arthur, Frauenstein. Dieser fragte mich: ›Reinhold, was ist mit dir los?‹ Ich entsinne mich, daß bei dem Kohlbrecht noch andere Leute anwesend waren, die ich namentlich nicht mehr nennen kann. Kohlbrecht gab ich zur Antwort, daß etwas Furchtbares passiert sei. Daraufhin erzählte ich ihm den Vorfall in der gleichen Weise, wie ich ihn heute angeführt habe. Am gleichen Tag in den Nachmittagsstunden lief ich von dem Kohlbrecht aus auf den Friedhof. Dort traf ich den Friedhofshelfer Herrmann, Fred, wh. Frauenstein, der mit noch einigen Leuten auf dem Friedhof beschäftigt war. Die Namen der anderen kann ich nicht angeben. Den Herrmann und vermutlich noch einem habe ich ebenfalls den Vorfall erzählt. Vom Friedhof aus bin ich wieder nach Hause gegangen. Der Jäger und meine Frau waren anwesend. Ich sagte, daß ich den Vorfall während meiner Abwesenheit auch anderen Leuten erzählt habe. Jäger gab zur Antwort: ›Bist du denn verrückt geworden?‹ und machte den Vorschlag, daß der Tote schnellstens aus der Jauchengrube rausgenommen werden muß. Ein paar Tage später haben wir den Toten in der Nachtzeit gemeinsam mit dem Friedhofsmeister Herrmann, dessen Bruder, meinem Bruder Hubert und dem Jäger aus der Jauchengrube herausgeholt und nach dem Friedhof geschafft. Dort wurde er von Herrmann beerdigt. Der Leichnam wurde mittels eines Leiterwagens befördert. Kurze Zeit später hatte ich einen Nervenzusammenbruch und war ca. 14 Tage bettlägerig. Die Behandlung wurde von einem Flüchtlingsarzt, der sich zur damaligen Zeit in Frauenstein aufhielt, übernommen. Später erfuhr ich, daß sich dieser Arzt selbst vergiftet hat.«

Reinhold Hegewald ist als Eingesessener im Dorfe gut vernetzt. Man kennt sich, hilft einander, gibt guten Rat. So war es auch möglich, die Leiche des Unbekannten ohne Aufsehen und Nachfragen zu beseitigen. Friedhofsarbeiter Fred Herrmann bestattet nach Transport den Toten im Grab der unbekannten sowjetischen Soldaten auf dem Friedhof Frauenstein. Trotz illegalem Begräbnis und der Verwischung aller Spuren kommt Reinhold Hegewald nicht zur inneren Einkehr. Er wird krank, liegt im Bett und quält sich. Alles fällt ihm schwer und schmerzt. Alpträume schrecken ihn und furchtbare Gedanken. Die ohnehin schlechte Beziehung zu seiner Frau gibt keinen Halt. Die Kinder dürfen nichts erfahren. Die Freundschaft mit Erich Jäger bekommt Risse, sie war ohnehin nie fest gewesen, sondern aus Überlebensnotwendigkeit entstanden. Hegewalds beschließen, Frauenstein zu verlassen und kriechen bei Verwandten unter. Perspektive verschafft diese Flucht keinem, am allerwenigsten Reinhold Hegewald. Er kehrt zurück, die Frau und Kinder folgen nur Tage später. Keine fünf Nächte haben sie außerhalb geschlafen. In ihrer eigenen Wohnung empfängt sie Erich Jäger.

Da Kämpfe und Kriegschaos vorbei, beginnt das gesellschaftliche Zusammenleben in der Stadt wieder nach Regeln zu verlaufen. Seiner Gewissensqual zum Trotz tut Hegewald daran aktiv mit. »Was war denn an Männern überhaupt vorhanden, die in der gegebenen Lage aktiv werden konnten? Die Alten und Kranken, die Lahmen und Verkrüppelten, all das, was unter dem Stichwort wehruntauglich lief; denn eine recht gemischte Gesellschaft von Leuten, die von den Chefs ihrer Firmen als unabkömmlich für die Waffenproduktion reklamiert worden waren, in der Fabrik von Münchmeyer und in den ESEM-Werken machten sie ja bis in den April hinein, bis der Strom ausfiel, Granaten, Spezialgewehre und Torpedoteile; und schließlich wir, die politisch Gebrandmarkten: geheimpolizeilich als nicht genügend gefährlich eingestuft, um in Gefängnisse und Konzentrationslager abgeschoben zu werden, dennoch aber als wehrunwürdig betrachtet und so auch in unseren Papieren bezeichnet«, erklärt ein Genosse Hegewalds die Personalsituation jener Tage. Die Besatzer setzten die in ihren Augen Zuverlässigen in die Ämter ohne nachzufragen ein. Über die Folgen, die eine Ablehnung des Amtes heraufbeschwören konnte, dachten die Betroffenen nicht nach, weil sie nicht darüber nachdenken wollten.

»Hinzufügen möchte ich«, sagt Reinhold Hegewald im polizeilichen Verhör am 29. Juni 1950, »daß ich, bevor ich krank wurde, in Frauenstein die Bevölkerung zusammengerufen habe und gründete hier die Ortsgruppe der KPD Frauenstein. Ich selbst wurde mehrere Tage später von der Kommandantur in Frauenstein als Bürgermeister eingesetzt und war somit tagsüber bis spät in die Nacht sehr viel unterwegs. Der Jäger hat sich durch den Verkauf von Wehrmachtsgegenständen einen reichlichen Geldbetrag verschafft. Des weiteren hatte er sich vom Bahnhof ebenfalls aus Wehrmachtsbeständen mit reichlich Schnaps versorgt. Am Aufbau beschäftigte er sich nicht. Er trieb sich nur in meiner Wohnung umher, aß gut und trank den Schnaps aus Weingläsern. Ich selbst war nicht in der Lage, irgendwelchen Druck auf Jäger auszuüben. Dieses wußte er auch, und somit führte er ein liederliches Leben.« Dieses Doppelleben und die Selbstvorwürfe führt das Ehepaar Hegewald auch privat in die Katastrophe.

»Nach ca. zwei bis drei Monaten nach dem Vorfall verließ Jäger Frauenstein und fuhr nach Berlin. Kurze Zeit später erschien er wieder in Frauenstein und wohnte im Hotel *Goldener Stern*. Er forderte meine Frau auf, bei ihm zu kochen. Während der Zeit, als Jäger in Berlin war, schrieb er Briefe an meine

Frau, aus denen ich feststellen konnte, daß Jäger wahrscheinlich ein intimes Verhältnis hat. Auch jetzt nahm Jäger wieder keine Arbeit auf und lebte in der gleichen Weise wie angeführt weiter. Nachdem er ca. drei Wochen in Frauenstein wohnte, fuhr er wieder zurück nach Berlin. Auf diese Fahrt nahm er meine Frau mit.«

Schon länger hatten sich die Eheleute nichts mehr zu sagen. »Obwohl ich ein bißchen mehr Liebe von meiner Frau verlangt hätte«, deutet diese Diskrepanzen an. Reinhold Hegewald arbeitete nicht vor Ort in Frauenstein, sondern zuletzt als Baggerführer außerhalb in Rathen, Sächsische Schweiz. Es waren Tage, Monate ohne Gemeinsamkeiten. Überleben musste gesichert werden. Untermieter Erich Jäger erschien der Frau daheim als krasses Gegenteil zum abwesenden Gatten: Jäger war einer, der das Leben nicht allzu ernst nahm, es genoss und Charme versprühte. Warum sollte der Alkohol unnütz im Transportwaggon vergammeln? Im Wehrmachtsauftrag sicherte Jäger Lebensmittel für die Front. Die Wehrmacht hatte seit dem 8. Mai nicht mehr zu kämpfen, löste sich auf. Nach der Kapitulation nahm Jäger sich von den Lebensmitteln, was er brauchte, er verkaufte und verschenkte. Auch Familie Hegewald profitierte von diesem illegalen Handel. Die Eheleute hielten den Offizier in Haus und Wohnung, beengten sich freiwillig wohl auch solcher Vorteile wegen. Beim Leben auf engstem Raum kommt es zwangsläufig zu Intimitäten, erfährt und sieht man mehr vom Fremden, als man möchte. Hulda Hegewald entdeckte Gefühle, die Erich Jäger vielleicht provozierte. Sie glaubte seinen Worten und den Zukunftsmalereien. Sie hatte einen Versehrten an ihrer Seite und vier halbwüchsige Kinder. *Jetzt oder nie!* Flucht nach Berlin war ihr Ausweg und Beginn eines neuen Lebens. Berlin – eine Verheißung. *Stunde Null.*

Manch Augenzeuge glaubte nach der dauernden Schlacht um die Reichshauptstadt, dass Berlin nie wieder aufzubauen sei. Doch bereits im Jahrhundertsommer '45 war die Stadt wieder Treffpunkt und Schmelztiegel. Glücksritter trafen sich und Künstler. Berlin versprach die Erfüllung von zerstörten Träumen. Zarah Leander sang noch in den Köpfen:

Davon geht die Welt nicht unter
Sieht man sie manchmal auch grau
Einmal wird sie wieder bunter
Einmal wird sie wieder himmelblau
Geht's mal drüber und mal drunter
Wenn uns der Schädel auch raucht
Davon geht die Welt nicht unter
Sie wird ja noch gebraucht.
Davon geht die Welt nicht unter
Sie wird ja noch gebraucht.

Theater spielten in Ruinen. Trümmerfrauen klopften Ziegel. Straßenbahnen quälten sich durch Schutt und Asche. Auf Schwarzen Märkten machte man, was man noch hatte, zu Geld und tauschte: Bettzeug, Schmuck, paar alte Schuhe. Verbrecher gaben Zigaretten, falsches Geld und verdorbene Medizin.

Am 9. April 1947 meldete der Deutsche Pressedienst: »Eine 24stündige Razzia gegen kriminelle Elemente wird von Mittwoch 21 Uhr bis Donnerstag 21 Uhr in ganz Berlin von Polizei und Militär aller vier Besatzungsmächte durchgeführt, gab am Mittwochabend der stellvertretende amerikanische Militärgouverneur, General Keating, bekannt. Die Razzia, die von der Kommandatura wegen des Überhandnehmens der Kriminalität in Berlin, besonders im Sowjetsektor, beschlossen wurde, richtet sich sowohl gegen gesuchte Verbrecher unter der deutschen Bevölkerung als auch gegen Deserteure der Besatzungsarmeen. 1000 amerikanische Militärpolizisten, 147 Offiziere und Mannschaften der amerikanischen Armee und 40 Zivilisten werden allein im amerikanischen Sektor Berlins eingesetzt, um Schwarzmarktzentren, anrüchige Häuser, Klubs, unter Verdacht stehende Gebäude, Läden, Garagen usw. zu durchsuchen. In jedem der vier Sektoren kommt die gesamte deutsche Polizei zum Einsatz.«

Während sich die westlichen Behörden auf Altkader auch bei der Polizei verließen, brauchte man in Ostberlin dringend neues Personal und annoncierte: »Für den Polizeidienst werden gesucht: Männer im Alter von 21 bis 45 Jahren zur Einstellung in die Schutzpolizei. Anwärter aller Zweige des Polizeiverwaltungs-Kriminaldienstes. Volljuristen. Ärzte, Zahnärzte u. Veterinäre, Photographen u. Laborgehilfen, eine größere Anzahl von Schneidern und Schuhmachern. Perfekte Stenotypistinnen. Bewerberinnen und Bewerber wollen sich persönlich unter Vorlage eines selbstgeschriebenen Lebenslaufes im Personalbüro des Polizeipräsidiums Berlin N4, Linienstraße 83/85 melden.«

Trotz neu eingestellten Personals und Razzien blühte der illegale Handel prächtig. Die alliierten Siegermächte hatten Berlin 1945 in Sektoren aufgeteilt und sorgten für ihre Soldaten und die Bevölkerung im Rahmen ihrer Möglichkeiten. Auch die spätere Gründung zweier deutscher Staaten änderte am Krisenherd wenig. Vielmehr schufen diese neue Möglichkeiten des Verdienstes über die Sektorengrenzen hinweg. Beide Länder druckten ihre eigene Währung. Für Westgeld bekam auch der Ostbürger manches, was er im heimischen Laden nicht sah: Kaffee, Cognac, Nylonstrümpfe. In jenem Berlin lebt

Erich Jäger, ist im Zentrum der Großstadt mittendrin, am Puls der Zeit. Es geht ihm gut.

Frauenstein ist Kleinstadt, liegt im Erzgebirge nah an der Landesgrenze, Zonenrand. Hulda Hegewald versucht mit ihrem Untermieter den Ausbruch aus Provinzmilieu und Eheall-tag. Erich Jäger scheint die Gefühle der frustrierten Gattin zu erwidern, ja, er kämpft um sie. Jäger schreibt ihr, drängt und holt Hulda Hegewald endlich zu sich heim in die große Stadt, den Sehnsuchtsort.

Erntedankfest, Stimmung, Volk auf Markt und Straßen. Bürgermeister Reinhold Hegewald muss zu den Feierlichkeiten offiziell die Staatsmacht repräsentieren. Er ist nicht zu Hause, unterwegs bei Bier und Schnack. Hulda und Erich vertrauen einander, verlassen diesen Ort und tauchen in der Millionenstadt unter, um ihr neues Leben zu beginnen. Hulda wollte so nicht länger. Sie schlug alle Türen zu in Frauenstein, Freiberger Straße 89. In den leeren Zimmern seiner Wohnung hockt nun Gatte Reinhold und versteht die Welt nicht mehr.

»Das Weggehen meiner Frau teilte ich am gleichen Tage meinen Schwiegereltern mit. Mein Schwager Eduard Schwarzer, wh. Dresden, Danziger Straße 6, fuhr am gleichen oder nächsten Tag nach Berlin, um meine Frau zurückzuholen. Er kam auch sofort wieder mit meiner Frau von Berlin zurück und fragte mich, ob ich gewillt bin, meine Frau wieder aufzunehmen. Er bestätigte mir, daß der Jäger mit meiner Frau kaum zusammengekommen sein kann, da er sie sofort wieder geholt hat. Ich nahm meine Frau unter der Bedingung, daß sie die Hände von dem Jäger läßt, wieder auf. Mein Schwager erklärte mir, daß er meine Frau in Berlin in einem Grundstück Bornholmer Str. angetroffen hat. Dort sind wahrscheinlich Verwandte von dem Jäger wohnhaft. Die genaue Anschrift kann mein Schwager oder meine Frau sagen. Seit dieser Zeit habe ich den Jäger nie wieder gesehen. Der Jäger schrieb die erste Zeit wiederholt an meine Frau. Es gelang mir aber, diese Briefe abzufangen. Dieses muß der Jäger gemerkt haben, da er im Anschluß über eine dritte Person, Frau Anneliese May, wh. Frauenstein, versuchte, meiner Frau Briefe zuzustellen. Die May händigte jedoch diese Briefe mir aus. Jäger versuchte, durch dauernde Drohungen mich in Aufregung zu bringen. Meine Aussagen entsprechen der Wahrheit, was ich mit meiner Unterschrift bestätige.« Hegewalds Unterschrift scheint zittrig.

Befragt zum Sachverhalt wird später Eduard Schwarzer, der Bruder der untreuen Ehefrau. Fünf Jahre sind seit dieser Flucht vergangen. »Aufgesucht wurde

Schwarzer, Woldemar, Eduard
geboren 1. April 1901 in Neu-Clausnitz
wh. Dresden-Bühlau, Danziger Str. 6

Zur Sache:
Anfang Nov. 1945 befand ich mich in Naundorf bei meinem Bruder Hans mit seiner Frau zur Kirmes. In den Abendstunden erschien dort mein Schwager Hegewald, Reinhold. Dieser erklärte mir, daß seine Ehefrau mit einem Mann namens Jäger, Erich, seine Wohnung in Richtung Berlin verlassen hat. Der Hegewald bat mich, seine Frau von Berlin zurückzuholen, da es sich hier um meine Schwester handelte, und ich wußte, daß Kinder vorhanden waren, habe ich zugesagt und fuhr am übernächsten Tag nach Berlin. Hegewald hat mir damals die Anschrift des Jäger genannt, bin aber nicht in der Lage, diese wiederzugeben. Ich entsinne mich aber, daß ich diese Anschrift noch zu Hause liegen habe. In Berlin-Teltow stieg ich aus, fand dort aber nicht die von Jäger genannte Straße. Im Anschluß

fuhr ich zurück nach Berlin. Die von Hegewald, Reinhold, genannte Anschrift konnte ich auffinden. Es handelte sich um eine Hauptstr., ca. drei Minuten vom Anhalter-Bahnhof entfernt. Soviel ich feststellen konnte, handelte es sich hier um einen Schwager von Jäger, Erich. Er wohnte in einem größeren Grundstück im I. Stock. Er öffnete selbst und erklärte, daß Jäger vermutlich bei seiner Schwester wohnt. Hinzu fügte er, daß diese nur fünf Minuten von hier entfernt wohnt. Ich bat ihn, mich nach dort zu führen. Es war schon dunkel, der Schwager ging bis vor das Grundstück mit, klingelte und begrüßte seine Schwägerin. Im Anschluß verabschiedete er sich wieder. Ohne erst lange mit der Schwägerin zu sprechen, begab ich mich sofort in das Grundstück und lief in die Wohnung der Schwägerin nach dem I. Stock. Hegewald hatte mir den Jäger beschrieben. Ich wußte, daß es sich um einen großen, kräftigen Mann handelt. Bei Betreten der Wohnung sah ich meine Schwester sitzen, ebenfalls einen großen, kräftigen Mann. Andere Personen waren nicht anwesend. Meine Schwester forderte ich auf, sich anzuziehen und mit mir nach Frauenstein zurückzufahren. Jäger erklärte, daß es in der Nachtzeit keine Abfahrtsmöglichkeit gibt. Hierauf erklärte ich, daß wir dann im Hotel verbleiben, was jedoch nach Angaben der Jäger nicht möglich war. Ich verblieb diese Nacht mit in der Wohnung der Schwägerin des Jäger und am nächsten Nachmittag fuhr ich dann mit meiner Schwester nach Frauenstein zurück. Weshalb meine Schwester von ihrem Mann gegangen ist, kann ich nicht angeben. Ebenfalls ist mir nicht bekannt, was Jäger und Hegewald getätigt haben. Ich wußte nur, daß der Jäger kurze Zeit bei meinem Schwager gewohnt hat. Weitere Angaben kann ich nicht machen und bestätige die Richtigkeit meiner Aussagen mit meiner Unterschrift.«

Fakten zum Tod des Unbekannten 1945 oder dem Wirtschaftsvergehen Hegewalds jetzt im Jahre 1950 kann Schwager Schwarzer keine geben. Die kriminalpolizeilichen Ermittlungen gehen in beiden Fällen weiter. Routine sind sie nicht. Zum einen Mord, zum anderen Schädigung des sozialistischen Aufbauwerks – beides Kapitalverbrechen und ideologisch von Interesse. Gerüchte kursieren bereits und nicht nur in Frauenstein. So schreiben die Kriminalisten am 3. Juli 1950 betreffs der *Körperverletzung mit tödlichem Ausgang* der Staatsanwaltschaft:

»Es wird gebeten, den anonymen Brief sowie das Geständnis und die Vernehmung des Hegewald, Reinhold, zur Kenntnis zu nehmen. Hegewald befindet sich seit 28.4.50 wegen Wirtschaftsvergehen in Dippoldiswalde in Haft. Der Vorgang hierzu wurde vom VPKA Dippoldiswalde Abtlg. K bearbeitet. Am 27.6.50 wurde Hegewald auf Veranlassung der MK Dresden von Dippoldiswalde nach Dresden überführt. Aus dem Geständnis sowie der Vernehmung des Hegewald geht hervor, daß dieser mit dem Jäger, Erich, am 8.5.'45 in den Abendstunden in einer Wohnstube eine unbekannte männliche Person mit einem Schlosseranzug bekleidet, nach kurzem heftigen Wortwechsel, mit einem Aschenbecher niedergeschlagen hat. Als beide feststellten, daß der Getroffene verstorben war, brachten sie ihn in die Jauchengrube. Einige Tage später haben sie ihn von dort im Beisein des Friedhofsmeisters auf den Friedhof überführt. Hegewald erklärt, daß der Unbekannte eine ausländische Sprache gesprochen hat. Sie konnten aber nicht feststellen, welcher Nationalität diese Person angehörte.

Es wird gebeten für den Hegewald, Reinhold, den richterlichen Haftbefehl auszustellen. Die Ermittlungen sowie die Fahndung nach dem Jäger, Erich, sind von Seiten der MK Dresden im Gange. Nach Ausstellung des richterlichen Haftbefehls wird um Rücksendung des Vorgangs zur weiteren Bearbeitung gebeten.« Keine Frage: Der Haftbefehl wird ausgestellt.

Hegewalds Familie konfrontieren die Ermittler mit unangenehmen Fragen. Mutter Erna handelt, wie das Gesetz auch im Sozialismus nahen Verwandten die Möglichkeit gewährte. Sie verweigert die Aussage:

»In der Wohnung aufgesucht wird die Hegewald, Erna. Nachdem sie zur Wahrheit ermahnt wurde, macht sie folgende Aussagen:

Zur Person: Hegewald, geb. Krauß, Minna, Erna
geb. 4. Juli 1880 in Frauenstein
wh. Frauenstein, Krs. Dippoldiswalde, Postplatz 88

Zur Sache:

Auf die gestellte Frage, was kurz nach Kriegsschluß in der Wohnung meines Sohnes Reinhold, welcher damals in Frauenstein, Freiberger Str. 89, Erdg. links wohnhaft war, in den Abendstunden vorgefallen ist, gebe ich zur Antwort, daß ich hierüber die Aussage verweigere, da es sich hier um meinen Sohn handelt. Ich gebe zu, daß ich an diesem Abend kurze Zeit von meiner Wohnung aus, welche nur eine Minute entfernt von der Wohnung meines Sohnes liegt, bei meinem Sohn war. Eine weitere Vernehmung ist zwecklos.

Anschließend wird der Hegewald, Hubert, gehört. Er gibt, zur Wahrheit ermahnt, folgendes an:

Zur Person: Hegewald, Hubert, Gotthilf
geb. 3.3.1913 in Frauenstein
wh. Sosa / Erzgeb. Baracke 6 / 3
(beinamputiert – Kriegsverletzung)

Zur Sache:

Ca. vier Wochen vor Kriegsende kam ich in Frauenstein an.

Vorher habe ich mich auf Grund meiner Beinverletzung in einem Lazarett in Treptow (heute Trezbiatów / VR Polen) an der Ostsee aufgehalten. Bis August '45 habe ich bei meiner Mutter in Frauenstein, Postplatz 88, Hinterhaus – ich möchte berichtigen – im Vorderhaus/Erdgeschoß rechts gewohnt. Mein Bruder Reinhold wohnte zur damaligen Zeit ebenfalls in Frauenstein, Freiberger Str. 89 im Erdg. links. An verschiedenen Tagen bin ich mit diesem Bruder tagsüber zusammengekommen. Ich habe ihn auch einige Male am Tage in der Wohnung aufgesucht. Mein Bruder wurde von den hier liegenden Einheiten der Besatzungsmacht als Arbeitseinsatzleiter und zur späteren Zeit als Bürgermeister eingesetzt. Die auszuführenden Arbeiten wurden von der Besatzungsmacht verteilt.

Wenn mir erklärt wird, daß ich im Beisein meines Bruders Reinhold und des Friedhofsmeisters Herrmann, Fred, zur Nachtzeit eines Tages kurz nach dem Umbruch einen Leichnam aus der Jauchengrube des Grundstücks Freiberger Str. 89, in welchem mein Bruder Reinhold wohnhaft war, herausgezogen habe und diesen mit den angeführten Leuten nach dem Friedhof überführt haben soll, möchte ich hierzu sagen, daß dieses in keiner Weise der Wahrheit entspricht. Wenn mein Bruder Reinhold behauptet, daß ich diesen Abend mit anwesend war und infolge meiner Beinverletzung nur Posten gestanden hätte, so erkläre ich hierzu, daß er niemals solche unwahren Behauptungen aufstellen kann. Erst in diesem Jahr erfuhr ich in der Stadt Frauenstein, daß mein Bruder Reinhold kurz nach dem Umbruch '45 einen Angehörigen der Besatzungsmacht, welcher angeblich seine Frau vergewaltigen wollte, in seiner Wohnung erschlagen hat: Bei der Tatausführung sei noch ein Marineangehöriger, welcher dick war, anwesend gewesen. Der Tote sei in die Jauchengrube geworfen worden. Von wem ich dies erfahren habe, kann ich heute nicht mehr angeben.

Meine Aussagen entsprechen der reinen Wahrheit, was ich mit meiner Unterschrift bestätige.« Zweifel an Bruder Huberts Aussage bleiben, das Gegenteil zu beweisen aber ist den Volkspolizisten unmöglich. Damit kehrt Hubert Hegewald in die Bracke 6/3 zurück und arbeitet weiter mit am zentralen Jugendobjekt der FDJ: Talsperre Sosa.

Bau auf, bau auf,
bau auf, bau auf,
Freie Deutsche Jugend,
bau auf!

»In der Polizeiwache Frauenstein wird die Wiegand, Elfriede, gehört. Nachdem sie zur Wahrheit ermahnt wurde, macht sie folgende Aussagen:

Zur Person: Wiegand, geb. Matthes, Elfriede, Amalie
geb. 6.5.1891 in Frauenstein
wh. Frauenstein, Markt 66

Zur Sache:

Ich entsinne mich eines Abends kurz nach Kriegsende mit meiner Mutter gemeinsam die Wohnung des Hegewald, Reinhold, aufgesucht zu haben. Als ich dort eintraf, waren der Hegewald, Reinhold, mit seiner Ehefrau sowie der mir bekannte der Jäger, Erich, in der Wohnung anwesend. Im Laufe des Abends erschienen in dieser Wohnung die Frau Erna Hegewald, Gertrud Göhler und verschiedene mir unbekannte Flüchtlingsfrauen. Die Angeführten wohnten zur damaligen Zeit alle in Frauenstein und verblieben an diesem Abend in der Küche des Hegewald, Reinhold. Der Grund hierzu war, daß alle genannten

Frauen zur damaligen Zeit infolge der Kriegswirrnisse in ihren eigenen Wohnungen Angst hatten. Ich entsinne mich, daß Hegewald mit seiner Ehefrau sowie der Jäger sich in seiner Stube aufgehalten haben. Ebenfalls kann ich angeben, daß an diesem Abend in der Küche eine männliche Person von ca. 30 Jahren, ca. 1.70 m groß, kräftige Gestalt, dunkel bekleidet, mit Stiefeln, soweit ich mich entsinnen kann, ohne Kopfbedeckung und ohne Koppel erschien. Der Gekommene war mir unbekannt. An der Bekleidung sowie an der Sprache stellte ich fest, daß es sich hier um einen Angehörigen der Besatzungsmacht handelt. Vermutlich hatte dieser einige Auszeichnungen auf der Bluse in Form von Medaillen. Der angeführte erschien ca. dreimal in der Küche und hielt sich immer kurze Zeit auf. Ich stellte fest, daß dieser angetrunken war und die Absicht hatte, aus dem Kreis der angeführten Frauen eine Frau für sich herauszuholen. Er versuchte, einzelne Frauen mit sich zu ziehen, wandte aber hierzu keine besondere Gewalt an. Vom Hegewald und Jäger wurde dieser, da wir Frauen verschiedene Male schrien, herausgeholt. Von Hegewald und Jäger wurde keine Gewalt angewendet, um den Unbekannten aus der Küche herauszuholen. Nachdem sich die Familie Hegewald mit Jäger und dem Unbekannten in der Stube befanden, hörte ich in der Küche ein Poltern und Herumrumoren aus der Stube, welches eine Zeit anhielt. Als Jäger mit dem Hegewald das letzte Mal in der Küche war, um den Unbekannten herauszuholen, stellte ich fest, daß auch die beiden stark angetrunken waren. Wahrscheinlich haben beide Männer mit dem Unbekannten im Beisein der Frau Hegewald in der Stube Schnaps getrunken. Bei dem Unbekannten habe ich keine Flasche Schnaps gesehen. Ich möchte bemerken, daß kurz vor Kriegsschluß ein Güterzug mit Wehrmachtsgut, unter dem sich sehr viel Schnaps befand, in Frauenstein abgestellt wurde und von der Bevölkerung geplündert wurde. Ich vermute, daß auch Jäger und Hegewald sich von diesem Schnaps geholt haben. Nachdem der Unbekannte letztmalig in der Küche war, baten wir Hegewald, die Küche abzuschließen, was auch von ihm getan wurde. Bis zum Morgen ist außer dem Hegewald, der einmal hereinkam, um eine Decke in einem Eimer oder Asch einzuweichen und eine neue zu holen, niemand in die Küche gekommen. Ich sah, daß die Decke, die Hegewald einweichte, mit Blut getränkt war, da das Wasser rot aussah. An dem Abend habe ich sowie die anderen nicht nach der Herkunft des Blutes sowie nach dem Verbleib des Unbekannten gefragt. Am nächsten Tag erzählte mir Hegewald selbst, daß sie den Unbekannten nach Verlassen der Küche in der Stube mittels eines Aschenbechers erschlagen haben. Wer mit dem Aschenbecher zugeschlagen hat, hat mir Hegewald nicht gesagt. Er fügte aber hinzu, daß sie den Toten in eine Jauchengrube geworfen haben. Nach diesem Gespräch erhielt ich von Hegewald nicht den Auftrag, über das Gesprochene zu schweigen. Soviel mir bekannt ist, hat Hegewald diesen Vorfall auch anderen Personen erzählt. Ob der Leichnam noch heute in der Jauchengrube ist oder herausgeholt wurde, weiß ich nicht. Weitere Aussagen hierzu kann ich nicht machen. Meine Angaben entsprechen der Wahrheit, was ich mit meiner Unterschrift bestätige.

Nachsatz: Ich möchte noch anfügen, daß meine Mutter, die an dem Abend bei Hegewald in der Wohnung mit anwesend war, im Jahre 1949 im Alter von 92 Jahren verstorben ist.«

Ersichtlich, für welchen Verdacht die Polizei Bestätigungen sucht: »Im Anschluss wird der Herrmann, Fred, gehört. Nachdem er zur Wahrheit ermahnt wurde, macht er folgende Aussagen.

Zur Person: Herrmann, Fred Adolf

geb. 9. Juli 1896 in Frauenstein
wh. Frauenstein, Krs. Dippoldiswalde, Hospitalgasse 132

Zur Sache:
Seit 1924 bin ich Friedhofsmeister in Frauenstein. Gleich nach Kriegsschluß wurde ich vom Rathaus Frauenstein verständigt, aus dem Umkreis von Frauenstein Leichen zu bergen. Bei den Leichen handelt es sich um ehemalige deutsche Soldaten sowie Zivilisten sowie Angehörige der Roten Armee. Der größere Teil der Leichen war flach in Straßengräben oder in verschiedenen Grundstücken eingegraben. Die Leichen selbst hatten wir mittels eines Handwagens nach dem Friedhof Frauenstein überführt. Hierbei wurde ich verschiedene Male von meinem Bruder Heinz und dem Wiegand, Herbert, Schubert, Walter unterstützt. Die angeführten waren zur damaligen Zeit in Frauenstein wohnhaft. Ich entsinne mich, daß wir zur angeführten Zeit auch Tote, die in ihren Wohnungen Selbstmord verübt hatten, herausgeholt haben.

Mir ist bekannt, daß der Hegewald nach Kriegsschluß in Frauenstein in dem Grundstück Freiberger Str. 89 im Erdg. links wohnhaft war. Ebenfalls ist mir der Hof des Grundstückes bekannt. Wenn mir heute erklärt wird, daß ich kurz nach Kriegsschluß in der Nachtzeit mittels eines Leiterwagens im Beisein des Reinhold und eines Bruders von mir eine Leiche von dort nach dem Friedhof überführt habe, so erkläre ich hierzu, daß dieses in keiner Weise der Wahrheit entspricht. Nachdem mir nochmals erklärt wird, daß dieses der Hegewald Reinhold selbst ausgesagt hat, so möchte ich nochmals betonen, daß die Aussagen des Hegewald nicht der Wahrheit entsprechen. Ein Mann namens Jäger, Erich, ist mir bekannt.

Dieser wohnte zur damaligen Zeit bei Hegewald, Reinhold, und trug vor dem Kriegsende eine Marineuniform.«

Die Kriminalisten können die Behauptungen des Fred Herrmann durch Beweise widerlegen. Auch andere Frauensteiner Bürger hatten ausgesagt. Zu klein der Ort, zu bekannt ist man miteinander, zu angsteinflößend das Geschehen. Diskrepanzen sind allzu offensichtlich. Fred Herrmann muss das bisher Gesagte revidieren:

»Ich möchte ausführen, daß das Vorstehende in den letzten Sätzen nicht ganz der Wahrheit entspricht. Ich selbst habe im Beisein des Wiegand, Heinz, Hegewald, Reinhold und Jäger einige Tage nach Kriegsschluß in den Abendstunden, es war schon dunkel, aus dem Gartengrundstück Freiberger Str. 89 einen Leichnam von dort nach dem Friedhof mittels Leiterwagen überführt. Wiegand begab sich mit dem Leiterwagen mit mir nach dort. Die Leiche lag in einer Decke eingewickelt ca. 15 m von der Jauchengrube entfernt auf einer Rasenfläche. Ohne großen Aufenthalt wurde die Leiche auf den mitgebrachten Leiterwagen gelegt und von uns nach dem Friedhof gebracht. Hegewald folgte ebenfalls mit auf den Friedhof. Der Leichnam war in eine große Decke eingeschlagen, so daß ich kein Kleidungsstück von dem Toten sehen konnte. Ob dieser Stiefel oder Schuhe anhatte, kann ich nicht sagen. In derselben Nacht wurde der Tote in dem Massengrab der Roten Armee beigesetzt, und einige Zeit später auf Anweisung der Kommandantur Dippoldiswalde wurden sämtliche dort beigesetzten Angehörigen der Roten Armee nach Dippoldiswalde überführt.

Einige Tage vor dem Leichentransport erschien Hegewald in den Morgenstunden bei mir auf dem Friedhof und teilte mir mit, daß er in seiner Wohnung am Vorabend im Beisein des Jäger und seiner Ehefrau einen Angehörigen der Roten Armee erschlagen hat. Hinzu fügte er, daß sie den Toten im Anschluß in die im Grundstück vorhandene Jauchengrube geworfen haben. Während dieser Äußerung war nicht nur ich, sondern noch vier bis fünf Mann mit anwesend. Die Namen dieser Leute kann ich heute nicht mehr angeben. Hegewald erhielt von uns zur Antwort, daß wir davon keine Kenntnis nehmen würden. Als Hegewald den Friedhof verlassen hat, wurde von uns geäußert, daß er und Jäger, wenn seine Äußerungen der Wahrheit entsprachen, an diesem Abend bestimmt betrunken gewesen sind. Es war uns bekannt, daß der Jäger ein starker Trinker war. Hegewald begann erst, nachdem er Bürgermeister war, Schnaps zu trinken. Der Wiegand, Heinz, ist im Jahre 1949 im Alter von 58 Jahren verstorben.

Ich glaube nicht, daß noch andere Personen an dem Abend, als wir die Leiche aus dem angeführten Grundstück abholten, mit anwesend waren.

Hinzufügen möchte ich noch, daß ich vom Hegewald, Reinhold, ca. ¼ Jahr nach seiner ersten Mitteilung aufgefordert wurde, die Leiche am Abend aus dem Grundstück Freiberger Str. 89 abzuholen und auf dem Friedhof beizusetzen. Die Bergung aus der Jauchengrube wollte Hegewald selbst übernehmen.«

Fest steht, wenn sich auch die Aussagen der Beteiligten widersprechen: Eine Leiche hat man ins Soldatengrab des Frauensteiner Friedhofs gelegt. Im Jahre 1950 waren die Toten längst aus dieser Grabstatt ins Ehrengrab nach Dippoldiswalde überführt. Selbst wenn man um Merkmale und Indizien wüsste, eine Identifizierung des Toten wäre unmöglich gewesen. Besagte Leiche aus der Jauchengrube der Freiberger Straße wäre unter all den anderen Leichen unauffindbar. Es blieben den Ermittlern nur die Aussagen der Zeugen und Beteiligten.

Auch Hulda Hegewald, die Frau des beschuldigten Bürgermeisters, saß mittlerweile hinter den Gefängnisgittern der Dresdner Schießgasse. Nicht aufgrund der Wirtschaftsvergehen zu Ungunsten des sozialistischen Volkseigentums und zwecks persönlicher Bereicherung. Der Vorwurf ihr gegenüber lautete: Mord.

»Aus der Haft vorgeführt wird die Hegewald, Hulda, nachdem sie zur Wahrheit ermahnt wurde, macht sie folgende Aussagen:

Zur Person: Hegewald, geb. Schwarzer, Hulda Gertrud
geb. 2.2.1912 in Rechenberg-Bienenmühle
wh. Dippoldiswalde, Goethestr. 10
verheiratet mit Reinhold Hegewald, wh. wie oben
Kinder 4 im Alter von 23, 16, 13, 12
Vater: Alois Braun
Mutter: Edeltraud, geb. Neuber
wh. Rechenberg-Bienenmühle, Alte Str. 66
Geschwister: 5
Staatsangehörigkeit: deutsch
Vorstrafen: angeblich keine

Zur Sache:

Vermutlich ca. drei bis vier Tage nach Kriegsschluß '45 befand ich mich in den Abendstunden mit meinem Mann und dem Untermieter Jäger, Erich, in meiner Wohnung, Frauenstein, Freiberger Str. 89 im Erdgeschoß links. Ich entsinne mich, daß an diesem Abend in meiner Küche die Frauen Wiegand, Elfriede, Hegewald, Erna, Göhler, Gertrud, und Elsa Weiß anwesend waren. Es war noch eine andere Frau anwesend, von der ich nur den Vornamen Clara sagen kann. Diese war die Schwester der Frau Wiegand. Meine drei kleinen Kinder befanden sich zu dieser Zeit im Schlafzimmer. Meine große Tochter Renate war in einer Bäckerei auf der Freiberger Str. untergebracht. Die angeführten Frauen waren zur damaligen Zeit alle wohnhaft in Frauenstein. Die Männer selbst waren nicht da. Demzufolge hatten diese Frauen bei uns, da sich sehr viele dunkle Elemente in der Gegend von Frauenstein in der damaligen Zeit herumtrieben, Unterkunft gesucht. Gegen 22 Uhr erschien vor unserer Wohnungstür ein Angehöriger der Roten Armee im Alter von 35 Jahren, ca. 1.65 m groß, mittlere Gestalt, kurzgeschnittenes, blondes Haar. Bekleidung: hellbraune Uniformbluse, Stiefelhose vermutlich in der gleichen Farbe, Stiefel. Ob dieser Auszeichnungen getragen hat, kann ich heute nicht mehr angeben. Auf der Bluse hatte er einfache Achselstücke ohne Streifen oder Stern. Als Kopfbedeckung eine Schiffchenmütze, sowie ein Koppel. Eine Pistole sowie andere Waffen habe ich bei diesem nicht gesehen. Der Angeführte klopfte an unsere Wohnungstür. Ob mein Mann oder der Jäger geöffnet hat, kann ich nicht angeben. Einer von diesen beiden kam mit ihm in die Wohnstube. In gebrochenem Deutsch fragte dieser nach Schnaps. An seiner Haltung konnte ich feststellen, daß es sich um keinen Betrunkenen gehandelt hat. Er nahm auf dem Sofa Platz. In meinem Beisein tranken die drei Männer Schnaps. Der Schnaps war aus unserem Bestand. Jäger, der, wie er selbst angab, in Schlesien geboren ist, unterhielt sich mit dem Soldaten in polnischer Sprache. Ich stellte fest, daß sich beide einigermaßen verständigen konnten. Ihre Unterhaltung war ruhig. Mein Mann sowie ich hörten dieser Unterhaltung zu. Der Schnaps wurde aus Weingläsern getrunken in Verbindung mit etwas Wasser. Vermutlich haben sie zu dritt nur eine Flasche Schnaps ausgetrunken. Während des Trinkens sowie in der Zeit nachher haben wir nichts gegessen. Ca. 10–15 Minuten nach Erscheinen des Soldaten hörte dieser ein Gelächter. Ich selbst wußte sofort, daß es sich hier um die

Frauen, welche sich in der Küche befanden, handelt. Nach dieser Wahrnehmung verließ der Soldat die Stube und klingelte an allen Türen im Vorsaal. Er wurde von Jäger und meinem Mann begleitet. Ich folgte hinterher. Die Küchentür war verschlossen, diese ist aber mit einer Glasscheibe versehen, so daß er feststellen konnte, daß sich in der Küche die angeführten Frauen befanden. Daraufhin rüttelte er an der Tür. Die Tür wurde geöffnet, worauf er sich in die Küche begab. Er nahm auf der Chaiselonge in der Küche neben den Frauen Platz. Es besteht die Möglichkeit, daß dieser eine von den Frauen umarmt hat. Ich habe aber nicht gesehen, daß er irgendjemand belästigte und grob anfaßte. Es hat auch keine von den Frauen um Hilfe geschrien. Der Jäger unterhielt sich auch in der Küche in polnischer Sprache weiter mit dem Soldaten. Kurze Zeit darauf wurde von meinem Mann wieder gesagt, daß wir zurück in die Stube gehen wollen. Der Soldat folgte uns. Ob in der Stube weiter getrunken wurde, kann ich nicht angeben. Ich weiß nur, daß der Soldat noch ein zweites und ein drittes Mal nach der Küche lief. Ich habe auch hier wieder kein Schreien der Frauen gehört. Der Soldat wurde beide Male von meinem Mann und Jäger nach der Küche begleitet. Als er wieder in der Stube war, wollte er wieder nach der Küche. Hier wurde er von meinem Mann und Jäger aufgefordert, die Frauen in Ruhe zu lassen. Da er doch gehen wollte, wurde dieser von beiden Männern zurückgehalten. Daraufhin löste er sein Koppel vom Leib und schlug dieses um die Tischkante und hob damit den Tisch aus. Vom Jäger wurde dieser von der Tischkante weggenommen. Beide setzten sich zurück aufs Sofa. Dort entwickelte sich zwischen beiden ein Handgemenge. Ich konnte sehen, daß sich beide mit Fäusten bearbeiteten. In diesem Moment stand mein Mann noch ca. einen Meter entfernt. Ich stand in Höhe des Schreibtisches. Von meinem Stand aus sah ich, daß sich jetzt auch mein Mann mit einmischte und versuchte, Jäger von dem Soldaten abzubringen. Mein Mann schlug mit einem Holzstock, ca. 30 cm lang, auf den Soldaten ein. Ich sah auch, wie mein Mann Faustschläge von dem Soldaten erhielt. Mein Mann legte den Holzstock zur Seite und nahm den auf dem Tisch stehenden Leichtmetall-Aschenbecher zur Hand und schlug mit diesem dem Soldaten vorn auf den Kopf. In diesem Moment sackte der Soldat in sich zusammen und kam auf dem Fußboden vor dem Sofa zu liegen. In dieser Lage erhielt der Soldat noch einige Schläge mit dem Aschenbecher von meinem Mann. Ob Jäger zu dieser Zeit ebenfalls mit eingeschlagen hat, kann ich nicht mehr angeben. Kurz nach dieser Ausführung lief einer der beiden Männer in die Küche und holte dort eine Decke. Beide haben beschlossen, nachdem sie feststellten, daß dieser tot war, den Soldaten in die Jauchengrube, welche sich im Hof befindet, zu bringen. Der Soldat wurde mit seinen gesamten Kleidungsstücken von beiden Männern in die Decke eingeschlagen und von der Wohnung die Kellertreppe hinunter, welche auch nach dem Hof führt, getragen. Ich habe hinterher mittels eines Lappens die in der Wohnung und auf der Kellertreppe entstandenen Blutspuren aufgewischt. Als ich nach dem Hof hinauskam, war der Leichnam schon in der Jauchengrube versenkt. Soviel mir bekannt ist, wurde die hierzu verwendete Decke nicht wieder zurückgebracht. Nach dieser Tätigkeit sind wir in die Küche gegangen. Dort wurde der Vorfall von meinem Mann den Anwesenden erzählt. Einige Monate später verlangte mein Mann eines Tages einen Schlosseranzug und erklärte, daß er den Leichnam aus der Jauchengrube gemeinsam mit dem Friedhofsmeister Herrmann, Fred, bergen wollte und im Anschluß auf den Friedhof überführen. Ich selbst war bei der Bergung nicht anwesend, kann auch nicht angeben, welche Personen außer Herrmann noch mitgeholfen haben. Mein Mann hat nach Kriegsende die Tätigkeit als Arbeitseinsatzleiter auf Anordnung der Kommandantur ausgeführt. Später wurde er von dort als Bürgermeister eingesetzt. Dieses Amt führte er bis zur Neuwahl im Sept. '46 aus.

Vor 1945 hat mein Mann nur Bier getrunken. Die Schnapszuteilung, die es während des Krieges gab, haben wir regelmäßig verschenkt. Nach Kriegsende hatten wir ca. 30 Flaschen Schnaps im Hause. Der Schnaps wurde von meinem Mann und Jäger aus einem Proviantzug, der in Frauenstein stand und von der Bevölkerung ausgeraubt wurde, geholt. Nach dem angeführten Vorfall war mein Mann bis zu seiner Festnahme am 28.4.1950 des öfteren stark betrunken. Das ist vor 1945 nie vorgekommen.

Ich gebe zu, mit meinem Untermieter, Jäger, Erich, der ca. 14 Tage vor Friedensschluß zu uns zog, ein intimes Verhältnis unterhalten zu haben. Weiter gebe ich zu, daß ich mit diesem Mann im Sept. oder Okt. '45 von Frauenstein nach Berlin fuhr. Mein Mann hat mir kurz vorher erklärt, er wolle die Scheidung einreichen. In Berlin hielt ich mich mit Jäger bei seiner Schwester Berta, Bornholmer Str. 94, auf. Von dort wurde ich von meinem Bruder Eduard Schwarzer nach vier Tagen zurückgeholt.

Jäger war während des Krieges als Wehrmachtsbeamter bei der Marine und verwaltete kurz vor Kriegsschluß das Ausweichlager der Marine in Frauenstein und Reichenau. Mir erzählte er, er lebt von seiner Frau getrennt und habe zwei Söhne. Seit ich in Berlin war, habe ich das Verhältnis mit Jäger gelöst. Ich sah diesen später noch einige Male in Frauenstein. Seit Anfang des Jahres '46 habe ich Jäger nicht mehr gesehen. Ich stehe auch nicht mit ihm in Verbindung.

Meine Aussagen sowie das am 4.7.1950 selbst geschriebene Geständnis habe ich so gut, wie es mir noch erinnerlich ist, niedergeschrieben. Beide Schriften entsprechen der reinen Wahrheit, was ich auch mit meiner Unterschrift bestätige.«

Der dritte Mann des Abends, Erich Jäger, wird ob Mordverdachtes gesucht und zur Fahndung ausgeschrieben:

```
Fernschreiben 7.7.1950, 14 Uhr
an das volkspolizeipraesidium abteilung, ins-
pektion b e r l i n, neue koenigstrasze
betr.: mordsache frauenstein 1945
bezug: ohne. ==
es wird gebeten, den jaeger, (uml.), erich,
kaufmann, geb. 18.10. vermutl. 1895,
       in neumittelwalde kr. wartenburg
       berlin n 48. rhinower strasze 1
wegen mittaeterschaft sofort festzunehmen und
mit dem naechsten transport nach dem polizei-
gefaengnis dresden zu ueberfuehren. jaeger hat
sich am 31.10.'45 nach obiger adresze abgemel-
det, sollte jaeger seine wohnung gewechselt
haben, wird gebeten, den jetzigen aufenthalt
zu ermitteln.
Bitte keinen vorhalt.
vpp dresden, abteilung K
```

Berlin 1950: Es war in der Stadt mit vier Besatzungszonen der alliierten Siegermächte nicht zu erwarten, dass einer Bitte um Verhaftung sofort Folge geleistet wird. »›Berlin – das ist die größte Armutsstadt der Welt und dennoch die bedeutendste Großstadt in Deutschland‹, kommentierte der amerikanische

Stadtkommandant Oberst Frank L. Howley die Situation der Stadt anläßlich seines Besuches zum Jahreswechsel 1946/47 im Amtssitz des Berliner Oberbürgermeisters Dr. Otto Ostrowski. Etwa drei Millionen Berliner, die den Krieg überlebt hatten, führten einen verzweifelten Kampf gegen Hunger und die grausame Kälte der Winter. Tägliche Schreckensmeldungen über erfrorene und verhungerte Menschen gehören zur Chronik der Stadt. Zu den Schattenseiten des Großstadtlebens zählte der rasante Anstieg der Kriminalität. Allein Ende November 1946 hatte es innerhalb von 48 Stunden sechs Raubmorde gegeben.«

Im Herbst 1949 hatten sich offiziell die beiden deutschen Staaten gegründet. Im Osten versuchte man mit Hilfe der Sowjetunion das sozialistische Experiment. Der Westen richtete sich nach dem Leitbild von Amerika und Westeuropa aus. Die Berlin-Frage blieb ungelöst. Die westlichen Besatzungszonen waren kein Teil der neuen Bundesrepublik Deutschland, wie sie auch nicht zur DDR gehörten. Geostrategisch war die Insellage Westberlins willkommener Stachel im sozialistischen Weltsystem. Hier tummelten sich die Spione im *Kalten Krieg*. Das Verhältnis der Währungen betrug 1:4 zu Ungunsten des Arbeiter-und-Bauern-Staates. Schieber, Schmuggler und Verbrecherbanden strebten illegal nach Maximalprofit. Im *kleinen Grenzverkehr* suchten Bürger materiellen Vorteil. Die Berliner Polizei war zersplittert, unterstand verschiedenen Befehlsgebern, abgesehen von den Militärbefehlshabern. Zuständigkeiten waren unklar, Zusammenarbeit über Sektorengrenzen hinweg schwierig. Trotzdem wird von der Berliner Polizei Erich Jäger alsbald in Haft genommen.

Die Ermittler vermerken: »Am 11.7.1950 wurde der MK Dresden von Berlin die durchgeführte Festnahme des Jäger,

Erich, mitgeteilt. Jäger wird mit dem nächsten Transport von Berlin nach Dresden überstellt.«

Doch die Überführung ist im Chaos von Personal und Fahrzeugmangel nicht einfach. Mehr noch: Für die Ermittlungen gegen Erich Jäger besitzt die Berliner Staatsanwaltschaft keine Zuständigkeit. Man kabelt: »Im unter Bezug angeführten Fs wird mitgeteilt, daß der Jäger von Dresden abgeholt werden muß, da von dortiger Dienststelle kein Haftbefehl erwirkt werden, und er demzufolge nicht länger festgehalten werden kann.« Sachsens Ermittler danken und senden am 15. Juli 1950 ein Fernschreiben zurück:

vp-rat schmidt aus dresden trifft am 15.7. 20 uhr berlin schlesischer bahnhof ein, obenangeführte vp-angehörige sind davon zu verständigen und sollen ankunft abwarten.

Schließlich sitzt der Beschuldigte in Sachen *Mord in Frauenstein 1945* in Untersuchungshaft im Präsidium der Schießgasse, Dresden.

Andrerseits folgen aus den bisherigen Ermittlungen keine gerichtlich verwertbaren Ergebnisse. Natürlich mussten die Parteigenossen die sowjetischen Besatzungstruppen vom Tod des unbekannten Soldaten informieren, waren doch die Rotarmisten direkt betroffen: Einen ihrer Offiziere hatte Hegewald in jener Nacht erschlagen. Doch die Kommandantur der Roten Armee vermisst seit jenen Tagen der Befreiung keinen ihrer Angehörigen. Diese brisante politische Dimension des Falles ist somit nicht mehr gegeben: Vielleicht war es nämlich gar kein Sowjetsoldat, den man heimlich in Frauenstein entsorgte. Vielleicht irrten sich die Zeugen, indem sie ihm eine *frem-*

de Sprache unterstellten. Die Uniform des Gastes konnte nie genau beschrieben werden, militärische Accessoires genauso wenig. War es vielleicht ein Zwangsarbeiter, der endlich frei und auf dem Weg nach Hause? War es ein Tscheche auf dem Schmuggelpfad? Ein Deutscher auf der Flucht aus den besetzten Gebieten Ostpreußens oder Schlesiens? Möglicherweise gar ein desertierter Landser? Feststellbar ist die Identität des Toten nimmermehr.

Diese Zweifel zeigten Wirkung. »Die Hegewald wurde am 12.7.1950 aus der Haft entlassen, da keine Verdunklungsgefahr mehr besteht. Nach Aussagen der Hegewald und der Wiegand ist bestätigt, daß es sich um einen *Unbekannten* handelt. Somit muß der Vorgang von der S.A. Dresden wieder eingezogen und nach Abschluß der SKK zugestellt werden.«

Die Sowjetische Kontrollkommission ist nicht weiter am Toten und seiner Identität interessiert, sie lässt sich routinemäßig weiter über die polizeilichen Ermittlungen informieren. Die Genossen scheinen ob dieser Entwicklung erleichtert, bergen doch Konflikte mit den sowjetischen Besatzungstruppen unwägbare Risiken.

Derweil ist Erich Jäger aus Berlin in Dresden angekommen. Die Kriminalisten erhoffen sich vor allem die Klärung der Vorkommnisse jener Nacht des 8. Mai zur *Stunde Null*:

Befragt sagt Jäger: »Von 1942 bis 1945 war ich als Marineverwaltungsassistent in Keil, Löbau und Frauenstein/Erzgebirge tätig. Das Kriegsende erlebte ich in Frauenstein. Ich wohnte von Anfang Mai 1945 bis Ende Okt. 1945 bei einem gewissen Hegewald, Reinhold. Mit Hegewald holte ich vor Kriegsschluß ein Faß, 60 Liter, Schnaps und 4 bis 5 Kisten *Hennessy-Cognac*. Der Schnaps wurde von uns in den Wohnräumen des Hegewald versteckt. Mit dem Einmarsch der Besatzungstruppen wurden die Wohnungen durchsucht und Schnaps wurde bei uns sowie auch in andren Wohnungen gefunden und von der Besatzungsmacht getrunken. Es kam auch vor, daß Angehörige der Besatzungsmacht bei Hegewald nächtigten. Ich selbst habe mich darum wenig gekümmert und hielt mich die meiste Zeit in meinem Zimmer auf. Wenn die Angehörigen der Besatzungsmacht kamen und Schnaps tranken, so mußte ich immer den ersten Schnaps mittrinken. Das hatte zur Folge, daß ich zehn Tage lang betrunken war. Was während dieser zehn Tage sich im einzelnen abgespielt hat, kann ich nicht sagen. Mir ist nicht bekannt, daß in der Wohnung des Hegewald ein Angehöriger der Besatzungsmacht während eines Trinkgelages erschlagen worden ist. Ich habe auch, nachdem ich nüchtern geworden bin und in der späteren Zeit, nicht einmal mit Hegewald oder dessen Frau über diesen Vorfall gesprochen.«

Erich Jäger bestreitet, was Zeugen längst zu Protokoll gegeben haben.

Die Verhöre jedoch werden intensiver, die Beweismittel legt man Jäger vor. Leugnen zwecklos, Jäger erzählt am 19. Juli 1950 seine Sicht der Ereignisse in jener Nacht. Das liest sich im Protokoll:

»Name:	Jäger, Erich
Beruf:	Kaufmann
Einkommen:	80,-- brutto
geb.	18.10.1895
Geburtsort:	Neumittelwalde, Kr. Breslau
Adresse:	Berlin, N113, Bornholmer Str. 94
Staatsangehörigkeit:	deutsch
Familienstand:	geschieden
Kinder:	2, 14 und 15

Vater:	Karl Jäger, Schuhmachermeister, 1945 verstorben
Mutter:	Klara, geb. Bartschak, 1940 verstorben

Zur Sache:
Durch die Kriegsereignisse wurde ich im Jahre 1945 kurz vor Beendigung des Krieges nach dem Städtchen Frauenstein im Osterzgeb. verschlagen. Frauenstein wurde mir bekannt, weil ich schon wochenlang vorher Heeresbestände, die in Lägern in Löbau und Dresden untergebracht waren, verlagern mußte. Die eingelagerten Bestände hatte ich hier weiter zu verwalten. Ich bezog Wohnung in dem Grundstück eines gewissen Hegewald. Etwa acht Tage vor Kriegsschluß wollte ich aus dem von mir bewohnten Zimmer wieder ausziehen, weil mir dieses zu klein war. Ich konnte auf dem Marktplatz in Frauenstein ein größeres Zimmer mieten. Das Ehepaar Hegewald, welches im Erdgeschoß eine Wohnung bewohnte, machte mir aber den Vorschlag, ich soll aus dem Grundstück nicht ausziehen, sie würden mir ihr Wohnzimmer einrichten und zur Verfügung stellen. Das Angebot wurde mir von den Hegewalds gemacht, wahrscheinlich um dadurch persönliche Vorteile zu haben. Ich ließ mich auch darauf ein und bezog das Wohnzimmer der Fam. Hegewald.

Kurz vor dem Einmarsch der Roten Armee kam auf dem Bahnhof in Frauenstein ein Zug an, welcher Verpflegung und andere Sachen aus Wehrmachtsbeständen geladen hatte. Da das Erscheinen der Roten Armee nur noch wenige Stunden dauern konnte, wurden die von dem Zug transportierten Lebensmittel an die Bevölkerung durch eine Panzerbesatzung verteilt. Das Ehepaar Hegewald und ich begaben uns nach dem Bahnhof und führten einen Handwagen mit, um ebenfalls Sachen dort abzuholen. In der Hauptsache wurden von mir und Hegewald Schnaps, Kekse und verschiedene andere Dinge nach der Wohnung gebracht. Dieses war am Vormittag, und am Nachmittag erschien schon die Rote Armee. Als die Soldaten kamen, sagte ich Hegewald, nachdem dieser zu verstehen gegeben hatte, daß er ausreißen wollte: ›Was wollen wir jetzt machen? Wir bleiben hier!‹ Ich sagte noch, er solle eine weiße Fahne heraushängen, was er auch tat. Die Soldaten sammelten sich auf dem Marktplatz und Hegewald ging nach dort. Ich selbst blieb in der Wohnung und sah aus dem Fenster den Dingen zu. Gegen Abend kamen die ersten Soldaten in das Haus, selbst habe ich sie aber nicht gesehen. Ich selbst war Wehrmachtsangehöriger und wartete nun, was man gegebenenfalls mit mir machen würde. Da ich etwas reichlich Alkohol getrunken habe, legte ich mich zeitig in meinem Zimmer schlafen. Am nächsten Morgen kam Hegewald zu mir und sagte, daß zwei Soldaten bei uns geschlafen hätten und noch frühstücken würden. Ich ging aus meinem Zimmer nach der Küche und hier saßen die beiden Soldaten. Ich gab jedem ein Stück Toilettenseife, die ich aus Heeresbeständen noch bei mir hatte. Daraufhin verließen die beiden Soldaten das Haus. Im Laufe des nun folgenden Tages kamen weitere Soldaten und ebenso ausländische Zivilgefangene in Frauenstein an. Von diesen wurden die Häuser durchsucht nach Kleidungsstücken und Schnaps. Dieses konnte auch geschehen, weil die Einwohner alle in die Wälder geflüchtet waren. Schnaps wurde auch fast in allen Wohnungen gefunden, da die Bevölkerung, wie schon beschrieben, sich am Vortage damit eingedeckt hatte. Auch in das Grundstück, wo ich wohnte, kamen Soldaten und fanden hier den am Vortage geholten Schnaps. Da ich polnisch spreche, konnte ich mich teilweise mit den Soldaten verständigen und mußte an diesem Tage viel Schnaps mittrinken. Dieses zog sich bis zum Abend hin. Gegen Abend kam Hegewald in mein Zimmer und sagte, daß wieder ein Soldat da wäre, der hier übernachten wollte. Nach meinem Dafürhalten war es ein Soldat, obwohl er nicht als solcher einwandfrei zu erkennen war, denn er trug Stiefel, Stiefelhose und Drillichjacke, aber ohne Kopfbedeckung. Der Mann hatte weder Koppel noch Schulterklappen oder Auszeichnungen angeheftet. Nach dem Erzählen des Hegewald mußte dieser Mann schon am Tage mehrmals dagewesen sein, denn er hatte sich nach Hegewald angemeldet. Ich sagte zu Hegewald, er soll den Mann dort schlafen lassen, wo die beiden anderen Soldaten von der vorhergehenden Nacht geschlafen haben. Hegewald sagte mir, daß die beiden anderen Soldaten anständig gewesen wären, und er hoffte, daß auch dieser anständig sei. Ich sagte zu Hegewald noch, wenn die anderen anständig waren, so wird es dieser auch sein, und damit hatte sich die Sache für mich erledigt. Nach einiger Zeit kam Hegewald in mein Zimmer und sagte zu mir, ich solle herauskommen, der Soldat wolle nicht schlafen gehen bzw. wolle zum Schlafen eine Frau mithaben. Zu diesem Zeitpunkt wußte ich noch nicht, daß sich weitere Frauen außer der Ehefrau Hegewald und der Tochter im Haus befanden. Ich ging nun in den Korridor hinaus und versuchte, den Mann zu beruhigen. Ich forderte ihn in polnischer Sprache auf, er solle sich in das Schlafzimmer schlafen legen und dann wäre alles gut. Vermutlich, weil im Schlafzimmer kein Licht brannte, ging er in dieses nicht. Da aber aus meinem Zimmer Licht nach dem Korridor ging, kam er nunmehr in dieses. In meinem Zimmer, in dem nun noch außer dem Soldaten das Ehepaar Hegewald anwesend war, versuchte ich, den Soldaten zu beruhigen. Aus diesem Grunde wurden auch noch mehrere Schnäpse getrunken.

Die Beruhigung gelang mir jedoch nicht, denn der Mann versuchte wiederholt, nach der Frau Hegewald zu greifen, sowie er auch zu verstehen gab, daß er eine Frau zum Schlafen haben wollte. Ich sagte, daß dieses nicht möglich sei, worauf er zu mir sagte, ich sollte mit ihm schlafen gehen. Ich sagte daraufhin, daß ich mit ihm schlafen gehen würde und sagte: ›Komm!‹, worauf er aufstand, aber nach der Frau Hegewald griff. Ich sagte wieder zu ihm: ›Komm mit schlafen!‹ und zeigte mit den Händen in Richtung Schlafzimmer, worauf er mir an die Hand griff und den Daumen nach hinten verdrehte und mich auf das Sofa warf. Ich stand wieder auf und besah mir meinen Daumen, inzwischen hatte sich schon Hegewald mit dem Mann in den Haaren, und ich hörte nur noch einen dumpfen Knall, worauf der Mann zusammenbrach. Das war das Werk weniger Sekunden. Hegewald hat mehrmals zugeschlagen. Dieses ging so schnell, daß mir hier keine Möglichkeit blieb, helfend einzugreifen. Ich habe nicht gesehen, mit was Hegewald zugeschlagen hat, und erfuhr von ihm erst am nächsten Tage, daß es ein Aschenbecher war. Als ich sah, daß der Mann zusammengebrochen war, schrie ich noch Hegewald an etwa mit den Worten: ›Mensch, was hast du jetzt gemacht! Jetzt sind wir alle erledigt hier!‹ Hegewald sagte: ›Was sollt ich denn machen, er ist auf dich losgegangen und auf meine Frau!‹ Hegewald faßte jetzt den Mann und zog diesen von der Stube auf den Korridor. Ich sagte zu Hegewald: ›Jetzt ist es sowieso vorbei, laßt mich in Ruhe!‹, goß mir noch zwei Gläser Schnaps ein und legte mich auf mein Kanapé. Hegewald sagte zu mir, daß wir ihn wegschaffen müssen, worauf ich ihm wieder antwortete, er solle mich in Ruhe lassen. Während ich auf seinem Kanapé lag, befaßte sich Hegewald mit dem Mann. Nunmehr sagte er zu mir, ich solle mit anfassen, er wolle ihn ins Loch schmeißen. Ich wußte nicht, was mit diesem Loch gemeint war, und sagte aber, er soll mir meine Ruhe lassen, ich will mit der Sache nichts zu tun haben. Da ich durch das Gerede trotzdem nicht aufstand, kam seine Ehefrau zu mir, faßte mich an der Hand und zog mich vom Kanapé fort. Sie sagte, ich solle doch mit anfassen. Durch die Hegewald ließ ich mich überreden, ging nach dem Korridor und bekam dort einen Deckenzipfel in die Hand gedrückt. Daß es eine Decke war, konnte ich schon sehen, als ich noch auf dem Kanapé lag. Ich muß berichtigen, sah ich, als ich mit der Hegewald nach dem Korridor kam. Hegewald faßte die Decke vorn allein an, während hinten ich und die Frau Hegewald trugen. Wir gingen vom Korridor in den Flur und von diesem ging wieder eine Tür ab, die von Hegewald geöffnet wurde. Ich wußte nicht, wo diese Tür hingeht, denn ich war bis zu diesem Zeitpunkt nie hier unten. Die Unkenntnis hatte zur Folge, daß ich plötzlich, nachdem ich durch die Tür durchgetreten war, vornüber nach unten stürzte. Ich fiel auf die Decke, in welcher der Mann eingewickelt war, und rutschte mehrere Stufen hinunter. Die Hegewald sagte zu mir: ›Erich, was machst du?‹ Worauf ich ihr antwortete: ›Weiß ich denn, wo ihr mich hinschleppt?‹ Ich hatte gemerkt, als ich gefallen war, daß es eine Treppe war, die ich hinuntergefallen war. Auf allen vieren krabbelte ich die Treppe wieder hoch und ging in mein Zimmer zurück. Hier nahm ich noch einige Schnäpse und legte mich wieder auf mein Kanapé. Was Hegewald und dessen Frau mit dem eingewickelten Mann weiter gemacht haben, wußte ich zu diesem Zeitpunkt nicht. Als eine längere Zeit vergangen war, kam die Hegewald nochmals in das Zimmer und sagte: ›Gute Nacht!‹ zu mir und weiter, es wäre alles in Ordnung, ich brauchte keine Angst zu haben. Nach diesem Vorfall bin ich vier Wochen lang nicht aus dem Haus herausgegangen, und es kann Pfingsten (20./21. Mai 1945) gewesen sein, als Hegewald mir eines Tages einen Deckel zeigte und dazu bemerkte, daß das Paket dort unten liegen würde und daß es mehrere Meter tief sei. Die Spuren, die sich deutlich durch Blut abzeichneten, wurden von der Ehefrau des Hegewald beseitigt. Lange nach Pfingsten kam eines Tages ein Gewitter. Durch den niederkommenden Regen wurde die Grube voll und lief über. Die Mieter beschwerten sich, daß diese sauber gemacht werden müßte. Dadurch bekam Hegewald es mit der Angst zu tun und sagte, daß er die Grube allein räumen würde und daß die Jauche von einem Bauern abgeholt würde. Es kam ihm darauf an, daß kein Unberufener sich an der Jauchengrube zu schaffen macht. Hegewald machte mir nun den Vorschlag, daß ich mit seiner Ehefrau die Jauche herauspumpen soll. Dieses wurde auch von uns beiden gemacht. In einer später geführten Unterhaltung sagte mir dieser, daß kein Mensch davon etwas erfahren dürfte und daß die Leiche dorthin herausgeschafft würde. Ich interessierte mich nicht dafür, gab dies dem Hegewald auch zu verstehen mit dem Hinweis, daß ich sowieso nach Berlin in meine Heimat fahren wollte. Eines Tages sagte mir dann Hegewald, daß alles erledigt wäre, womit gemeint war, daß die Leiche nunmehr aus der Jauchengrube weggebracht worden ist. Ich fragte nicht, wohin die Leiche gebracht worden ist, erfuhr aber später durch die Ehefrau, daß sie auf dem Friedhof beigesetzt wurde. Wer die Leiche weggebracht hat, wurde mir von Hegewald nicht gesagt, denn derjenige, der die Leiche weggebracht hat, machte es nur unter der Bedingung, daß niemand davon erfährt. Mich interessierte dies auch nicht, und ich fragte auch nicht danach.

In der Zwischenzeit war Hegewald Bürgermeister von Frauenstein geworden, und eines Tages kam es zwischen ihm und mir zum Streit. Hegewald setzte mich aus der Wohnung hinaus und ich zog in das Bahnhofshotel. Nach kurzer Zeit erhielt ich von Hegewald die Aufforderung, Frauenstein zu verlassen, worauf ich dann kurze Zeit später nach Berlin in meine Heimat gefahren bin. Als ich in Berlin schon ansässig war, fuhr ich noch zweimal nach Frauenstein zurück. Hier kam ich mit den Eheleuten Hegewald nochmals zusammen, und ich sagte der Ehefrau, daß mir die Angelegenheit keine Ruhe ließe und ich nicht schlafen könnte. Darauf sagte mir die Hegewald, wenn du dicht hältst, da kann uns gar nichts passieren, und sie verlangte dafür noch das Ehrenwort von mir. Als ich zum zweiten Mal nach Frauenstein fuhr, wurde ich beim Betreten einer Gaststätte von Hegewald und dessen zwei Brüdern geschlagen, so daß ich es vorzog, überhaupt nicht mehr nach Frauenstein zu fahren. Ich verklagte Hegewald noch wegen Körperverletzung.« Widersprüche zu den Aussagen der Eheleute Hegewald sind offensichtlich. Auch scheint Erich Jäger seine Mittäterschaft herunterzuspielen. Dass der Untermieter den Hinterausgang seines Wohnhauses nie betrat, bezweifeln die Ermittler. Vielleicht war Jäger die Jauchengrube tatsächlich unbekannt, obwohl ihre Abdeckung gut sichtbar: 55 cm im Quadrat maß der metallene Deckel. Geräusche beim Öffnen und beim Schließen macht er. Nie gehört? Und nie gerochen? Die Kriminalisten haken nach.

»Auf besonderen Vorhalt:

Wenn von Hegewald behauptet wird, daß ich mit einer Kneifzange auf den Mann eingeschlagen habe, so muß ich dazu sagen, daß dieses von Hegewald erlogen ist und nicht den Tatsachen entspricht. Ebenso ist es unwahr und absurd, daß ich den Gedanken gefaßt haben soll, den Mann in die Jauchengrube zu werfen. Wie schon angegeben, hatte ich bis zu dem angegebenen Zeitpunkt noch keine Kenntnis von der Jauchengrube. Ebenso entspricht es nicht den Tatsachen, daß ich mich mit dem unbekannten Mann geschlagen habe. Ich habe mich lediglich befreit, als ich angefaßt wurde. Mir ist nicht bekannt und ich habe nicht gesehen, daß Hegewald mit einem Stock auf den Unbekannten eingeschlagen hat. Wenn dies der Fall gewesen wäre, so hätte ich bestimmt Zeit gehabt, entscheidend zu handeln und das furchtbare Geschehen zu verhindern. Es war aber, wie schon angegeben, alles nur Momentsache. Ich kann nicht sagen, ob der Mann von den Schlägen des Hegewald tot war. Ich habe mich, wie schon betont, um die ganze Angelegenheit nicht mehr gekümmert.

Ich möchte noch erwähnen, daß der Hegewald und dessen Ehefrau sowie die Kinder am Morgen nach der Tat Frauenstein verlassen haben. Ich selbst blieb in Frauenstein in dem Grundstück wohnhaft, weil ich mich schuldlos fühlte. Nach drei Tagen kam Hegewald allein wieder. Nach weiteren drei Tagen kam er wieder, und da sagte ich ihm, wenn er nicht wieder zurückkäme, dann würde ich seine Wohnung, die bis zu diesem Zeitpunkt unbehelligt geblieben war, nicht mehr halten, und würde ebenfalls meiner Wege gehen. Ich hatte aus diesem Grund schon mit dem Kommandanten von Frauenstein Rücksprache genommen, der mir versprach, mich mit einem der nächsten Autos nach Berlin mitzunehmen. Dem Kommandanten von Frauenstein aber den Vorfall zu melden, hatte ich nicht den Mut.«

Was am *Tag der Befreiung vom Hitlerfaschismus* 1945 in der Wohnung des späteren Bürgermeisters Reinhold Hegewald, Freiberger Straße 89, Frauenstein tatsächlich geschah, erhellt auch Erich Jägers Aussage nicht. Vielmehr ergeben sich noch weitere Widersprüche. So stellen die ermittelnden Polizisten am 22. Juli 1950 fest:

»Eine einwandfreie Klärung, ob die auf den Kopf des Unbekannten geführten Schläge tödlich waren, konnte nicht herbeigeführt werden. Eine Untersuchung der Gestalt wurde von den Beteiligten nicht vorgenommen.

Die Aussagen der Beteiligten sind widersprechend, und es ist schwer, den genauen Sachverhalt klarzustellen, da die Tat bereits fünf Jahre zurückliegt und die Beteiligten sich an Einzelheiten nicht mehr erinnern können.

Hegewald und Jäger sitzen in der Polizeihaftanstalt Schießgasse, während sich die Hegewald auf freiem Fuß befindet. Vorstehendes wird der SKK zur Kenntnis gebracht, und es wird Entscheid darüber gebeten, welche Dienststelle die Weiterbearbeitung des Vorgangs übernimmt.«

Bereits am 26. Juli 1950 vermerkt eine Aktennotiz: »Durch vorstehenden Bericht vom 22.7.1950 wurde die SKK in Dresden von dem Vorfall in Kenntnis gesetzt. Nach persönlicher Rücksprache am 26.7.1950 im VPP Dresden, Abt. K, Kom. C1 mit den Vertretern der sowj. Staatsanwaltschaft wurde entschieden, daß der Vorgang zur Aburteilung an das deutsche Gericht abgegeben wird, da nicht einwandfrei geklärt werden kann, ob es sich bei dem Opfer um einen Soldaten der sowj. Armee handelt. An der Besprechung nahmen drei Vertreter der sowj. Staatsanwaltschaft teil und der Vp.Rat Müller und der Vp.Ob.Kom. Franzke C1.«

Zu den Akten gelegt wird die Mordermittlung damit noch nicht. Zu brisant scheint der Staatsanwaltschaft und der parteilichen Leitungsebene das Vorgefallene. Zumal Gerüchte in der Öffentlichkeit immer noch kursieren. Allerdings ist das Wirtschaftsverbrechen des Reinhold Hegewald nicht mehr Teil des Verfahrens, Dokumente dazu sind nicht auffindbar. Vielleicht hat man es aus ideologischen Gründen von den Mordermittlungen getrennt. Vielleicht wurde es aus Mangel an Beweisen eingestellt. Kein Abschlussbericht beschreibt dessen Ausgang, kein Protokoll das Strafverfahren oder den Prozess. Aber auch die Fakten zum Tod des unbekannten Soldaten sind nicht sicher. Die Verurteilung der Beteiligten bleibt fraglich. Doch sie werden wieder und wieder zur Nacht des 8. Mai 1945 befragt. Einer von ihnen, Friedhofsmeister Fred Herrmann, ist »in seiner Wohnung nicht mehr anzutreffen. Es besteht der Verdacht, daß sich Herrmann nach dem Westen abgesetzt hat. Eine Fahndung nach Herrmann wurde seitens der Volkspolizei nicht eingeleitet, da seine strafbare Handlung als Übertretung geführt wird.« Angst spielte bei dieser Flucht sicherlich eine Rolle. Einmal in Ungnade gefallen, war es schwierig, unter den Genossen wieder Fuß zu fassen. Und 1950 waren die Grenzen noch offen, zumindest in Berlin bereitete ihr Überschreiten keine Schwierigkeiten.

Der Friedhofsmeister bleibt unauffindbar. Die Schuld der Hegewalds und ihres Untermieters Erich Jäger wiegen jedoch schwerer. Die zwei Männer sitzen noch in Untersuchungshaft in Dresden, Schießgasse 7.

Reinhold Hegewald: »Ich kann heute, wenn ich erneut zu dem Vorgang aus dem Jahre '45 befragt werde, keine anderen Angaben als schon in den früheren Vernehmungen machen. So wie es in meiner Erinnerung ist, habe ich es der Kriminalpolizei angegeben. Ich habe mit keinem Stock geschlagen, sondern nur mit einem Aschenbecher, und wenn so etwas von meiner Frau behauptet wird, so kann ich nur dazu sagen, daß es meine Frau wahrscheinlich nicht mehr weiß. Ich kann nicht sagen, ob Jäger mit der Beißzange zugeschlagen hat, ich nahm dieses nur an, weil ich die Zange später liegen sah. Ich kann heute nur wiederholen, daß ich niemals zugeschlagen hätte, wenn der unbekannte Mann meine Frau nicht belästigt hätte, worauf diese um Hilfe schrie. Ich sehe sie heute noch mit ihrem ängstlichen Blick vor mir. Mit allem wollte ich verhindern, daß meiner Frau irgendein Leid angetan wird.«

Erich Jäger: »Wenn ich heute erneut zur Sache befragt werde, so kann ich nur dazu sagen, daß ich meine Angaben vom 19.7.1950 nur wiederholen kann. Es hat sich alles so zugetragen, wie ich es in meiner ersten Vernehmung in Dresden gesagt habe. Wenn Hegewald behauptet, ich hätte mit einer Beißzange ebenfalls eingeschlagen, so muß ich das dazu sagen, daß dies von Hegewald erlogen ist. Ich nehme an, daß sich Hegewald nur rächen will, weil seine Frau damals mit mir nach Berlin gefahren ist und weil ich mit ihr ein Verhältnis hatte. Ich möchte bitten, daß mir die Ehefrau Hegewald gegenübergestellt wird, weil diese das, was ich ausgesagt habe, nur bestätigen kann, weil sie mit im Zimmer anwesend war.«

Hulda Hegewald: »Wenn ich heute erneut zu dem Vorfall im Jahre 1945 in meiner Wohnung befragt werde, so kann ich noch folgendes sagen: Ich habe nicht gesehen, daß Jäger mit einer Beißzange auf den Soldaten eingeschlagen hat. Geschlagen hat mein Mann mit dem Aschenbecher, der auf dem Tisch stand. Ob er auch mit dem schon von mir angegebenen Stock geschlagen hat, kann ich nicht mit Bestimmtheit sagen. Es ist richtig, daß der Soldat in eine Decke eingewickelt wurde. Dies wurde von meinem Mann, Jäger und mir ausgeführt. Wir drei waren auch an der Wegschaffung beteiligt, d.h. mein Mann faßte die Decke von vorn, während Jäger und ich hinten gingen. Als wir an der Kellertreppe waren, ist Jäger plötzlich gestolpert und fiel die Treppe hinab. Ich selbst trug mit bis zur Tür, wo es in den Hof hinaus geht, und wieweit Jäger mitgetragen hat, kann ich nicht sagen.«

Am 9. April verfasst VP-Rat Müller seinen Abschlussbericht zu den Beschuldigten: Hegewald, Hegewald, Jäger, Herrmann und Herrmann. Der an der Beseitigung und Beisetzung der Leiche ebenfalls Beteiligte Herbert Wiegand ist verstorben. »Ebenso mußte die Vernehmung des Bruders des Herrmann unterbleiben, weil es sich bei diesem offenbar um einen geistig minderwertigen Menschen handelt. Herrmann, Fred und Burkhard, haben sich der Verantwortung inzwischen durch die Flucht entzogen.

Zusammenfassend kann gesagt werden, daß die Klarstellung des Sachverhaltes bis in die Einzelheiten heute nicht mehr möglich ist. Dieses kann daran liegen, weil das Erinnerungsvermögen der Beschuldigten nachgelassen hat, aber auch, weil die Beschuldigten versuchen, die Tat mit all ihren belastenden Momenten zu ihren Gunsten auszulegen. Die endgültige Klärung des Sachverhaltes muß damit der Hauptverhandlung überlassen bleiben. Die entscheidende Frage, war die betreffende Person zu dem Zeitpunkt, als sie in die Jauchengrube geworfen wurde, schon tot, konnte ebenfalls heute nicht mehr geklärt werden.«

Und VP-Rat Müller nimmt Stellung zur Schuldfrage: »Der Beschuldigte Hegewald, Reinhold, hat durch seine Tat einen Menschen getötet. Er ist für seine Tat voll verantwortlich. Doch dürfte für ihn sprechen, daß er die Tat in Erregung begangen hat, nach der Bedrohung seiner Ehefrau, wenn man den Angaben des Beschuldigten Glauben schenkt.

Der Beschuldigte Jäger, Erich, hat durch sein Handeln die Tat begünstigt, in dem er an der Beiseiteschaffung der Leiche beteiligt war. Hierbei ist aber in Betracht zu ziehen, daß für ihn ein erheblicher Moment persönlicher Gefahr bestanden hat, wenn die Tat durch hinzukommende Soldaten entdeckt worden wäre.

Die Beschuldigte Hegewald hat die Tat ebenfalls durch ihre Handlung begünstigt. Doch dürfte für sie dasselbe wie für Jäger zutreffen.

Der Beschuldigte Herrmann, Fred, hat durch sein Handeln die Möglichkeit gegeben, eine Leiche ohne Berechtigung zu beerdigen. Als Friedhofsmeister mußte er sich im Klaren sein, daß dieses nach den bestehenden Strafgesetzen nicht zulässig ist.«

Es folgt eine »Charakteristik der Beschuldigten

Reinhold Hegewald: Hegewald gab die Tat nach anfänglichem Leugnen zu. Er bemühte sich aber offensichtlich, die Schuld zu einem großen Teil auf Jäger abzuwälzen. Er weiß genau, daß er für seine Tat verantwortlich ist, versucht aber doch, die Dinge zu bagatellisieren. In seinen ersten Vernehmungen sagte er aus, daß Jäger die Tat begangen habe. Der Wahrheit die Ehre zu geben, ist Hegewald wahrscheinlich auch heute noch nicht bereit, obwohl man sich des Eindrucks nicht erwehren kann, daß Hegewald auch heute noch alle Einzelheiten im Kopf hat. Hegewald wurde zur damaligen Zeit Bürgermeister und hat seit dieser Zeit langsam aber sicher den Boden unter den Füßen verloren. Dies hatte zur Folge, daß Hegewald erneut straffällig wurde. Wegen Wirtschaftsvergehen saß Hegewald mit den anlaufenden Ermittlungen zu diesem Vorgang ein. Während der Vernehmungen zeigt Hegewald ein großes Maß an Nervosität und Unbeherrschtsein.

Jäger wurde erstmalig in Berlin zur Sache vernommen. Hier wurde von Jäger alles abgeleugnet. Erst als er sah, daß inzwischen von Hegewald und dessen Ehefrau alles gesagt worden war, bzw. daß die Polizei mehr Kenntnis von den Dingen hatte, bequemte sich Jäger zu einem Geständnis. Er begründete sein anfängliches Leugnen damit, daß er sein Versprechen gegeben hätte und dieses auch halten wollte. Er machte in seinen Vernehmungen von allen Beschuldigten den besseren Eindruck, und seine Angaben kamen so, daß man denselben in den wesentlichen Punkten Glauben schenken kann. Für ihn belastende Momente versucht er natürlich ebenfalls zu bagatellisieren. Bei seinen Vernehmungen war Jäger ruhig und sachlich und brachte immer wieder zum Ausdruck, daß er sich bei dieser Straftat nicht schuldig fühlte.

Die Ehefrau des Hegewald gab ihre Erklärungen nicht klar und einwandfrei. Man könnte den Eindruck gewinnen, daß sie belastende Momente noch stärker herausstreicht, als sie ggf. überhaupt waren. Das kann daran liegen, daß die Hegewald mit dem Jäger ein Verhältnis unterhalten hat, wegen diesem sogar ihre Familie im Stich ließ, aber später wieder zurückkehrte. Zum anderen aber, weil das Eheleben der Hegewalds wahrscheinlich nicht mehr zum besten war.«

Am 3. Oktober 1950 »wird mitgeteilt, daß das Verfahren gegen Jäger auf Grund des Gesetzes der Deutschen Demokratischen Republik über die Gewährung von Straffreiheit vom 18.3.1950 eingestellt worden ist«. Hulda Hegewald war bereits am 12. Juli aus der Haft entlassen worden. Die Prozessakte zu Reinhold Hegewald ist verschollen …

2016 preist der Werbeauftritt der Stadt Frauenstein: »Genießen Sie im Urlaub die Ruhe und lassen die Seele bei einer ausgedehnten Wanderung rund um Frauenstein baumeln – Ihnen steht ein gepflegtes Wanderwege-Netz für einen erholsamen Urlaub zur Verfügung. Wer sich für einen Besuch in den Wintermonaten entscheidet, erlebt Frauenstein und das Erzgebirge in einer seiner schönsten Jahreszeiten – hell erleuchtet im Glanz der vorweihnachtlichen Zeit. Und auf kilometerlangen

Loipen lässt sich die Schönheit der Umgebung immer wieder aufs Neue einfangen.

Dank seiner zentralen Lage bietet sich Frauenstein auch als idealer Ausgangspunkt für Tagestouren in alle Richtungen an. Egal, ob ein Besuch in Dresdens Museen, ein Ausflug zur Bergstadt Freiberg oder das Eintauchen in die Bergbaugeschichte auf dem Programm steht – Frauenstein bietet die perfekte Basis für jeden Urlaub. Und damit Sie als Besucher jeden Tag in Frauenstein genießen können, sorgen Restaurants, Hotels und private Ferienwohnungen für Ihr Wohlergehen.

Die im Mittelalter gegründete Stadt Frauenstein sorgt aber mit noch weit mehr als nur der landschaftlichen Schönheit für einen gelungenen Urlaub. Burgruine, Schloss und Kirche zeugen von einer langen Tradition und Stadtgeschichte, die sich nahtlos in die Bergbaugeschichte des Erzgebirges einfügt. Aber nicht nur Silberfunde haben Frauenstein und das Erzgebirge berühmt gemacht – auch Gottfried Silbermann ist untrennbar mit der Geschichte Frauensteins verbunden und hat im Gottfried-Silbermann-Museum eine angemessene Ehrung gefunden. Liebhaber klassischer Musik können den Klängen einer Silbermann-Orgel lauschen und im Rahmen unterschiedlichster Konzerte und verschiedenster Veranstaltungen alle Sinne verwöhnen lassen.

Kommen Sie zu uns – die Silbermannstadt Frauenstein freut sich auf Ihren Besuch.«

Bleibt zu erwähnen, dass im Jahre 2013 zu Füßen dieser Stadt der *Kannibale vom Gimmlitztal* Schlagzeilen machte: »Der Fall sorgte im November 2013 für bundesweites Aufsehen: Ein Kriminalbeamter zerstückelt die Leiche eines Geschäftsmannes aus Hannover. Das Opfer träumte davon, geschlachtet und verspeist zu werden. Es war Mord, hat das Gericht am Mittwoch festgestellt. Der Kriminalbeamte hatte immer behauptet, den Mann nicht getötet zu haben. Die Männer waren im Oktober 2013 in einem *Kannibalen*-Forum im Internet aufeinandergestoßen: Der eine suchte seit Jahren nach jemandem, der ihn schlachtet und verspeist. Der andere träumte vom Zerstückeln einer Leiche. Am 4. November fuhr der Hannoveraner Geschäftsmann mit dem Bus nach Sachsen, vier Wochen später wurden seine Überreste hinter der Pension des Angeklagten im Gimmlitztal bei Reichenau im Osterzgebirge gefunden. Die Staatsanwaltschaft vermutet sexuelle Motive. Bei seiner Festnahme Ende November 2013 hatte der Kriminalbeamte behauptet, dem Opfer die Kehle durchgeschnitten zu haben. Später widerrief er dieses Geständnis. Er hatte das Geschehen im Keller zwar gefilmt. Das gelöschte und von den Ermittlern rekonstruierte Video zeigt aber nicht, wie der 59-Jährige zu Tode kam. Die genaue Todesursache bleibt damit unklar, laut Rechtsmedizin erstickte oder verblutete das Opfer. Die Schwurgerichtskammer befragte insgesamt fünf Sachverständige und 23 Zeugen, die teilweise Einblick in eine bizarre Welt der Perversion und sexueller Rollenspiele gaben. Gutachter sahen bei dem Angeklagten keine psychische Störung, jedoch narzisstische Züge und eine unstillbare sexuelle Erfahrungssuche.«

Das *Ferienheim Gimmlitztal*, in der das grausam Makabre geschah, hat für Touristen unter neuem Namen *Sommerfrische Illingmühle – Die Weinputtenpension* wieder geöffnet. Auch das Haus Freiberger Straße 89 ist renoviert und schön anzusehen.

Jede Idylle kennt Schattenseiten, über die keiner gern spricht. Doch irgendeiner weiß immer davon zu berichten.

Am Abend machte die Hexe dem Soldaten den Vorschlag, noch eine Nacht bei ihr zu bleiben. »Du sollst mir morgen eine geringe Arbeit tun, hinter meinem Hause ist ein alter, wasserleerer Brunnen, in den ist mir mein Licht gefallen, es brennt blau und verlischt nicht, das sollst du mir wieder heraufholen.« Den andern Tag führte ihn die Alte zu dem Brunnen und ließ ihn in einem Korb hinab. Er fand das blaue Licht und machte ein Zeichen, dass sie ihn wieder hinaufziehen sollte. Sie zog ihn auch in die Höhe, als er aber dem Rand nahe war, reichte sie die Hand hinab und wollte ihm das blaue Licht abnehmen. »Nein«, sagte er und merkte ihre bösen Gedanken, »das Licht gebe ich dir nicht eher, als bis ich mit beiden Füßen auf dem Erdboden stehe.« Da geriet die Hexe in Wut, ließ ihn wieder hinab in den Brunnen fallen und ging fort.

Brüder Grimm: *Das blaue Licht*

Quellen/Zitate:

Grimm, Jakob und Wilhelm: Kinder- und Hausmärchen. Berlin und Weimar 1979.
Spranger, Günter: Mord in der Stunde Null. Berlin 1967.

Muhme in Schwarz

Der Fall Hedwig Buck, Schneeberg 1948

Steckrübeneintopf

Zutaten: 1½ kg Steckrüben, ½ kg Kartoffeln, eine Zwiebel, eine Knoblauchzehe, Salz, ein Teelöffel Majoran, ein Eßlöffel gehackter Schnittlauch, ½ l Wasser oder Brühe, ein Eßlöffel Mehl, 100 g Speck.

Zubereitung: Steckrüben schälen und in Würfel schneiden, danach in der Brühe fast weich kochen. Die geschälten und gewürfelten Kartoffeln zugeben, ebenfalls weich kochen lassen. Den kleingewürfelten Speck in einer Pfanne auslassen. Darin die kleingeschnittene Zwiebel und die zerdrückte Knoblauzehe anbraten. Mehl darüber stäuben und braun werden lassen. Zu dem Gemüse dazu geben und noch einmal kurz aufkochen lassen.

Spätsommer. Der achtzehnjährige Landwirtschaftsgehilfe Hans Kornbluth war am 15.9.1948 »mit den Kühen des Bauern Germer im sogenannten Graben oder Grabenwiese. Gegen 17.30 Uhr hörte ich plötzlich einen Schuß aus östlicher Richtung. Ich nahm an, daß die Besatzungsmacht wieder Schießübungen abhält. Deshalb kümmerte ich mich auch nicht weiter darum. Etwa 3 Minuten später bemerkte ich einen Mann, der über den

Weg, wo die Frau gefunden wurde, im Walde lief. Die Person hatte etwa die Größe von 1,75 m, trug eine braune Jacke und eine graubraune Hose. Ob der Mann eine Kopfbedeckung trug, kann ich nicht sagen. Es sah fast aus, als ob es sich um eine Uniform handelte. Genauer kann ich die Person nicht beschreiben, weil diese, etwas nach vorn gebückt, schnellen Schrittes durch den Wald ging.«

Bemerken möchte Hans Konbluth noch, »daß auf dem betreffenden Gelände die Besatzungsmacht oft Schießübungen abhielt. Zu diesem Zwecke sind im Gelände verschiedene Bunker ausgehoben, von denen auch geschossen wird und zwar sowohl mit Gewehren als auch mit Pistolen. Meines Erachtens nach handelte es sich bei dem obenerwähnten Schuß um einen Pistolenschuß. Ich schließe dies wenigstens aus dem Klang. Die getroffene Frau selbst kenne ich nicht. Andere Personen habe ich auch in der Nähe nicht bemerkt. Weiteres kann ich zur Sache nicht angeben.«

Bergarbeiter Otto Schellhorn ist auf dem Nachhauseweg von Oberschlema, »woselbst ich im Schacht 12 arbeite und 14.00 Uhr ausgefahren war. Ich hatte erst noch in mehreren Geschäften meine Lebensmittel eingekauft, nachdem ich essen war. Gegen 17.00 Uhr ging ich durch den Wald von Oberschlema nach Wildbach.

Ich hörte einen Schuß. Ich war gerade in dem dort befindlichen Tal. Nachdem ich ungefähr 5 Minuten meinen Weg weitergegangen war, sah ich auf dem Waldweg eine Frau liegen. Sie lag quer über dem Weg. Ihr Kopf ruhte in einer großen Blutlache. An der linken Schläfengegend sah ich eine Wunde. Das Blut war im Gerinnen.

Ich setzte sofort meinen Weg weiter fort. Auf einem Feld traf ich eine Bauersfrau, deren Name mir aber unbekannt ist. Ich erzählte ihr, daß auf dem Weg eine Frau liegen würde. Als ich in meinem Quartier ankam, erzählte ich es sofort meinem Hauswirt und dessen Ehefrau. Sie sagten zu mir, daß ich dieses beim Bürgermeister melden müßte. Selbigen traf ich aber nicht an. Dessen Tochter und noch eine zweite Frau gingen aber sogleich mit mir zur Tatortstelle.«

Weitere Personen hat Otto Schellhorn zur Tatzeit im Wald nicht bemerkt. Zwar hätte die Sowjetarmee im Gebiet oft Manöver abgehalten, an diesem Tag aber sei ihm ein solches nicht aufgefallen. »Einen Schrei, bevor der Schuß fiel, habe ich nicht gehört. 16.30 Uhr war ich noch in Oberschlema an der Lampenstation. Für den Weg bis in mein Quartier benötige ich etwa eine Stunde. Ich kann deshalb auch sagen, daß es gegen 17.00 Uhr gewesen ist, als ich an der Tatortstelle anlangte.«

Weitere Zeugen bestätigen die Zeitangaben. »Gestern, am 15.9.1948, zwischen 17.00 und 17.30 Uhr, erschien bei mir in der Wohnung ein Bergarbeiter, dessen Namen ich nicht kenne«, sagt Anneliese Völker, »und der sagte, daß in der Nähe des Silberbaches eine Frau in ihrem Blute läge, und mein Vater (Bürgermeister von Wildbach) solle doch mal mit hingehen. Da mein Vater nicht anwesend war, ging ich mit einer gerade bei mir weilenden Freundin an die bezeichnete Stelle. Auch der Bergarbeiter ging wieder mit. Dortselbst fanden wir eine ältere Frau, die ich nicht kenne, in einer großen Blutlache auf einem Waldweg. Bei unserem Eintreffen war es etwa 18.00 Uhr. Anhand des Pulsschlages konnten wir feststellen, daß die Frau noch am Leben war. Auch kurze Atemstöße gab sie noch von sich. Zunächst nahm ich an, da ein kleines Krauthäckchen in der Nähe lag, daß sie sich mit diesem verletzt haben könnte, dann aber kam ich zu der Ansicht, daß es eine Schußverletzung sein müsse. Bemerken möchte ich noch, daß unweit der Frau eine unabgeschossene Patrone lag. Während dieser Zeit unseres Dortseins haben wir niemand gesehen. Auch sonst ist uns nichts Verdächtiges aufgefallen. Bemerken möchte ich noch, daß an dieser Stelle oft Schüsse fallen, die wir bis ins Dorf herein hören können. An diesem Tage oder auch zu dieser Zeit habe ich allerdings keine Schüsse wahrgenommen.

Vom Schacht 63 aus, der in der Nähe liegt, habe ich dann die Schneeberger Polizei verständigt und diese erwartet.

Die Frau lag quer zum Weg, mit den Füßen nach der Böschung. Ihre Tasche lag am Gesäß, und die Henkel berührten die rechte Hüfte ihres Körpers. Das bereits erwähnte Krauthäckchen lag hinter ihr parallel zum Körper am Rücken. Die Zinken lagen am Kopf. Hinzufügen möchte ich, daß die Frau Jähn, sowohl auch ich Angehörige des ehemaligen Roten Kreuzes waren, und jetzt die Erste Hilfe im Ort, und wir uns deshalb verpflichtet fühlten, wenn möglich, so schnell es geht, Erste Hilfe zu leisten. Weiteres kann ich zur Sache nicht angeben.«

Eichel-Knäckebrot

Zutaten: 200 g abgezogene Pellen von Pellkartoffeln, 125 g Eichelmehl, zwei Eßlöffel Haferflocken, ein Teelöffel Selleriesalz, ein Teelöffel gemahlener Kümmel.

Zubereitung: Die Kartoffelschalen werden durch den Fleischwolf gedreht. Mit Eichelmehl, Haferflocken und den Gewürzen zu einem Teig verkneten. Auf einem bemehlten Brett dünn ausrollen. In Stücke schneiden. Auf ein leicht bemehltes Backblech legen. Zehn bis fünfzehn Minuten bei 220 Grad knusprig backen lassen.

Dem Gebietsgemeinschaftsleiter der Polizei von Schneeberg wurde am 15.9.1948, gegen 18.30 Uhr, »vom Schacht 63 fernmündlich mitgeteilt, daß in der Nähe des Silberbaches im Walde eine Frau angeschossen worden sei. Sofort begab ich mich mit dem diensthabenden Hauptwachtmeister an die bezeichnete Stelle. Bei unserem Eintreffen wurde festgestellt, daß eine ältere Frau quer über einem Waldweg in einer großen Blutlache lag. Dies war kurz vor 19.00 Uhr. Wir bemerkten, daß sie noch langsam atmete und den Mund auf und zu machte. Daraufhin nahmen wir sie aus der Blutlache heraus und legten sie auf die Seite. Als Verletzung stellte ich einen Kopfdurchschuß fest. Bemerken möchte ich, daß 1 m vor der Frau eine unabgeschossene 9 mm (anscheinend Pistolenmunition) Patrone lag. Da die Frau noch Lebenszeichen von sich gab, fuhr ich sofort zurück, um einen Arzt zu holen.

Zusammen mit ihm begab ich mich wieder an die Fundstelle. Bei unserer Ankunft war die Frau bereits verstorben. Hierauf wurde die Mordkommission Zwickau verständigt. Von Pol.-Anwärter Helmich erfuhr ich später, daß dieser, von Wildbach kommend, am 15.9.1948, gegen 18.15 Uhr in der Nähe der Fundstelle vorbeigegangen sei und dabei mehrere Soldaten der Besatzungsmacht auf den anliegenden Feldern und im Walde bemerkt habe, die anscheinend eine Übung abhielten. Das ist alles, was ich zur Sache sagen kann.«

»Am 15.9.1948 wurde von der Gebietsgemeinschaft Schneeberg fernmündlich mitgeteilt, daß dort in einem Waldgrundstück eine zur Zeit noch unbekannte weibliche Leiche aufgefunden worden sei. Sofort nach Eingang der Fernsprechmitteilung begab sich die Mordkommission des KA Zwickau an die bezeichnete Stelle … Die Fundstelle liegt in einem umfangreichen Waldgebiet zwischen Schneeberg und Wildbach, in der Nähe der sogenannten Grabenwiesen. Das Grundstück, auf dem die Leiche gefunden wurde, gehört einem Bauern aus Wildbach… Bei unserem Eintreffen gegen 22.00 Uhr herrschte vollkommene Dunkelheit. Die Leiche lag am Rande eines Waldweges. In der Mitte dieses Weges befand sich eine größere Blutlache. Da durch die herrschende Dunkelheit eine genauere Besichtigung des Tatortes nicht möglich war, wurden die Erörterungen gegen 23.00 Uhr abgebrochen. Durch die herrschende Dunkelheit konnten die Erörterungen nicht weiter fortgeführt werden.

Am 16.9.1948 wurde die Fundstelle der Leiche erneut aufgesucht… Wie bereits erwähnt, liegt die Fundstelle in einem Gebiet ausgedehnter Wald- und Wiesengrundstücke, auf Schneeberger Flur. Von der Landstraße Schneeberg – Wildbach biegt ein Waldweg rechts ab und führt in mehreren Windungen nach der Fundstelle. Dieselbe ist rechts und links von einem Hochwald umgeben und bildet einen steilen Abhang, in dessen Mitte sich der Weg entlang zieht.

Bei der Leiche handelt es sich um eine etwa 65–70-jährige Frau. Dieselbe war bekleidet mit alten Schuhen, Strümpfen, Unterwäsche, einem schwarzen Kleide und einer schwarzen Kleiderschürze. An der Fundstelle lag noch eine Krauthacke und eine lederne, aus kleinen Würfeln zusammengesetzte Einkaufstasche.

Die Person wurde am 15.9.1948, gegen 17.00 Uhr, von einem Bergarbeiter noch lebend vorgefunden. Die sofort benachrichtigte Polizei traf gegen 19.00 Uhr ein und auch zu dieser Zeit gab die Person noch Lebenszeichen von sich. Deshalb wurde sie aus ihrer ursprünglichen Lage genommen und an den Rand des Weges gelegt. Die ursprüngliche Lage war die Mitte des

Weges mit den Füßen nach der Böschung zu. Als Verletzung wurde ein Kopfdurchschuß mit der Einschußöffnung über dem linken Scheitelbein und dem Ausschuß oberhalb der rechten Ohrmuschel festgestellt. Die Fundstelle wird im folgenden als Tatort bezeichnet.

Etwa 1 m von der Blutlache entfernt wurde eine unabgeschossene Patrone 0,8, Kaliber 9 mm, gefunden. Das Zündhütchen derselben war durch den Schlagbolzen angeschlagen, aber nicht zur Explosion gekommen. Nach längerem Suchen wurde etwa 4 m von der Leiche im Heidekraut ein undeformiertes Projektil gleichen Kalibers gefunden. Desgleichen wurde die Patronenhülse im Heidekraut gefunden. Aus all dem ist zu schließen, daß der Täter aus unmittelbarer Nähe auf die Frau gefeuert haben muß und beim ersten Schuß das Geschoß nicht zur Explosion kam. Der Täter dürfte dann durchgeladen und nochmals abgedrückt haben, wobei die Kopfverletzung zustande kam, die die Frau tödlich verletzte …

Soweit bisher festgestellt werden konnte, wurde von einem Waldarbeiter, der etwa 300 m von der Fundstelle entfernt in einem Dickicht arbeitete, zwischen 17.00 und 18.00 Uhr ein ängstlicher Schrei einer Frauensperson wahrgenommen. Kurz darauf fiel ein Schuß. Da in dieser Gegend Angehörige der Besatzungsmacht fast täglich Übungen abhalten, wobei geschossen wird, legte dieser dem Schuß zunächst keinen Wert bei. Etwas später erschien auf dem Wege ein Bergarbeiter, der die Frau noch lebend, in einer Blutlache liegend vorfand. Hierauf wurde die Polizei verständigt, die gegen 19.00 Uhr an der Fundstelle eintraf.

Vom Tatort wurden mehrere fotografische Aufnahmen angefertigt. Die Leiche wurde beschlagnahmt und dem Pathologischen Institut beim Heinrich-Braun-Krankenhaus zugeführt.

Vom Täter fehlt bisher jede Spur. Die Erörterungen sind noch im Gange, und es wird bei Auftauchen neuer Momente nachberichtet«, schreibt der Leiter der Zwickauer Mordkommission Kriminal-Obersekretär Staßfurt.

Teemischungen
Zutaten: 1. ein Drittel Ebereschenblätter, ein Drittel Lindenblätter, ein Drittel Brombeerblätter. 2. Erdbeer-, Himber- und Brombeerblätter (zu gleichen Teilen). 3. Lindenblätter, wenig Pfefferminzstengel, wenig Quecke. 4. schwarze, Brombeerblätter, Lindenblätter, Hagebutten (zu gleichen Teilen). 5. Heidekrautblüten und -blätter, Apfelschalen, als Würzzusatz Heidelbeerblätter, Minze und Thymian.
Zubereitung: Diese Tees soll man nicht aufkochen (außer Hagebuttenkerne und Apfelschalen), durch das Kochen wird das Getränk herb oder bitter, da zuviele Gerbstoffe ausgezogen werden. Für das Aroma ist es am feinsten, wenn man die Mischung in das kochende Wasser hinein gibt und umrührt oder das kochende Wasser darüber gießt und zugedeckt dann drei bis fünf Minuten ziehen läßt. Wer kräftigeren Geschmack liebt, kann den Tee auch etwa zehn Minuten ziehen lassen. Auf einen Liter rechnet man etwa zwei bis drei Eßlöffel Tee. Nach dem Aufbrühen wird der Tee sofort durchgesiebt. Eine Scheibe Zitrone verfeinert den Geschmack. Aufgegossene Tees dürfen nicht in Metalltöpfen aufbewahrt werden.

Der Gerichtsmediziner erstattet ein vorläufiges Gutachten. Nach äußerem Augenschein handelt es sich bei der Toten um eine etwa 70-jährige Frau mit greisenhaftem Gesicht. After und Geschlechtsteile sind mit Kot beschmiert, natürliche Reaktionen in Schock und Todeskampf.

»Die Sektion ergibt einen Kopfdurchschuß mit der Einschußöffnung über dem linken Scheitelbein und dem Ausschuß über dem rechten Schläfenbein oberhalb der rechten Ohrmuschel. Nahschußzeichen konnten nicht gefunden werden. Der Schußkanal verläuft durch das rechte Stammhirn und hat die rechte Hirnkammer eröffnet. Die Zeitspanne zwischen Verletzung und Eintritt des Todes kann nicht genau bestimmt werden. Die Verunglückte hat aber heftig erbrochen und das Erbrochene z.T. aspieriert. Todesursache ist Hirnlähmung.

Als Nebenbefund stellten wir fest eine hochgradige Arterienverkalkung mit Schrumpfniere und Herzmuskelverdickung und Gallensteine. Zur histologischen Untersuchung werden Hirngewebe, Herzmuskel, Nieren- und Lebergewebe zurückbehalten.«

Weitere medizinische Untersuchungen können nicht mehr Details erbringen, die eine Identifizierung möglich machen. Es ist eine unbekannte, alte Frau, die erschossen wurde. Die Tote wird bereits am 17.9. zur Erdbestattung freigegeben. Als gesichert kann nur angenommen werden, dass die Frau in der näheren Umgebung wohnen muss, Indizien lassen auf Beschaffung von Lebensmitteln schließen, die Rationen auf Marken waren in dieser Zeit nicht reichlich. In Schneeberg, Wildbach und Nachbargemeinden werden Plakate gehängt, die um Mithilfe der Bevölkerung bitten. Wer ist diese Tote?

Hagebuttensuppe

Zutaten: 1/8 kg getrocknete Hagebutten, ¾ l Wasser, ½ l Milch, eine Stange Zimt, eine Zitronenschale, ein Eßlöffel Kartoffelmehl, vier Eßlöffel Zucker, 50 g Margarine, ein Brötchen.

Zubereitung: Hagebutten waschen und über Nacht in einem

dreiviertel Liter Wasser einweichen. Mit dem Einweichwasser unter Zugabe von Zimt und abgeriebener Zitronenschale weich kochen. Durch ein Sieb streichen. Mit Milch auffüllen. Kartoffelmehl mit etwas Wasser anrühren und dazu geben. Zucker einstreuen. Mit gerösteten Brotwürfeln auftragen.

Zeugen melden sich. Allerdings können auch sie keine Hinweise zur Identifizierung geben.

»Am 15.9.1948, nachmittags gegen 16.00 Uhr, bin ich nach dem Pinkenwald gegangen, um für einen Landwirt Reißig auszuschneiden«, sagt Heinz Karl Stegemann aus Niederschlema, »in der Zeit zwischen 17.00 und 18.00 Uhr hörte ich plötzlich einen ängstlichen Schrei einer Frauensperson, was sich zweimal wiederholte. Ich lauschte zunächst, um noch mehrere Schreie zu hören. Dieselben verstummten jedoch. Nach etwa 5 Minuten hörte ich einen Schuß. Ich kann ungefähr 300 m entfernt gewesen sein. Da es keine Seltenheit ist, daß man auf dieser Stelle des öfteren Schüsse hört, gab ich weiter keine Beobachtung darauf. Soldaten der Besatzungsmacht habe ich nicht gesehen, da ich in einem Wald (Dickicht) gearbeitet habe.

Als gegen 19.00 Uhr ein Fahrzeug der Polizei gefahren kam, wurde ich erst aufmerksam. Ich ging dann zu dieser Stelle, wo sich die Polizeiangestellten aufhielten, und stellte fest, daß eine Frau auf der Straße tot darnieder lag. Daraufhin meldete ich sofort den Vorgang, welchen ich zu dieser Zeit bemerkt hatte.

Ich arbeite noch nebenbei bei Landwirt Kräuter und bin des öfteren dort in diesem Gelände. Meistens ist es so, daß man sich dort nicht aufhalten kann, weil von der Besatzungsmacht auf diesem Gelände Schießübungen abgehalten werden. Ob zur genannten Zeit eine Geländeübung stattgefunden hat, kann ich nicht sagen. Auch habe ich während dieser Zeit von der Roten

Armee keine Soldaten bemerkt. Wie schon bemerkt, habe ich mich mitten in einem Dickicht befunden, wo ich keine Sicht nach außen hin hatte. Weitere Angaben kann ich hierzu nicht machen. Meine Aussage habe ich ohne Zwang getan, was ich auch nachfolgend durch meine Unterschrift bestätige.«

»Seit dem 24.8.1948 bin ich als Pol.-Anwärter eingestellt«, sagt Werner Jäckel, »und zwar bei der Gebietsgemeinschaft II, Schneeberg. Den Weg von meiner Wohnung zur Dienststelle lege ich mit dem Fahrrad zurück. Dabei muß ich auch in der Nähe jener Stelle vorüber, an der die alte Frau gefunden wurde. Am Mittwoch, den 15.9.1948, gegen 18.30 Uhr, kam ich wiederum in der Nähe dieser Stelle vorüber. Dabei nahm ich wahr, daß sich in der Nähe der Schrebergärten, die bereits zu Schneeberg gehören, mehrere russische Soldaten aufhielten. Dieselben lagen z. B. im Graben mit dem Gewehr, und erweckten den Anschein, als ob diese eine Übung abhielten. Einen Schuß oder gar mehrere Schüsse habe ich zu dieser Zeit nicht wahrgenommen. Auch habe ich keinerlei Schreie oder dergleichen gehört.«

Traf die Frau ein Fehlschuss von russischen Soldaten während einer Übung? Es hätte keinen der Zeugen überrascht. Auch nicht die Polizei?

Die Indizien sprechen nicht für einen zufällig tödlichen Schuss. Eher deutet das Nachladen auf ein bewusstes Erschießen. Der Schütze wollte diese Frau töten. Sie sollte sterben, hätte er sonst erneut eine Patrone in den Lauf geschoben?

Warum musste dieser Tod sein? Hat die alte Frau illegales Geschehen beobachtet? War sie Zeugin einer Straftat und damit zur Gefahr geworden? Hätte sie Verbrecher identifizieren können?

Wer ist die Tote? Noch immer konnte die Polizei keinen Namen, keine Adresse ermitteln. Kleidung und bei der Leiche gefundene Gegenstände lassen auf eine Wohnung in der Gegend schließen. Viel hatte sie nicht bei sich: eine Tasche, ein Häckchen. Sie war keine Landstreicherin. Ihre Sachen waren gepflegt, wenn auch abgetragen. Alles deutet darauf hin, dass sie aus dem Haus ging, um Lebensmittel zu finden.

Vermisst die Oma keiner? Sammelt sie nur für sich im Wald ein kärgliches Zubrot zur knapp bemessenen Ration? Wer ist sie? Die Tote bleibt unbekannt.

Die Polizei bittet die Bevölkerung Schneebergs, Wildbachs, der Gegend um Mithilfe. Wer kann Angaben machen? Plakate sind überall angeschlagen, und bitten um die Identifizierung einer unbekannten, weiblichen Toten, scheinbares Alter: sechzig Jahre.

Routinemäßig wird die Sowjetische Besatzungsmacht über den nicht natürlichen Todesfall informiert. Über die Reaktionen der Militäradministration vermerkt die Akte nichts.

Zwei Tage später ergeben die Ermittlungen Anhaltspunkte in anderer Hinsicht. »Die Erörterungen wurden am heutigen Tage in Schneeberg und Umgebung fortgesetzt. Dabei wurde in Erfahrung gebracht, daß in unmittelbarer Nähe des Tatortes in den letzten Tagen Raubüberfälle durch ›unbekannte Personen‹ ausgeführt wurden. Es besteht der Verdacht, daß der Täter dieser Raubüberfälle mit dem des Mordes identisch ist. Deshalb werden nachstehend die Vernehmungen der durch die Überfälle geschädigten Personen beigefügt.«

Hausfrau Elsa Roth (45) stellte bei der Polizei diese Anzeige:

»Am Sonnabend, den 11. Sept. 1948, gegen 10.00 Uhr vormittags, ging ich in den Wald, der sich zwischen Schneeberg, Oberschlema und Wildbach befindet. Ich wollte dort Pilze suchen. In dem Wald zwischen Oberschlema und Wildbach sah ich eine ›unbekannte Person‹ im eiligen Schritt vom unteren Wald herauskommen. Nach einiger Zeit blieb diese Person stehen. Er hatte mich, da wir in einer Richtung liefen, kurz vorher in einer seitlichen Entfernung von etwa 10 m überholt. Am Wege blieb er stehen. Dort schaute er sich um. Darauf kam er wieder zurück und auf mich zu gelaufen. In der Zwischenzeit hatte ich meine Armbanduhr abgenommen und zwischen die Pilze in meiner Basttasche gelegt.

Diese Person frug mich nach etwas. Ich konnte es aber, da ich etwas schwerer höre, nicht verstehen. Dieses um so mehr, weil diese Person ein sehr schlechtes Deutsch sprach. Ich verstand nur die Worte: ›Kommandantur Schlema‹. Daraufhin zeigte ich ihm mit dem Arm die Richtung, die er einschlagen müßte, um nach Oberschlema zu gelangen. Dann verstand ich etwas von Uhr. Ich nahm an, daß er nach der Uhrzeit fragen würde. Er faßte mich jedoch am linken Arm und zeigte dabei auf die Stelle, wo man die Armbanduhr trägt. Ich erwiderte ihm darauf: ›Nix Uhr.‹ Darauf zeigte er auf meine Tasche und frug auch, ob ich diese in der Tasche habe. Kurz darauf griff er in die Tasche zwischen die Pilze hinein und erwischte auch die Uhr. Ich wollte ihm meine Uhr wieder wegnehmen. In dem selben Moment griff er mich mit der rechten Hand von hinten an die Oberschenkel, mit der linken Hand um meine Brust herum, nach dem Rücken, und gab mir dabei einen Stoß. Ich strauchelte nach hinten und prallte mit der rechten Schulter an einen dort stehenden Baum. Ich habe noch heute davon einen blutunterlaufenen Fleck. Daraufhin ergriff diese Person die Flucht. Er rannte von mir weg. Ich rappelte mich wieder auf und rannte ihm hinterher. Als er dieses sah, drehte er sich herum, blieb stehen, bückte sich und hob einen Stein auf. Es war ein Stein, der einen ungefähren Durchmesser von 25 cm hatte. (Es war ein flacher Stein, die Länge betrug etwa 25 cm.) Diesen Stein schleuderte er mir entgegen und traf mich dabei an dem rechten Schienbein. Nur dadurch, daß sich dieser Stein in meinem Rock verfing, trug ich keine übermäßigen Verletzungen davon. Links neben dem Schienbein trug ich eine etwa 5 cm lange Hautwunde und mehrere Prellstellen davon, die später ebenfalls blutunterlaufen waren. Daraufhin setzte er seine Flucht in rennendem Schritt weiter fort. Infolge des Schmerzes konnte ich die Verfolgung nicht so fortsetzen, daß ich diese Person einholen konnte. Ich verlor ihn aus dem Blickfeld. Ich begab mich darufhin zu der weiter unten auf der Rehwiese befindlichen Abteilung russ. Soldaten und trug die Sache vor. Die dort anwesenden Offiziere ließen sofort Streifen durchführen. Diese blieben aber auch erfolglos. Zwei Pilzsucher aus Schneeberg, die ich daraufhin ansprach, erzählten mir, daß sie eine Person in eiligem Schritt haben nach Oberschlema laufen sehen.

Im Laufe des Tages suchte ich die dort befindlichen Schächte auf, um zu sehen, ob ich diese Person antreffen werde. Dies war aber nicht der Fall. Ich wendete mich daraufhin an die NKWD in Oberschlema. Diese verwies mich, nachdem ich ihnen die Sache vorgetragen hatte, an die Bergpolizei des Obj. 2 (Haus Prager). Auch dort trug ich diese Angelegenheit vor.

Bemerken möchte ich noch, daß es sich bei der entwendeten Uhr um eine Damenarmbanduhr handelt. Sie hatte ein rotes Lederarmband, sie selbst stellte ein 6eck dar. Metall: Gold, gelbfarbig abgeschliffenes Zifferblatt, mit Sekundenzeiger … Ich habe bestimmt die Wahrheit gesagt.«

Pilzkuchen
<u>Zutaten:</u> ¼ kg Mehl, 50 g Fett, 1 Eigelb, Salz, eine Messerspitze Backpulver, ½ Tasse Milch, ½ kg Pilze, eine Stange Lauch, 1 Ei, zwei Eßlöffel Haferflocken, 1 Eßlöffel gehackte Petersilie, 1 Teelöffel Tomatenmark, Pfeffer.
<u>Zubereitung:</u> Aus Mehl, Fett, Eigelb, Salz, Milch und Backpulver einen Teig bereiten und eine gefettete Springform damit auslegen. Für den Belag werden die geputzten und gewaschenen Pilze grob gehackt, der Lauch in feine Ringe geschnitten und mit Ei, Haferflocken, Tomatenmark, Salz und Pfeffer und der gehackten Petersilie vermischt. Auf dem Teigboden geben und bei 220 Grad 45 bis 50 Minuten lang backen. Der Pilzkuchen wird heiß gegessen.

Auffallend ähnlich zur Aussage Elsa Roths ist die des achtzigjährigen Franz Siegfried Hebbel aus Schneeberg. Er gibt zu Protokoll: »Am Freitag, dem 13. Aug. 1948, ging ich gegen 13.30 Uhr in Richtung Wildbach, um bei einem Bauern in Wildbach ein paar Schuhe abzuliefern, die ich repariert hatte. So gegen 19.00 Uhr trat ich den Rückweg an und befand mich etwa 19.30 Uhr auf der Straße Wildbach-Schneeberg, in dem Teil, wo die Straße bergauf geht, links sich ein Wald befindet, rechts freies Feld, und wo sich nachher, nachdem der Wald aufhört, die Schrebergartenanlage anschließt. Die Straße von Schneeberg her, d. h. also mir entgegen, kam eine ›unbekannte Person‹.

Er sprach mich an und spielte dabei mit einer Zigarettenspitze, die er in den Händen hielt. Was er zu mir sagte, konnte ich nicht verstehen. Auf einmal griff er mich an, d. h. er knöpfte meine Strickjacke auf, die ich unter meinem Jackett trug und holte meine Taschenuhr hervor. Da die Kette der Taschenuhr in einem Knopfloch eingehängt war, öffnete er den Verschluß und nahm meine Uhr mit Kette an sich. Er suchte mir daraufhin alle Taschen meiner Bekleidung durch. Dabei fand er auch in meiner linken Hosentasche meine Geldbörse. Er öffnete diese und entnahm den größten Teil des darin befindlichen Bargeldes. Ich hatte etwas über DM 60,– darinnen. DM 3,– ließ er mir in meiner Börse und steckte sie mir wieder in meine Tasche, währenddem er das andere Geld zu sich steckte. Für Messer und Schlüssel und was man sonst noch in den Taschen hat, zeigte er kein Interesse. Er setzte daraufhin seinen Weg fort, und ich wollte ihn verfolgen. Als er dieses bemerkte, drehte er sich herum, griff in seine Tasche und holte ein Messer heraus. Daraufhin gab er mir einen Stoß vor die linke Brustseite. Ich strauchelte und fiel nach hinten über. Dabei zerriß ich mir meine Jacke am rechten Ellenbogen. Die Person wollte unbedingt, wie ich aus seinen Gesten und Reden entnehmen konnte, daß ich mich durch den Wald entfernen sollte. Ich tat dieses nicht, sondern ging auf die Straße zurück. Ich setzte dann meinen Weg fort. Die Person verschwand im Wald. Zu dieser Zeit befand sich noch eine Abteilung russ. Soldaten auf dem Übungsgelände im Silbertal.

Die Beschreibung der Uhr: Silberne Zylinderherrentaschenuhr, goldene Kette, Uhr mußte mit Schlüssel aufgezogen werden, innen in der Uhr befindet sich mein Name und zwar FSH. Bemerken möchte ich weiter, daß die Person auch den Schlüssel zur Uhr mit aus der Geldbörse nahm.«

Einen Verdächtigen hat die Polizei auch im Falle der Amalie Hinz (30) nicht gefunden: »Mein Ehemann hat auf dem früheren Flughafengelände bei Schneeberg ein Stück Land zur Bearbeitung zugewiesen erhalten. Aus diesem Grund war es notwendig, daß ich fast jeden Tag mit meinen Verwandten nach dort sehen mußte, um die anfallenden Feldarbeiten zu erledigen. So geschah es auch an einem Montag, es kann ungefähr vor drei Wochen gewesen sein, also am 23. Aug. 1948. Es war ungefähr gegen 14.00 Uhr als wir die Straße Schneeberg-Langenbach entlang gingen. In unmittelbarer Nähe des Gutes ›Marienhof‹ überholte uns, d. h. meine Schwiegermutter, die Frau Edda Hinz (67 Jahre alt, wh. Schbg Rödergasse 6), mein Kind Joachim Hinz, 4 Jahre alt, und mich eine ›unbekannte Person‹. Er trug Stiefel, Stiefelhose und eine Kutte. Er hatte ein Käppi auf. Trug auch Achselstücke. Ich kann aber nicht mehr sagen, wie diese aussehen.

Er ging in gleicher Richtung wie wir. Dabei holte er uns ein. Als er in gleicher Höhe mit uns war, frug er mich, wie spät es sei. Ich schaute auf meine Armbanduhr. Es war genau 14.15 Uhr. Als ich ihm die Zeit gesagt hatte, ging er ein paar Schritte vor uns her. Ich hatte den Eindruck, als wollte er gar nichts weiter von uns wissen. Nachdem er etwa 5–6 Schritte weitergelaufen war, kehrte er wieder um. Er kam auf mich zu und sagte mir: ›Mal sehen.‹ Ich erwiderte: ›Da gibt's nichts zu sehen, es ist 14.30 Uhr.‹ Er sagte dann sinngemäß zu mir, nicht die Uhrzeit, sondern die Uhr wollte er einmal sehen. Er griff meine linke Hand und sah sich die Uhr an. Ich riß meinen Arm wieder los.

Meine Schwiegermutter sagte zu mir, daß diese Person wohl bloß meine Uhr haben wollte. Sie forderte mich auf, schnell weiter zu gehen und gar nicht dergleichen zu tun. Als diese Person dieses bemerkte, holte er aus und schlug meine Schwiegermutter mit der Hand an den Hinterkopf. Er stieß sie mit dem Schlag fort. Ich rannte gleich in ein Feld hinein, denn ich sah weiter unten einen Bauern arbeiten. Ich rief ihm zu, uns zu Hilfe zu kommen. Er kam aber nicht.

Als ich um Hilfe rief, entfernte sich diese unbekannte Person.

Weiter nach Langenbach zu arbeiteten mehrere Straßenarbeiter. Sie pflückten Birnen. Mit diesen unterhielt er sich und ging nachher, nachdem er den ›Marienhof‹ passiert hatte, seitlich in den Wald. Ich selber getraute mich nicht vorbeizugehen. Ich machte mit meiner Schwiegermutter aus, daß ich um den ›Marienhof‹ im Wald gehen würde. Wie nun meine Schwiegermutter ungefähr die Stelle passierte, wo er in den Wald gesprungen war, kam er aus dem Straßengraben herausgesprungen. Was er zu meiner Schwiegermutter sagte, konnte diese aber, wie sie mir später erzählte, nicht verstehen.

Er sah mich daraufhin am Waldrand entlanggehen. Er rannte über die Straße weg und mir nach. Ich kehrte sofort um und lief auf den ›Marienhof‹ zu. Meine Schwiegermutter kam auch zurück. Wir trafen uns im ›Marienhof‹ und sind dann unterhalb des Keilberges einen Feldweg nach Griesbach gelaufen. Da wir noch zwei Bauersfrauen trafen, kehrten wir um und gingen wieder in Richtung Flugplatz, um doch auf unserem Feld arbeiten zu können. Wir waren der Annahme, daß wir, wenn wir 4 Frauen sind, doch mit ihm fertig werden würden.

Wie wir durch den Wald gingen, sahen wir ein Motorrad fahren. Kurze Zeit darauf ein Mädel mit einem Fahrrad. Es war ein Geschrei. Auf einmal sahen wir auch wieder die ›unbekannte Person‹. Er wurde von mehreren Personen, so auch von dem Mädel und dem Motorradfahrer verfolgt.

Wir hörten nachher aus Gesprächen, daß diese unbekannte Person auch noch anderen Personen die Uhr weggenommen haben soll. So u. a. einem Bergarbeiter auf dem Weg von Griesbach nach dem Schneeberger Stadtpark. Da er jedoch verfolgt wurde, hat er die Uhr weggeworfen, die später auch wieder gefunden wurde. Der Motorradfahrer war der Sohn von der ›Waldschänke‹. Er soll wohl Hilfe bei der Polizei in Schneeberg geholt haben, diese sollen dann auch die Uhr gefunden haben. Ich selbst bin nicht mehr belästigt worden.«

»Aufgrund dieser Vorkommnisse wurde sich mit der Kreiskommandantur Aue in Verbindung gesetzt. Major Karpow von der betreffenden Dienststelle ordnete an, daß das in Frage kommende Gebiet von Angehörigen der Besatzungsmacht laufend kontrolliert bzw. überwacht wird.« Weder die sowjetischen Streifen noch die polizeilichen Ermittlungen haben Erfolg. Ein Täter, der diese Überfälle in einem eng begrenzten Gebiet begangen haben könnte, wird nicht gefunden. Die Nähe zum Auffindort der Erschossenen läßt die Schlußfolgerungen auf ein und denselben Täter zu. Er überfiel die Fußgänger, um sie zu berauben. Suchte auch er bei der alten Frau Beute? Allerdings sah sie nicht aus, als hätte sie Wertgegenstände bei sich gehabt. Eher arm erschien sie den Ermittlern. Sie deswegen erschießen? Vielleicht aber ist der Räuber ein Einheimischer, den die alte Frau erkannte? Sie hätte ihn identifizieren können.

Wer aber das Opfer ist, konnte, obwohl intensiv ermittelt wird, noch immer nicht in Erfahrung gebracht werden. Die Tote im Wald hat keinen Namen trotz der Plakate, trotz Beschreibung aller Details. Vor Ort wird diskutiert, wer sie denn sei, diese Alte, aber vermißt wird offenbar niemand: Keine Mutter, keine Oma, keine Nachbarin. Diese Tote, auch sie bleibt eine »unbekannte Person«.

Eintopf aus Vogelmiere
<u>Zutaten:</u> ½ kg Vogelmiere (gesammelt wird das blühende Kraut ohne Wurzeln), 150 g Haferflocken, 1 kg Kartoffeln, zwei Liter Gemüse- oder Fleischbrühe. 50 g geräucherter Speck, Salz.
<u>Zubereitung:</u> Vogelmiere waschen, klein hacken. Kartoffeln schä-

len und würfeln. Gemüse, Kartoffeln und Haferflocken werden in der Brühe weichgekocht. Ein Viertel des rohen gehackten Gemüses wird zurückbehalten und erst in das gargekochte Gericht gegeben. Mit gerösteten Speckwürfeln und Salz abschmecken.

Am Sonnabend, drei Tage nach dem Tatgeschehen, erscheint bei der Polizei in Schneeberg aufgelöst Frau Hannah Wauer und ruft voll Entsetzen: »Die Tote ist meine Mutter!«

Hannah Wauers Mutter Hedwig Buck wohnt mit ihr im selben Hause (Rosenthal 5), 2. Stock, gibt sie gefasster zu Protokoll. Hannah Wauer hat noch vier Geschwister. Von ihnen wohnt nur der Bruder, Reinhard Buck, hier in Schneeberg, Pestalozzistraße. »Ich bin verheiratet mit dem Tischlermeister Heinrich Wauer. Ich habe 2 Kinder, ein Mädchen ist im Rheinland verheiratet und einen sechzehnjährigen Sohn, der bei meinem Mann das Tischlerhandwerk erlernt und auch bei uns wohnt.

Meine Mutter ging fast täglich in den Wald, um Holz oder Pilze zu holen. Dabei kehrte sie meist erst am Abend zurück, so daß es vorgekommen ist, daß wir sie manchmal einen oder zwei Tage nicht zu Gesicht bekamen.

Meine Mutter bezieht Sozialrente, ich glaube, 40 DM im Monat. Sonst hat sie kein Vermögen. Schmucksachen, z. B. Uhr und dergleichen, hat sie ebenfalls nicht.

Am Mittwoch, den 15.9.1948, gegen 13.00 Uhr habe ich meine Mutter das letzte Mal gesehen. Um diese Zeit kam sie vom Kartoffelstoppeln und zeigte mir auch noch eine kleine Tasche voll Kartoffeln, worüber sie sich sehr gefreut hat. Sie sagte mir noch, daß der Bauer morgen mit dem Feld fertig würde und sie wieder gehen wolle. Später erfuhr ich aber, daß meine Mutter am gleichen Tage nochmals weggegangen sei.

Am Donnerstag, den 16.9.1948 habe ich dann eine Bekanntmachung gelesen, die besagte, daß eine Frau von 60 Jahren tot im Walde gefunden worden sei. Da ich meine Mutter um diese Zeit noch nicht vermißt hatte, und diese auch bereits 83 Jahre alt ist, während die in der Bekanntmachung erwähnte Frau 60 Jahre alt sein sollte, habe ich mir natürlich nicht das geringste dabei gedacht.

Am Freitag, den 17.9.1948, gegen 20.30 Uhr, wollte ich meiner Mutter die Wäsche in die Wohnung bringen. Auf mein Klopfen wurde aber nicht geöffnet. Ich nahm an, daß sich meine Mutter bereits schlafen gelegt hätte und ich wollte sie auch nicht weiter stören.

Auf Vorhalt: Auch jetzt ist mir der Gedanke, daß es sich in der Toten um meine Mutter handeln könnte, noch nicht gekommen, weil ich so etwas auch jetzt noch für ausgeschlossen halte. Auch bezüglich des Alters konnte meine Mutter nicht in Frage kommen.

W. gibt weiter an: Am Sonnabend, den 18.9.1948, früh, etwa gegen 8.00 Uhr, bin ich nochmals zu ihr, wobei mir wieder nicht geöffnet wurde. Jetzt kam mir die Sache etwas komisch vor. Daß es sich aber um die Tote im Wald handeln könnte, fiel mir noch nicht ein. Ich nahm vielmehr an, daß ihr ein Unglück zugestoßen sein könnte, Herzschlag oder dergleichen, wie es bei alten Leuten oft vorkommt. Ich sagte dann meinem Manne, daß er doch einmal nachsehen sollte. Dieser legte eine Leiter an und stellte fest, daß die Wohnung leer war. Auch nachdem er durch das Schlafzimmerfenster gesehen hatte und das Bett gemacht war, stand fest, daß meine Mutter nicht zu Hause war. Durch einen Schlosser haben wir dann öffnen lassen, wo uns dann Gewißheit wurde. Im Schrank, so überzeugte ich mich, hingen ihre guten Sachen. Doch das alte schwarze Kleid und die schwarze Kleiderschürze fehlten. Jetzt erst fiel mir auf, daß in dieser Bekanntmachung von solchen Kleidungsstücken die Rede war. Zusammen mit meinem Manne bin ich dann auf die Wache gegangen, wo mir die bei der Mutter gefundene Tasche und Krauthacke gezeigt wurde. Diese beiden Gegenstände erkannte ich einwandfrei als meiner Mutter gehörend.

Es ist mir einfach rätselhaft, wer diese alte Frau erschossen haben könnte. Meine Mutter hatte keinerlei Feinde. Auch kenne ich keine Personen, die ihr irgendwie gedroht hätten usw. Wir Geschwister unter uns sind einig und verehren alle unsere alte Mutter.

Wie bereits erwähnt, ging sie sehr oft, man kann sagen täglich, in den Wald, wobei sie gewöhnlich morgens wegging und abends zurückkehrte. Sie hat auch hier nie irgendwelche Äußerungen getan, daß sie sich bedroht fühlte und Angst habe oder daß ihr sonst irgend etwas Besonderes bei ihren Gängen im Wald aufgefallen wäre. Ich kann mir nicht denken, wer diese Tat ausgeführt haben könnte.«

Kein Zweifel: Die Tote ist Hedwig Emilie Buck, geb. 16.2.1865 in Schneeberg/Erz., wh. Schneeberg, Rosenthal 5, Witwe.

Auch Hannahs Schwester Mathilde ist von diesem Tod der Mutter erschüttert: »Am 22.9.1948 kam mein Schwager, Heinrich Wauer, aus Schneeberg zu mir nach Zwickau und teilte mir mit, daß die Mutter tot aufgefunden worden wäre. Er sagte noch, man hätte sie mit einem Kopfschuß in einem Wald gefunden. Über diese Mitteilung war ich einfach sprachlos. Ich kann mir überhaupt nicht denken, wer diese Tat begangen haben könnte und was da überhaupt vorgelegen haben kann.

Wir Geschwister vertragen uns untereinander und auch mit unserer Mutter sehr gut. Auch hat meine Mutter mir gegenüber nie geklagt, daß sie es in Schneeberg bei meiner Schwester schlecht hätte. Im Gegenteil, sie würde von dort immer unterstützt.«

Auch Bruder Reinhard hat keine Erklärung. Sicher, er kommt wegen der Arbeit selten zur Mutter nach Hause, aber sie besuche ihn öfter. Es gab keinen Streit und es gibt keinen zwischen ihnen. Überhaupt, aus der Familie traue er keinem solche Tat zu. Der Verdacht allein ist absurd. Und Mutter Hedwig besaß nichts von Wert, sie bezog seit Vaters Tod im Jahre 1932 nur eine Rente, deren Höhe sie dem Sohn jedoch verschwieg. Sie wohnte bei Hannah, der Schwester, geklagt hat sie nie. Auch die Geschwister untereinander hätten das beste Verhältnis. Wer denn begeht eine solch sinnlose Tat? Wer?

Auch Hedwig Bucks Nachbarin im Hause, Elsa Bangemann, hat keine Erklärung: »Ich wohne bereits 10 Jahre im Hausgrundstück Rosental 5 und kenne seit dieser Zeit auch Frau Buck. Dieselbe ist mir als eine ruhige, ordentliche und arbeitsame Person bekannt. Ich weiß, daß sie fast täglich in den Wald ging, um sich etwas Holz oder Pilze zu holen. Sie ging meist früh weg, kam gegen Abend zurück und legte sich dann gewöhnlich gleich schlafen. Dies wiederholte sich an anderen Tagen aufs Neue, so daß uns Hausmitbewohnern tatsächlich nicht aufgefallen ist, wenn sie einmal ein paar Tage nicht zu sehen war.

Auch ist sie manchmal zu ihrer Tochter bei Stollberg gefahren, wo sie gewöhnlich auch 2 Tage unterwegs war. Mit ihren Kindern hat sie sich, soweit ich darüber ein Urteil abgeben kann, gut vertragen. Streitigkeiten oder dergleichen habe ich jedenfalls noch nicht wahrgenommen.

Es ist mir auch bekannt, daß sie keinen Ring oder Schmuck

getragen hat und wohl solches überhaupt nicht besitzt. Über ihre Vermögensverhältnisse kann ich keine Angaben machen. Ich weiß nur, daß sie Rente bezieht.«

Als die Wauers das Fehlen der Mutter entdeckten, hat Elsa Bangemann vom schrecklichen Verdacht erfahren, der sich leider bestätigt hat. Es ist auch ihr unerklärlich, wer Grund hat, die Frau zu töten.

Hinweise und Spuren, die zu einer Aufklärung führen, kann die Polizei nicht ermitteln. Einen halben Monat nach der Tat, am 1. Oktober, schreibt der ermittelnde Kriminal-Obersekretär Staßfurt seinen Abschlussbericht. »Über das Motiv dieser gemeinen Tat an einer vollkommen wehrlosen, 83-jährigen Frau fehlt jeder Anhaltspunkt.

In Anbetracht dessen, daß in der Nähe des Tatortes in letzter Zeit wiederholt Raubüberfälle von ›unbekannten Personen‹ auf Personen ausgeführt wurden, wobei es der oder auch die Täter auf Schmuck (Uhren, Ringe), sowie auf Geld abgesehen hatte und auch vor Gewaltanwendung nicht zurückschreckten, kann man der Annahme sein, daß es sich in vorliegendem Falle um einen solchen Raubüberfall handelt, bei dem der Täter mit der Schußwaffe vorging. Dem spricht allerdings entgegen, daß die B. keinerlei Wertgegenstände zur Zeit der Tat bei sich führte.

Bemerkt sei, daß die B. in ärmlichen Verhältnissen im Hause ihrer Tochter wohnte, und, wie festgestellt wurde, mit ihren Kindern in Eintracht lebte. Es konnte über ihre Angehörigen nichts Nachteiliges in Erfahrung gebracht werden. Beweise, daß von dieser Seite aus ein Verbrechen vorliegen könnte, waren nicht zu erbringen.

Die Kreiskommandantur Aue wurde von dem Vorfall betreffs

des Mordes und der Raubüberfälle in Kenntnis gesetzt und sagte zu, das betreffende Gebiet im Auge zu behalten. Beweisstücke zu StA Zwickau, bei Erfolg wird nachberichtet.«

Nachberichtet hat Kriminal-Obersekretär Staßfurt nie. Der Mordfall Hedwig Buck blieb ungeklärt.

Russenliebchen

Margitta Schmidt sieht dem Betrachter direkt in die Augen. Haare länger als bis zur Schulter, aus der Stirn gekämmt, lockig. Vielleicht ein ironisches Mundwinkelzucken? Auf dem Foto trägt sie einen dunklen Mantel. Ein Schal schützt den Hals. Margitta Schmidts Bild sieht man im Frühjahr 1952 auf Plakaten. MORD steht daneben links und 3.000 DM Belohnung.

»Die Margitta Schmidt war mit mir zusammen im Personalbüro des Objektes 11 beschäftigt«, gibt Kollegin Annedore Kempe zu Protokoll. »Später ging Margitta zu Objekt 33, wo sie, soviel mir bekannt ist, bis zu ihrem Tode beschäftigt war.

Ich weiß, daß sie viel Umgang mit sowjetischen Offizieren hatte. Sie lud auch mich oftmals ein, was ich aber immer ablehnte. Einmal erzählte sie mir, daß sie bald erschossen worden wäre, und zwar habe sie einen Offizier bestellt, und da sei ein früherer Liebhaber, ebenfalls ein Offizier, dazugekommen. Soviel mir bekannt ist, pflegte sie keine Liebschaften mit deutschen Staatsbürgern. Ich habe wenigstens derartiges nicht bemerkt.

Einmal hatte sie auch ein Verhältnis mit einem sowjetischen Soldaten, der Fahrer beim Bataillon in Schneeberg war. Er fuhr einen Wagen mit der Marke Pobeda. Mit diesem Soldaten ist sie oftmals weggefahren. Sie erzählte mir, daß sie in Zwickau gewesen sei und im dortigen Magazin Kleiderstoffe und dergleichen gekauft habe. Seit sie auf dem Objekt 33 beschäftigt ist, habe ich wenig Umgang mit ihr gehabt und kann nicht sagen, welche Verhältnisse sie in der letzten Zeit hatte.«

Margitta Schmidt wurde ermordet, der Täter niemals überführt. Spuren und Verdachtsmomente hat es gegeben. Der Mörder – ein höherer Dienstgrad der Roten Armee? Aufklärung von der Behörde nicht erwünscht? Wurde der Fall wider besseren Wissens und wegen eines Ermittlungsboykotts der Besatzer ungeklärt zu den Akten gelegt?

Wetterbericht 5.3.1952: »Nichts Gutes aus dem Osten. Frische und böige Ostwinde, vorherrschend heiter, trocken und kalt. Tagsüber leichter, nachts mäßiger Frost. Temperaturen unter minus fünf Grad. Morgen Fortdauer des Frostwetters, Bewölkungszunahme.«

Max Ungelter wohnt in Wildbach und ist als Krankenpfleger bei der Wismut AG beschäftigt und zwar in der Poliklinik in Schneeberg II. »Diese Woche habe ich Mittelschicht. Mein Dienst beginnt 14.00 Uhr. Von Wildbach bis Niederschlema muß ich laufen und hierzu benutze ich die direkte Straße, welche von Wildbach bis Niederschlema führt. Gestern, Mittwoch, den 5.3.1952, gegen 11.45 Uhr, bin ich zu Hause weggegangen. Als ich noch ca. 150 m von der Hauptstraße, die nach Hartenstein führt, entfernt war, sah ich im Wald rechts von mir eine Person in gebückter Stellung. Ich habe mir dabei nichts gedacht und bin weitergelaufen. Ich war der Annahme, daß dort jemand austreten ist. Heute mußte ich erfahren, daß dort an dieser von mir bezeichneten Stelle eine Frau tot aufgefunden wurde. Persönlich ist mir diese Frau nicht bekannt. Ich bin gestern an dieser Stelle nicht gewesen, da ich, wie schon erwähnt, der Annahme war, daß dort jemand austreten ist.«

Der diensttuende VP-Kommissar Fleischer meldet einen Tag später: »Am 6.3.1952 gegen 7.00 Uhr wurde durch den VPGP Niederschlema, dem VPKA Schneeberg, Abt. K. fernmündlich mitgeteilt, daß durch einen Buchhalter der Hilo-Werke Niederschlema eine weibliche Person im Poppenwald erhängt aufgefunden wurde. Unterzeichneter begab sich daraufhin mit dem Leiter der Abt. K. Komm. Mierisch und dem VP-Obwm. Buchenberger (Erkennungsdienst) mittels PKW zu dem Fundort Niederschlema, Poppenwald, Abt. 7. Dort wurde festgestellt, daß eine weibliche Person ca. 20 – 23 Jahre alt, in sitzender Stellung an einem Baum festgebunden worden war. Besondere Merkmale wie Schleifspuren an den Beinen und Straßenschmutz an den Haaren deuten daraufhin, daß die Tote nicht freiwillig aus dem Leben geschieden ist. Aufgrund dieser besonderen Merkmale wurde sofort die Mordkommission Zwickau telefonisch benachrichtigt, die nun auch die weitere Bearbeitung übernimmt.«

»Am 6.3.1952, gegen 8.30 Uhr, teilt der Leiter der Abteilung K Schneeberg dem Leiter der Abteilung K Zwickau fernmündlich mit, daß in Niederschlema, an der Straße nach Wildbach, eine erhängte weibliche Leiche aufgefunden wurde. Da den Umständen nach angenommen werden muß, daß es sich um ein Verbrechen handelt, wird um das Erscheinen der Mordkommission gebeten.

Nach Eingang vorstehender Fernsprechmitteilung begab sich die MK, bestehend aus vier Personen unter Leitung von

VP-Oberrat Staßfurt, mittels Dienstkraftwagen über Schneeberg, Oberschlema nach Niederschlema, zum Tatort. An diesem sind Angehörige der Abteilung K und S des VPKA Schneeberg anwesend. Nach kurzer Information wird der Tatort besichtigt.

Dieser befindet sich an der Hauptstraße Niederschlema-Hartenstein. Von der Hauptstraße aus führt links eine Nebenstraße nach Wildbach. Es handelt sich hierbei um eine gutbefahrbare, etwa 5 m breite Straße ohne festen Bodenbelag, welche durch Mischwald führt. Ca. 150 m nach der Abzweigung von der Hauptstraße und 12 m von der Nebenstraße entfernt, liegt links im dichten Unterholz, von der Straße aus schlecht sichtbar, eine weibliche Leiche.

Links, entlang der Straße, läuft Schmelzwasser den Graben hinab. Vor diesem, am Ende der Straße, ist der Sohlenabdruck eines Stiefels sichtbar. Eine etwa 1 m hohe Böschung, die sich an den Graben anschließt, zeigt deutlich Schleifspuren im Waldboden. Auch dort, am Abhang der Böschung, ist wieder ein Stiefelabdruck in der Form des vorher bezeichneten sichtbar. 2 m von der Böschung entfernt liegt ein buntes Schaltuch. Auf der rechten Seite, 9 m von der Straße entfernt, liegt ein brauner Hut mit Schleier.

Die Leiche selbst sitzt auf dem Boden, der Oberkörper ist schräg rechts nach oben gerichtet. Um den Hals ist der Gürtel eines Kleides geschlungen, der an einer etwa 10-jährigen Fichte befestigt ist. Der Gürtel ist an der entgegengesetzten Seite des Stammes mit einem einfachen Knoten zusammengeknüpft, und an ihm befindet sich eine geöffnete Sicherheitsnadel. Der Mund und die Augen sind geschlossen, an den Nasenlöchern zeigt sich ein geringer Schaumpilz. Der linke Arm liegt eingewinkelt in der Hüfte, der rechte ist auf dem Boden aufgestützt.

Die Finger der rechten Hand sind zur Faust geballt. Am Mittelfinger derselben befindet sich ein Ring mit blauem Stein.

Die Leiche ist bekleidet mit einem schwarzen Pelzmantel, grauem, mit rötlichen Blumen bedruckten Sommerkleid, braunen Schuhen, seidenen Strümpfen und der üblichen Unterwäsche. Der Pelzmantel ist um den Körper geschlungen und an der linken Schulter abgestreift, während sich der rechte Arm noch im Ärmel des Mantels befindet. Die Unterkleidung ist nach oben gestreift und vom Knie bis zum Rand der Schlüpfer ist die Leiche unbedeckt.

Sie ist über und über, von den Schuhen, Strümpfen, der Unterwäsche bis auf den Rücken mit Schmutz besudelt. Desgleichen sind die Haare vollkommen mit Straßenkot beschmutzt, ebenso das Gesicht. Nach Abnahme der Leiche zeigt sich, daß der Gürtel um den Hals verknotet ist und der Knoten sich an der rechten Gesichtshälfte befindet. Weiterhin sind verschiedene Würgemale sichtbar.

Die Totenstarre ist vollkommen ausgeprägt, Leichenflecken sind sichtbar. Die Leiche wurde dem Pathologischen Institut beim Heinrich Braun Krankenhaus übergeben. Ein Sicherheitsoffizier der SKK wurde verständigt und erschien am Tatort.«

»Durch einen VP-Hptwm. vom VPKA Schneeberg Abteilung K, wurde in Erfahrung gebracht, daß es sich bei der unbekannten Toten vermutlich um die Dolmetscherin Margitta Schmidt handeln könne. Aufgrund dieses Hinweises wurden die Kleidungsstücke der Schwester der Toten vorgelegt.«

Die Schwester, Marianne Walther, muss auf dem Polizeirevier sagen: »Die mir vorgelegten Kleidungsstücke erkenne ich als die meiner Schwester Margitta gehörig an. Desgleichen ist mir der Ring als Eigentum meiner Schwester bekannt.« Marianne Walther wird ihrer Mutter und den Verwandten vom Tod berichtet haben. Sie musste ihnen auch sagen: »Es war kein natürliches Sterben. Margitta wurde ermordet.«

»Die Sektion der Leiche der Schmidt, Margitta ergab folgendes:«, schreiben die Obduzenten im Gutachten, »Blutergüsse am rechten Fußrücken und dem rechten Unterarm. Hautdefekte an beiden Beinen, der rechten Hand und besonders an der Vorderseite des Halses, beiderseits der Mittellinie. Blutfülle aller Organe. Unsymmetrische Strangfurche am Hals mit Knotenlage am rechten Unterkieferast. Stauungsblutfülle des Kopfes mit punktförmigen Bindehautblutungen mäßigen Grades.

Die erhobenen Befunde machen es wahrscheinlich, daß die Schmidt infolge gewaltsamer Erstickung durch Erwürgen zu Tode gekommen ist und danach aufgehängt wurde.

Teile der Haut, der Eileiter, der Halsschlagadern und des Gehirns wurden zur histologischen Untersuchung entnommen. Das Gehirn, das Herz, die linke Lunge und die Geschlechtsorgane wurden zur ev. weiteren Untersuchungen zurückbehalten.«

Eindeutig: Die Todesursache ist unnatürlich. Selbstmord wird ausgeschlossen. Die Kriminalisten um VP-Oberrat Staßfurt ermitteln in Sachen Mord.

Margitta Schmidt wohnte zusammen mit Mutter und verheirateter Schwester in Schneeberg, Ernst-Thälmann-Platz 12.

Es ist ein Haus am Ende des Schneeberger Marktes. Ein Supermarkt verkauft heute im Erdgeschoss des renovierten Gebäudes. Rechts ist die hölzerne Tür. Leicht grün ist der Putz gestrichen, 1952 war er vielleicht grau.

Die Behörden der DDR hatten diesem Platz in der Euphorie eines jungen sozialistischen Staates den Namen des ermordeten deutschen KP-Chefs verliehen: Ernst Thälmann, zur Ehrung und im Andenken. Ein Denkmal der Person ward bildgehauen und an Ort und Stelle aufgestellt. Die Maidemonstrationen haben am Helden vorbeigeführt. Zu verordneten Anlässen legten Bürger und Honoratioren der Stadt am Sockel Blumen und Kränze nieder. Das Denkmal steht heute nicht mehr am Platze und dieser heißt jetzt wieder Markt.

Das Schneeberger Rathaus steht an der unteren Seite, Straßen führen links und rechts von ihm hinauf und treffen sich am oberen Ende. Dort wohnte Margitta Schmidt 1952 im Haus Nr. 12. Es ein kurzer Weg bis zur mächtigen Kirche St. Wolfgang. Lehnt man sich aus dem Fenster kann man den Marktplatz überblicken. Vielleicht hat die Mutter gewunken, als Margitta die Wohnung verließ.

Der Markt ist das Zentrum des Ortes. Geschäfte bieten ihre Waren an, fast in jedem Schaufenster Schnitzwerk. Nicht nur zur Weihnachtszeit wird die Kunst des Erzgebirges gezeigt und verkauft. Solch Handwerk hat Geschichte und den Namen Volkskunst erhalten. Vor Jahrhunderten war es Tätigkeit in der Freizeit, entstanden als Ausgleich zur harten Arbeit der Kumpel unter Tage.

Schneeberg hat Bergbautradition, wurde nur aus diesem Grund als Stadt gegründet. 1453 errichtete man auf dem Schneeberg ein erstes Bergwerk. Die Kumpel brauchten Wohnraum. Die Stollen der Erzgebirgsregion waren ergiebig.

»In ganz Deutschland ist in keiner Zeche jemals mehr gediegen Silber gehauen worden als in der Grube St. Georg zu Schneeberg. Von dem Herzog Albrecht wird gemeldet, daß er auf diesem St. Georg 1477 angefahren sei. Darinnen habe er an einer großen, gediegenen Silberstufe wie auf einem Tische mit etlichen seiner Räte Tafel gehalten. Aus dieser Stufe sollen später 400 Zentner Silber gewonnen worden sein.«

Doch nicht nur dieses Edelmetall barg das Gebirge. Uran, Grundstoff für den Bau vernichtender Waffen, konnte man vor Ort gewinnen. Nach dem Zweiten Weltkrieg interessierte sich die sowjetische Besatzungsmacht für diesen Rohstoff. Das amerikanische Atombombenmonopol war 1949 gefallen. Die Waffenarsenale zweier Weltmächte wuchsen. Auch die Depots der Massenvernichtungswaffen. Uran als Rohstoff wurde gebraucht.

Margitta Schmidt arbeitet als Dolmetscherin bei der SAG Wismut. Ausschließlich diese sowjetische Aktiengesellschaft betrieb den Uranbergbau auf dem Gebiet der DDR. Das geförderte Erz zählte zu den Reparationsforderungen der Sowjetunion an den deutschen Staat. Die Wismut war nicht die einzige Aktiengesellschaft der Besatzungsmacht, den anderen gegenüber jedoch nahm sie stets eine Sonderstellung ein. Die SAG Wismut unterstand nicht der SMAD in Deutschland, sondern staatlichen Stellen in Moskau. Auch wurde die Wismut im Jahr 1954 nicht wie andere SAGs an die DDR übergeben. Erst 1991 ging der 50-prozentige sowjetische Anteil in den Besitz der Bundesrepublik über.

»Meine Tochter Margitta ist seit Ende Januar 1952 im Objekt 33 in Lauter als Dolmetscherin beschäftigt«, berichtet die Mutter. »Früher war sie im Objekt in Oberschlema, Hotel Reinhardt, tätig. Sie hat ein Kind von einem Angehörigen der SKK, dieser ist aber schon lange in seiner Heimat zurück. Häufig kam es vor, daß abends Angehörige zu meiner Tochter in die Wohnung kamen, um Übersetzungen zu bringen oder abzuholen. Warum dies nicht in der Dienstzeit erledigt wurde, weiß ich nicht.

Am Dienstag, den 4.3.1952 kam sie wie gewöhnlich um 18.00 Uhr vom Dienst. Vorher hatten wir bereits darüber gesprochen, daß meine Tochter einmal nach Westberlin fahren sollte, um eine Geldangelegenheit für mich bei der Dresdner Bank zu regeln. Zu diesem Zweck habe ich ihr eine notarielle Vollmacht ausstellen lassen, und zwar vom Rechtsanwalt Dr. Fries. Diese Vollmacht habe ich bereits seit dem 11.2.1952 in meinem Besitz. Ich habe sie aber erst am Mittwoch früh meiner Tochter gegeben. Es handelt sich um Wertpapiere, die wir dort in Berlin zum Kauf anbieten wollten.«

Seit 1948 waren die Währungen der Besatzungszonen getrennt. Der Wert der Ostmark war geringer als der der Mark im Westen Deutschlands. Am 4.3. hatte sich die Mark der DDR gegenüber dem Vortag leicht erholt:

»Verkauf: 100 Ostmark für 23.08 (22.71) DM-West.

Ankauf: 460 (467,50) Ostmark für 100 DM-West.«

Der Status Westberlins gestattete der DDR-Bevölkerung kürzere Wege in solchen Geldgeschäften. Aber im *Schaufenster der Freiheit* gab es auch Güter, die man in östlicher Provinz nie in Qualität so zu kaufen vermochte: Schuhe, Nylons, Schokolade, Kaffee, Zigaretten. Der Schwarzhandel blühte. Die Polizei war machtlos dagegen.

Sicherlich wollte Margitta Schmidt für sich und Verwandte aus Westberlin einiges mitbringen. Extra vierhundert Mark des eigenen Geldes hatte sie eingesteckt. Nicht allzu oft konnte man sich aus dem Erzgebirge die Reise in den Westen leisten.

»Am Dienstag früh, bevor sie zum Dienst ging, machten wir

aus, daß sie mit dem 3.31 Uhr Zug ab Niederschlema fahren sollte«, sagt Margittas Mutter weiter den Polizisten. »Der Zug fährt über Zwickau und Leipzig. Am Mittwochmorgen, gegen 1.30 Uhr, stand ich mit meiner Tochter auf und gegen 2.00 Uhr verließ sie die Wohnung mit den nötigen Unterlagen. Desgleichen hatte sie noch 400,– DM Bargeld von ihrem letzten Gehalt bei sich. Sie hatte ein kleines, etwa 30 cm × 50 cm großes braunes Lederköfferchen bei sich, in dem sie ein Nachthemd, 1 Paar Schuhe, sowie Toilettengegenstände hatte. Weiterhin befand sich in dem Koffer ein kleines rotes Lederhandtäschchen, in dem sämtliche Papiere und Unterlagen waren, sowie 400 DM Bargeld. Gegen 2.00 Uhr ließ ich sie zur Haustür hinaus, und meine Tochter begab sich auf den Weg nach Niederschlema.« Es sind mehr als fünf Kilometer zum Bahnhof. Margitta hätte straff durchlaufen müssen, um den Zug zu erreichen. Ist sie über den Marktplatz gelaufen? Nahm sie eine Abkürzung hinter den Häusern? Hatte Margitta Angst nachts allein auf der Straße?

»Wenn ich gefragt werde, ob meine Tochter durch einen Kraftwagen abgeholt wurde, so muß ich dies verneinen, ich habe es nicht gesehen. Weiterhin weiß ich auch nicht, ob noch jemand, außer uns beiden, Kenntnis von ihrer Fahrt nach Berlin hatte. Nur ihr Chef, der ihr den Personalausweis gegen Rückgabe des Wismutausweises ausgehändigt hatte und ihr den Fahrschein ausstellte, wußte von dieser Fahrt.«

Hätte Margitta nur die Geldgeschäfte der Mutter erledigt? Oder hätte die 24-jährige etwas mehr vom Leben im anderen Deutschland erfahren wollen? Wäre sie ins Kino gegangen? Für östliche Grenzgänger boten Lichtspielhäuser günstigen Eintritt: Zweieinhalb Groschen.

Hildegard Knef war Star des jungen deutschen Films und hatte gerade nackt Skandal als »Die Sünderin« erregt. Marianne Koch und Curt Jürgens hatten »Talent zum Glück«. »Tanz ins Glück« versprach Johannes Heesters. Hardy Krüger, Sonja Ziemann behaupteten »Schön muss man sein«. O.W. Fischer war neuer deutscher Star. Und Liselotte Pulver. Jeder dritte Berliner hatte bereits Curt Goetz' moralische Komödie »Das Haus in Montevideo« gesehen. Hätte auch Margitta gelacht?

Das Astor, Ku'damm, Ecke Fasanenstraße, kündigte an jenem 5.3.1952 eine Premiere an: »Herz der Welt« mit Hilde Krahl als Bertha von Suttner. »Mann ihres Herzens« war Dieter Borsche. Den »Freund ihrer Seele« gab Matthias Wiemann als Alfred Nobel. Den »Feind ihres Lebens« spielte Werner Hinz. Möglicherweise hätte Margitta Schmidt bedauert, diesen Film am Freitag nicht sehen zu können. Sie wäre zwei Tage zuvor in Berlin gewesen: Mittwoch.

Oder hatte Margitta Schmidt eher Sympathie für Marlon Brando in »Endstation Sehnsucht«? Stand sie auf Reißer wie Hitchcocks »Die rote Lola« mit Marlene Dietrich? Diesen Film zeigte man in einem Kino am Rande der Stadt. Hätte Margitta Vittorio de Sicas »Wunder von Mailand« den Vorzug gegeben? Die Plakate zu Danny Kayes nächster Komödie »Das Doppelleben des Herrn Mitty« waren geklebt.

Oder hätte Margitta Schmidt sich auf die Kritik verlassen? Die Zeitungen rezensierten an jenem Tage: »Aufregend wie selten zuvor ist Henry Hathaway's neuster Großfilm mit Paul Douglas und Richard Basehart«. Ein Thriller mit dem Titel »14 Stunden«: »Die Handlung des Filmes ist nicht erfunden. Sie beruht auf Tatsachen. Darum packt und fesselt dieser Film bis zur letzten Minute.«

»Auf dem Fenstersims steht ein Mann. Im 10. Stockwerk eines Wolkenkratzers. Der Verkehr stockt, sowie der Atem der Menschenmauer im Abgrund der Straßenflucht. Nur eine Frage ist noch wichtig: Springt er, oder springt er nicht? Radio, Fernsehen und Zeitungen sind aufgefahren, wie die schweren Waffen im Kampf um die öffentliche Meinung. New Yorks Polizei läßt alle Drähte und Fäden spielen, und doch kann keiner eingreifen. Allein der Mann auf dem Fenstersims hat es zu entscheiden, ob er springen will oder nicht.

Wie kam er dahin? Der Film läßt die Frage offen. Nur soviel steht fest: Er ist ein Psychopath, der aus Angst vor dem Leben in den Tod fliehen will, für diesen Schritt aber ein Publikum braucht. Wird er es enttäuschen? Denn die Menschen hoffen beinahe, als Lohn für ihr Warten, daß er springt.

14 Stunden lang hielt diese Frage New York in Spannung, zwei Stunden lang nagelt sie das Publikum im *Metropol* (so heißt jetzt die Neue Scala am Nollendorf-Platz) auf die Plätze. Und ab Sonnabend wird – so hoffen wir – der Tatsachenbericht im *Abend* auch Sie von einem Tag zum anderen fiebern lassen.

Springen oder nicht springen? Der Film hat beide Möglichkeiten offengelassen. Einmal stürzt der Selbstmörder ab, im anderen Teil wird er im letzten Moment gerettet. Gestern testete man, welchen Schluß das Publikum wünscht. Das Ergebnis: 53 Prozent wollen ihn leben lassen, 47 Prozent hielten den Daumen nach unten. Tatsächlich ist der Mann damals gesprungen. Im Film springt er nicht mehr. Wie wird's bei uns in der Zeitung ausgehen?

Der Film steigt sofort in die konkrete Situation. Von Anfang bis Ende ist der Schauplatz das Fenster eines Hotelzimmers und ein kleiner Mauervorsprung, auf dem der Mann steht. Eine erstaunliche Leistung vom Hauptdarsteller Richard Basehart als auch vom Regisseur Henry Hathaway. Der hat mit einer hervorragenden Kamera- und Schnittarbeit das durchorganisierte Gewühl von Polizisten, Reportern und Sensationslustigen hart und mit dem Schuß sozialer Selbstkritik hingeknallt, die Sie jetzt immer mehr in den neuen amerikanischen Filmen finden werden. Ein kaltschnäuziger Film in der Billy-Wilder-Manier, mit dem auskalkulierten Nervenkitzel gemacht. Auf diesem Feld ist Hollywood nicht zu schlagen. Es hat den naiven Sinn für Spannung, ebenso wie Darsteller, die ausdrucksstark und unbekannt genug sind, um den Reportagecharakter solcher Filme zu treffen. Noch nie zuvor sah man Paul Douglas. Und plötzlich gelingt ihm hier als angeseilten Verkehrspolizisten die packendste Leistung.

14 Stunden steht ein Mann. Raucht, und springt nicht. Elf Kippen auf dem Sims und kein Entschluß. Unten aber brodelt die Menge. Scheidungen werden rückgängig gemacht. Bekanntschaften geschlossen und Wetten verloren. Nervenkitzel vor der Kulisse New Yorks.«

Hätte Margitta sich diesen Nervenkitzel entgehen lassen? Das Kino in Schneeberg zeigte Filme aus der UdSSR und vielleicht Streifen der DEFA: »Modell Bianca« mit Edith Hanke und Margit Schaumäker oder Wolfgang Staudtes »Der Untertan«. Seltener sah man im Erzgebirge und der DDR Produktionen des westlichen Auslands oder des zweiten deutschen Staates.

Vielleicht aber hätte Margitta gern am Ku'damm gesessen. Ein Stückchen Torte genossen, eine Zigarette geraucht und auf Männer geschaut? Vielleicht hätte sie in der Zeitung gelesen und abgewartet, ob sie jemand anspricht.

– Stürzt die Berliner Regierung? –
»Die Berliner Koalitionskrise erreichte am Dienstagnachmittag ihren Höhepunkt. Nach schweren Meinungsverschiedenheiten über die Berufung der noch fehlenden Senatsdirektoren in der Abteilung des Inneren und der Kultusabteilung verließen Bürgermeister Reuter und die SPD-Senatoren ostentativ eine Sondersitzung des Senats. Eine Senatssitzung am Dienstagvormittag war bereits wegen derselben Meinungsverschiedenheiten abgebrochen worden.«

– Wieder Stromkrieg –
»Seit gestern abend um 19 Uhr ist der Stromaustausch zwischen dem Sowjetsektor und Westberlin unterbrochen. Wenige Stunden vorher war der Westberliner BEWAG von der Ost-BEWAG mitgeteilt worden, daß ›Störungen im Netz der DDR‹ eine Abschaltung der noch vom Sowjetsektor versorgten Westberliner Gebietsteile erforderlich machten. Zunächst wurden die zum amerikanischen Sektor gehörenden Stadtteile Rudow und Buckow West durch die Ost-BEWAG von der Stromversorgung abgeschnitten. Beide Gebietsteile konnten jedoch nach 45 Minuten an das Westberliner Netz angeschlossen werden.

Als Gegenmaßnahme hat die Westberliner BEWAG die bisher von Westberlin versorgten Teile der zum Sowjetsektor gehörenden Bezirke Treptow und Weißensee abgeschaltet. Auch die Energieversorgung der Reichsbahn durch die Westberliner BEWAG ist eingestellt worden. Die Ost-BEWAG setzte den ganzen Abend über die Abschaltung von Westberlin fort. Jeweils wurden die entsprechenden Teile des Sowjetsektors vom Westberliner Netz getrennt. Die Umschaltpause in Westberlin dauerte nur wenige Minuten. Wisell, der Direktor der BEWAG, sagte, daß die Westberliner Stromversorgung nicht gefährdet sei.«

– Sie husteten auf die SED –

»Eine propagandistische Einführungsrede vor der gestrigen 50. Aufführung von Gogols »Revisor« hielt Nationalpreisträger Wolfgang Langhoff im Deutschen Theater in Ostberlin. Der 100. Todestag des russischen Dichters Gogol sei ›nicht nur ein Gedenktag, sondern ein Kampftag für alle Friedensfreunde‹.

Auf diesen unerwarteten Prolog reagierten die Besucher mit immer lauterem Husten. Bei Langhoffs ›heißen Glückwünschen an die große Sowjetunion‹ steigerte sich dieser Husten zu einer derartigen Lautstärke, daß der Redner mit seinen Schlußsätzen nicht mehr zu hören war.

Die Besucher des Deutschen Theaters folgten damit dem Beispiel der Weimaraner. Dort wollte vor 14 Tagen eine FDJ-Funktionärin im Nationaltheater eine kommunistische »Friedensrede« halten. Aber das sofort einsetzende Hustenkonzert steigerte sich in wenigen Minuten zum Orkan. Der blaublusigen Friedenskämpferin blieb nichts übrig, als hinter den Vorhang zu flüchten.«

– Nur Iwan zahlt nicht –

»Die Soldaten der drei westlichen Besatzungsmächte müssen seit dem 1. März für die Verkehrsmittel der BVG den normalen Fahrpreis bezahlen. Bisher hatten die Militärbehörden für die Freifahrten von Besatzungssoldaten einen Pauschalbetrag an die BVG gezahlt. Im Sowjetsektor benutzen die Rotarmisten heute noch alle Verkehrsmittel kostenlos.«

– USA-Studenten gegen Niemöller –

»Zwischen den Studenten und dem Dekan des Southern College in Lakeland (Florida) ist es wegen dreier Vorträge von

Kirchenpräsident Niemöller zu scharfen Auseinandersetzungen gekommen.

Schon nach dem ersten Vortrag protestierten etwa 100 Studenten beim Dekan dagegen, daß man ihnen die Teilnahme zur Pflicht gemacht habe. Es sei eine Zumutung, Niemöllers ›antiamerikanische Darlegungen‹ anzuhören.

Es kam zu erregten Auseinandersetzungen mit dem Dekan, der Niemöller als ›führenden christlichen Märtyrer unserer Zeit‹ bezeichnete. Die Studenten nahmen vor allem an Äußerungen Niemöllers Anstoß, in denen er die Gefahr eines sowjetischen Angriffs bestritt. Er habe in der Sowjetunion niemanden getroffen, der für einen Krieg sei, erklärte Niemöller.«

– Briefträger mit der roten Stoppuhr –

»Auch die Briefträger in der Sowjetzone sind jetzt aktiviert worden. Nach einer Verfügung des sowjetdeutschen Ministers für Post- und Fernmeldewesen Burmeister (Sowjet-CDU) erhalten sie zukünftig ihre Bezahlung nach Aktivistensätzen.

Die Zahl der als Norm auszutragenden Briefe ist dieser Verfügung ebenso festgesetzt wie die zulässige Höchstzeit. Pro Landhaushalt wurden drei Minuten, pro Mietskaserne fünf Minuten Höchstzeit bewilligt. Für das Sammeln von Zeitungsabonnements erhalten die Briefträger Sonderprämien.

Gleichzeitig sind in der gesamten Sowjetzone eine Reihe von Jugend-Postämtern errichtet worden, obwohl die beiden Muster-Ämter in Chemnitz von der Bevölkerung boykottiert werden. Auch in den neuen Jugend-Postämtern sollen Kinder im Alter von 13 bis 16 Jahren die gesamte Postverteilung, den Schalterdienst und die Aufsicht durchführen.«

– »Volkspolizisten« entwaffnet –
»Auf dem Polizeirevier 221 in Buckow meldeten sich in der Nacht zum Dienstag drei Bewohner der Sowjetzone und ein Westberliner und gaben einen Karabiner, eine Pistole und mehrere Patronentaschen ab. Sie sagten aus, sie seien an der Zonengrenze in Rudow von zwei ›Volkspolizisten‹ verhaftet und in Richtung Waltersdorf weggebracht worden. Unterwegs hätten sie sich jedoch losreißen und die beiden ›Volkspolizisten‹ überwältigen können. Die Neuköllner Kriminalpolizei nahm die Männer vorläufig fest, um ihre Aussagen zu prüfen.«

In einem Satz meldete *Der Abend*: »Seit 1945 wurden in der Sowjetzone insgesamt 19.562 Buchtitel verboten.«

– Erna Berger singt Wiener Strawinsky-Premiere –
»Erna Berger ist von ihrer Amerika-Tournee nach Berlin zurückgekehrt und bereitet sich hier auf ihre nächste Premiere in Wien vor. Sie singt dort die Partie der Anne in Strawinskys Oper ›The Rake's Progress‹, die Anfang April unter Stabführung von Clemens Krauß und in der Regie von Gustav Gründgens zur Erstaufführung gelangt.«

Hätte jemand Margitta Schmidt angesprochen? Ihr vielleicht Kaffee und Kuchen bezahlt?

Vielleicht wäre Margitta nach der Zeitungslektüre und einem Gespräch an den Schaufenstern vorbeigebummelt?

– Auf die Raffung kommt es an –
»Es müssen keine Wolkenstores und schweren Vorhänge mehr sein. Nur auf die Raffung kommt es an, ob die Gardine mehr ist als ein Vorhang. Einfache, bedruckte oder uni Dekorationen

und leicht getönte Gitter- oder Tüllstores eignen sich besonders gut, um unsere Zimmer mit den Anbaumöbeln oder häufig zusammenkomponierten Einrichtungen zu einer eigenen kleinen Welt abzuschließen. Die Gardinenausstellung bei Karstadt am Hermannplatz gibt für alle Fensterecken einer Wohnung Anregung und Beispiel.«

Hätte die junge Frau mit ihrem Bargeld gerechnet und überlegt, was sie sich und ihrem Kind kauft? Ein Kleid? Bausteine? Ein Steiff-Tier? Wäre Margitta in die Hallen der großen Geschäfte gegangen, wäre vorbeigeschlendert an den Angeboten der westlichen Welt?

Vielleicht hätte Margitta vor den Leuchtreklamen der Bars gestanden und ihr Glück versucht? Vielleicht hätte Margitta in Berlin übernachtet und zu Hause gesagt: »Mutter, deine Geschäfte waren nicht einfach zu regeln.« Hätte sie den ihr bekannten Offizier der Roten Armee in Berlin-Grünau besucht? Bei ihm geschlafen? Ein Nachthemd hatte sie in ihren Koffer gepackt.

Margitta ist jung, lebenslustig – warum, wenn sich die Möglichkeiten bieten, sie nicht nutzen? Wann wäre sie denn wieder in die Metropole, nach Berlin/West gekommen? Evelyn Künneke sang »Caramba, Senores« und Werner Haas den »Pinguin-Mambo«. Was hätte sich Margitta Schmidt in der großen Stadt erhofft?

Vom Bahnhof Niederschlema fahren die Fernzüge. Von Schneeberg aus liegt er bergab. Vor Ort fuhren Züge nicht mehr. Den Fahrbetrieb auf der Strecke nach Schneeberg musste die Deutsche Reichsbahn 1952 einstellen: Durch den Bergbau der Wismut hatten sich die Gleise gesenkt.

Der Bahnhof Niederschlema liegt im engen Tal. Züge fahren heute selten. Das Bahnhofsgebäude wird ein halbes Jahrhundert später nicht mehr bewirtschaftet. Kein Restaurant, kein Wartesaal hat geöffnet. Schalter bleiben geschlossen. Es riecht im Haus und Fußgängertunnel zum Bahnsteig unangenehm nach Urin. Die Menschen der Gegend vertrauen derzeit eher ihrem Automobil, um zu reisen. Anno 1952 reiste man mit dem Zug.

Es sind Kilometer, die Margitta Schmidt in dieser Nacht zum Bahnhof laufen muss. Lief sie wirklich? Lief sie allein? Kam sie am Bahnhof Niederschlema auch an?

»Ich habe in der Nacht vom Dienstag, den 4.3.1952, zum Mittwoch, den 5.3.1952 Schalterdienst im Bahnhof von Niederschlema durchgeführt«, sagt Helga Pohl. »Soweit ich mich erinnern kann, kam am Mittwoch früh 3.32 Uhr eine Frau und wollte mit dem 3.31 Uhr Schnellzug nach Berlin fahren. Der Zug war aber bereits abgefahren. In ihrer Begleitung befand sich ein Kraftfahrer, den ich namentlich kenne. Es handelt sich um den Holter aus Niederschlema. Ich berichtige mich, er wohnt in Oberschlema. Ich glaube, er hat das Kino *Capitol.* Die Frau war sehr erregt, weil der Zug schon weg war, und sie unbedingt nach Berlin wollte. Und sie fragte den Fahrer, ob er sie nicht nach Zwickau fahren könne, um den Zug noch zu erreichen, was dieser mit der Begründung ablehnte, sie würden es doch nicht mehr schaffen. Er fragte mich dann noch, wann der Zug in Werdau abfährt. Nachdem ich diese Auskunft gegeben hatte, fuhren die beiden wieder los in Richtung Hartenstein.

Die Frau kann ich wie folgt beschreiben: Mittlere Größe, korpulent, trug einen schwarzen Pelzmantel (Hänger), braune Schuhe mit Kreppsohle, unverkennbare Kreppsohlen, typisch West. Sie trug einen Hut mit Schleier, die Farbe desselben ist mir nicht bekannt, nach meinem Dafürhalten war sie etwa 40–45 Jahre alt. In der Hand hatte die Frau einen kleinen Koffer und eine Stadttasche. Die Kofferfarbe weiß ich nicht. Die Handtasche hatte eine helle Farbe, zwei Henkel und oben war sie durch einen Reißverschluß zu verschließen. Über die Zähne befragt kann ich keine Auskunft geben. Es ist mir so, als ob ich einen Goldzahn gesehen habe. Sie trug einen Trauring, und darüber hatte sie einen Ring mit mehreren kleinen grünen Steinen.

Der Mann trug Stiefel, und nach meinem Dafürhalten eine graue Hose. Ich glaube, er war ohne Kopfbedeckung.«

Ähnlich sieht diese Beschreibung der aufgefundenen Toten nicht. Margitta Schmidt hat die Frau hinter dem Schalter nicht gesehen.

Der Fahrer ist schnell ermittelt. »Aufgrund der Aussagen der Pohl wurde der Holter in seiner Wohnung in Oberschlema, Lindenstraße, aufgesucht. Allerdings war er nicht anzutreffen. Gegen 21.00 Uhr wurde von der Dienststelle der Berg-Kripo Holter telefonisch verständigt, daß er zum Bahnhof Oberschlema kommen solle. Dort informatorisch zur Sache befragt, gab H. an, daß er am 5.3.1952, 3.32 Uhr mit einer gewißen Frau Lehnhardt aus Oberschlema, die nach Leipzig fahren wollte, auf dem Bahnhof in Niederschlema war. Da der Zug bereits abgefahren war, fuhr H. mit seinem Taxi die Lehnhardt über Hartenstein zum Bahnhof Zwickau. Die protokollarische Vernehmung des H. wird noch durchgeführt.«

Kraftfahrer Georg Ernst Holter gibt daraufhin zu Protokoll: »Ich habe ein Mietfuhrgeschäft in Oberschlema ... Am Dienstag, den 4.3.1952, rief eine Frau Lehnhardt aus Oberschlema, Obere

Mühlenstr., bei mir fernmündlich an, ich solle sie am Mittwoch morgen, 3.10 Uhr nach Niederschlema auf den Bahnhof fahren, da sie mit dem Schnellzug 3.31 Uhr wegfahren wolle. Ich hatte aber den Wecker überhört, und die Tochter kam dann zu mir in die Wohnung, weckte mich. Dies war bereits 3.20 Uhr. Ich machte mich schnell notdürftig fertig und fuhr die Frau Lehnhardt nach dem Bahnhof. Wir kamen aber zu spät, der Zug war bereits abgefahren. Frau Lehnhardt bat mich, sie nach Zwickau zu fahren, um dort den Zug noch zu erreichen. Aus Gefälligkeit tat ich dies auch und fuhr vom Niederschlemaer Bahnhof in Richtung Hartenstein davon nach Zwickau. Allerdings war der Zug in Zwickau ebenfalls schon weg.
Wenn ich gefragt werde, ob ich zu dieser Zeit an der Kreuzung nach Wildbach oder auf meiner Fahrt nach Zwickau irgendein Fahrzeug gesehen habe bzw. begegnet bin, so muß ich dies verneinen. Bemerken möchte ich noch, daß um diese Zeit dichter Nebel war und sich die Sicht dadurch naturgemäß sehr beschränkte.«

Kennt der Taxifahrer die Dolmetscherin Margitta Schmidt? Dazu befragt erklärt Holter: »Die Margitta Schmidt ist mir bekannt und zwar dadurch, daß ich sie schon zweimal gefahren habe, und zwar von ihrer Dienststelle Oberschlema nach Hause, nach Schneeberg. Dies kann aber 2–3 Monate zurückliegen … Über den Umgang mit der Schmidt befragt, kann ich eigentlich nichts sagen, ich habe nur von Leuten gehört, daß sie keinen guten Leumund habe.

Zu erwähnen wäre höchstens noch, daß an der Sperre in Hartenstein der Posten geöffnet war, und ein sowjetischer Soldat mich passieren ließ.« Am Morgen des 5. März hat Ernst Holter Margitta Schmidt nicht gesehen und nicht zum Bahnhof gefahren. Ist Margitta überhaupt am Bahnhof Niederschlema gewesen?

»Aufgrund der Beschreibung, die die Pohl über die Frau abgab, wurden ihr die Schuhe sowie der Hut der Geschädigten vorgelegt. Hierbei erklärte die P., daß diese Sachen keinesfalls der Frau gehören, welche am Mittwoch früh mit dem T. im Bahnhof Niederschlema war. Sie brachte nochmals zum Ausdruck, daß es ausgesprochene Westschuhe gewesen sind, die die Frau trug. ›Die mir auf dem Lichtbild gezeigte Frau ist nach meiner Ansicht nicht die gewesen, die bei mir am Schalter war.‹« Auch Helga Pohl hat die Ermordete an diesem frühen Morgen nicht gesehen. Und den Zug nach Berlin bestiegen hat Margitta Schmidt nie.

Zwar stellt die Polizei fest, dass eine Fahrkarte nach Berlin zwischen 5.00 und 6.00 Uhr verkauft wurde, von wem, kann jedoch nicht ermittelt werden. Margitta allerdings ist es nicht gewesen.

Sicher ist, dass Margitta Schmidt am 5.3.1952 nicht auf dem Niederschlemaer Bahnhof ankam. Die Schalterbeamtin Helga Pohl hat sie nicht wiedererkannt. Und man fand Margitta Schmidt gut zwanzig Minuten des Fußweges vom Bahnhof entfernt. Nahe liegt, dass einer sie in jener Nacht chauffierte und über das Ziel hinaus fuhr. Ernst Holters Taxi war es nicht, nachgewiesenermaßen. Zwar kann ein zufälliger Täter nicht ausgeschlossen werden, doch konzentrieren sich die Ermittlungen auf den privaten Bereich. Wer hätte Margitta chauffieren können? Offiziere der Sowjetarmee, ihre Vorgesetzten im Betrieb. Kraftfahrzeuge besitzen die SAG Wismut, sowie die Soldaten der Besatzungsmacht.

Margittas Schwester Marianne meint: »Soweit mir bekannt ist, ist sie laufend mit den Angehörigen der SKK verkehrt. Es waren mehrere, und deshalb kam es schon oftmals in der Wohnung zu Auseinandersetzungen. Sie hat auch ein Kind von einem sowjetischen Staatsbürger. Sie erzählte mir einmal, daß sie nach Berlin-Grünau wollte, zu einem Major, der sie einmal angerufen haben soll. Näheres ist mir allerdings nicht bekannt.

Am Dienstag, den 4.3.1952, gegen 18.00 Uhr, kam Margitta wie gewöhnlich vom Dienst und sagte zu mir, daß sie in der Nacht nach Saalfeld muß, das neue Objekt ansehen. Wie spät sie weggegangen oder weggefahren ist, kann ich nicht angeben.«

Der Schwester gegenüber gebraucht Margitta eine Lüge: Saalfeld. Wollte auch die Mutter nicht, dass Marianne Walther, die eigene Tochter, erfuhr, dass Margitta in Westberlin ein Geldgeschäft für die Familie regelte? Wer wusste davon? Kollegen? Liebhaber? Warum überhaupt diese Geheimnistuerei?

Auch dem Schwager ist bekannt, daß bei »meiner Schwägerin sowjetische Staatsangehörige verkehrt sind, da diese Dolmetscherin war. Ich erinnere mich eines Vorfalls, der sich Ende voriger Woche zugetragen hat. Ich kam 22.15 Uhr von der Schicht und wollte die Haustür öffnen, als vor dieser ein sowjetischer Soldat stand. Ich glaube, es war ein Gefreiter. Wenn ich mich recht entsinne, habe ich einen Streifen über der Schulter gesehen. Er hatte eine Pelzmütze auf und das Koppel über dem Mantel. Pistole trug er nicht, lediglich an der linken Seite ein Messer in einer Scheide. Er sagte, er wolle zur Dolmetscherin, zur Margitta, nur 2 Minuten. Ich schloss die Tür auf, und er betrat sofort das Haus. Ich ging in den Hof, um nicht kundzutun, daß ich ebenfalls in der Wohnung wohne. Ich hörte dann von unten, wie er klingelte. Da mir dies zu lange dauerte, es war ca. eine viertel Stunde, ging ich nach oben, und als ich die Vorsaaltür öffnete, trat er ebenfalls ein und klopfte an die Wohnungstür meiner

Schwägerin. Diese war aber verschlossen und wurde auch nicht geöffnet, obwohl sie zu Hause war. Ich gab ihm zu verstehen, daß meine Schwägerin da sei, und letzten Endes ging er auch wieder. Es war das erste Mal, daß ich diesen Soldat hier gesehen habe.« Weiteres kann auch Karl-Joswig Walther nicht sagen. Seltsam, der Kontakt in dieser Familie.

Margittas Schwester Marianne erinnert sich, »daß am 4.3.1952, gegen 22.00 Uhr, das Telefon im Nebenzimmer klingelte. Meine Schwester war gerade bei mir, und wir haben Abendbrot gegessen. Sie ging daraufhin ins Nebenzimmer an den Apparat, und ich konnte durch die Tür hören, daß sie russisch sprach. Als sie wieder das Zimmer betrat, fragte ich sie, mit wem sie gesprochen habe. Sie antwortete lediglich: ›Der Alte.‹ Soviel mir bekannt ist, meint sie mit dem ›Alten‹ den Oberstleutnant Andrejew in Schneeberg. Was gesprochen wurde, weiß ich nicht. Dieser Oberstleutnant war auch schon hier in der Wohnung, und ich erinnere mich, daß es da eine Eifersuchtsszene gegeben hat, weil nämlich, als er kam, der Oberleutnant Wolodja bei meiner Schwester in der Wohnung war. Ich habe damals nur lautes Streiten gehört. Ferner weiß ich von einer Bekannten, deren Namen ich nicht nennen will, daß sich meine Schwester und der Oberstleutnant Andrejew gegenseitig mit einer Geschlechtskrankheit angesteckt haben. Die Bekannte will dies ganz genau wissen; es soll vorige Woche gewesen sein.«

»Es wurde festgestellt, daß die Sch. am Tage vor ihrem Tode, also am Dienstag, den 4.3.1952, im Ambulatorium in Schneeberg erschien und sich dort Hilfe gegen eine Geschlechtskrankheit erbat. Die Krankenschwester Elisabeth Krug, die mit der Familie Schmidt engbefreundet ist, stellte der Sch. zwei Blankorezepte über Penizillin aus, welche die Schmidt angeblich zu ihren Verwandten nach Westberlin geschickt habe. Die Krug erklärte, sie sei zu dieser an sich höchst pflichtwidrigen Handlung durch die Schmidt gezwungen worden, indem sie ihre Beziehungen zur SKK hervorhob und erklärt haben soll, daß sie die Macht habe, die Krug auf irgendeine Art und Weise, wenn sie die Ausstellung des Rezeptes verweigere, unmöglich zu machen. Nach Aussagen der Krug leidet die Schmidt an einer Lues, die bereits ihre zersetzende Wirkung im Gehirn begonnen habe. Die Schmidt habe sich immer und immer wieder der Behandlung entzogen und auch rücksichtslos weiter Geschlechtsverkehr ausgeführt.«

Wollte sich Margitta Schmidt auf dem Schwarzmarkt Penicillin kaufen, um sich selbst zu behandeln? Medikamente waren knapp, Behandlungen teuer. Und wer sprach offen von Geschlechtskrankheiten unter Soldaten und im kleinen Ort?

»Auf Anraten des sowjetischen Sicherheitsoffiziers von Niederschlema wurde folgendes festgestellt: Oberstleutnant Andrejew wohnt in Schneeberg, Scheunenstr. 16. Das Bataillon liegt im Seminar in Schneeberg. Andrejew ist etwa 36 Jahre alt, 1,80 bis 1,85 m groß, dunkle Haarfarbe. Oberleutnant Wolodja ist etwa 1,70 m groß, blond, schwarzen Streifen an der Mütze, Schulterstücke schwarz eingefaßt, spricht gut deutsch. Die Eifersuchtsszene, wie sie in der Vernehmung mit Frau Walther geschildert wurde, hat sich nach ihren Aussagen bei nochmaliger Befragung in der Woche vom 16. bis 22.12.1951 abgespielt. Andrejew und Wolodja hätten beide auch Schlüssel zur Wohnung.«

»Bei einem nochmaligen Besuch in der Wohnung der Ermordeten erklärte die Mutter, daß sie gestern, also am Sonnabend, den 8.3.1952, gegen 21.00 Uhr, am Schreibtisch saß, als kleine Steine an das Fenster geworfen wurden. Dann habe sie die Korridortür schließen hören, und zu dieser Zeit ging der auf dem gleichen Korridor wohnende Lothar Mehnert auf Schicht. Als dieser die Haustür aufgeschlossen hatte, seien zwei Offiziere eingetreten und versuchten, zu der Schmidt in die Wohnung zu gelangen. Sie habe aber abgeschlossen, und es sei lange an der Tür gepocht worden. Nach etwa 10 Minuten seien die beiden wieder gegangen. Sie habe ihre Tochter geweckt, die die Polizei verständigt habe. Durchs Fenster habe sie gesehen, wie die beiden über den Marktplatz gerannt wären. Die Tochter, Frau Walther, behauptet, der Oberleutnant Wolodja sei dabei gewesen. Sie habe ihn vom Fenster aus im Mondschein deutlich gesehen. Auch würde, seit die Tochter tot ist, laufend das Telefon klingeln, und wenn der Hörer abgenommen würde, um zu sprechen, würde der Teilnehmer auf der anderen Seite auflegen.«

Oberleutnant Wolodja weiß nichts vom Tod der Margitta Schmidt, legen die Beobachtungen der Mutter nah. Hat Oberstleutnant Andrejew an jenem Morgen des 5.3. Margitta Schmidt doch abgeholt, wie er versprach? Er konnte ein Auto organisieren, vielleicht fuhr er einen personengebundenen Dienstwagen. In der Scheunenstraße wohnte er in einer Villa, nicht in einer Kaserne oder in einem Gemeinschaftsquartier. Keine fünf Minuten hätte die Fahrt zum Ernst-Thälmann-Platz 12, zu Margitta gedauert. Hätte der Oberstleutnant die Geliebte wirklich bei Nacht und Nebel zum Bahnhof in Niederschlema laufen lassen?

Aktenvermerk am 9.3.1952: »Bei einer am heutigen Tag stattgefundenen Rücksprache auf der sowj. Dienststelle in Aue wurde der Vorschlag gemacht, eine Veröffentlichung über den Mord durch die Presse erfolgen zu lassen. Dieser Vorschlag wurde abgelehnt.«

Gründe dafür sind nicht angegeben.

Aktenvermerk am 12.3.1952: »Heute wurden Herr und Frau Walther auf der Straße nach Aue getroffen. Sie erklärten, daß die sowj. Dienststelle aus Aue bei ihnen in der Wohnung gewesen sei und erklärt habe, der Mordkommission seien keine weiteren Hinweise zu geben, da sie die Sache bearbeiten würden.«

Werden die Ermittlungen der Volkspolizei bewusst durch Vertreter der sowjetischen Besatzungsmacht erschwert? Vermuten auch Offiziere den Mörder Margitta Schmidts in ihren Reihen der Roten Armee?

Auch in anderer Richtung wird ermittelt. So konnte in der HO-Gaststätte in Schneeberg festgestellt werden, daß die Schmidt in der Woche vor ihrem Tode mit einem gewissen Heinz Clausnitzer zu Gast gewesen sei.

Clausnitzer ist 37, verheiratet, hat 1 Kind (8 Jahre) und ist Angestellter bei der DHZ Holzabfuhr. Er gibt an: »Meines Erachtens war es am 28. oder 29. Februar. Wir hatten eine kleine Abschiedsfeier im Betrieb und ich wollte mit dem Bus nach Neustädtel, welcher 22.45 Uhr ab Aue fährt, fahren. Im Bus stand eine junge Dame, der ich meinen Platz anbot und im Laufe der Fahrt kam ich mit ihr ins Gespräch. Es stellte sich heraus, daß sie ebenfalls nach Schneeberg wollte, und ich lud sie ein, noch eine Tasse Kaffee mit mir in der HO in Schneeberg zu trinken, was sie auch annahm. Dort traf ich mich mit meinem ehemaligen Meister, Herrn Baumann, der jetzt Betriebsleiter der HO ist, und ich trank noch einige Bier.

Nach 24.00 Uhr verließ ich mit der besagten Dame die HO und begleitete sie bis an ihre Wohnung, Ernst-Thälmann-Platz 12. Ich wollte mich dort verabschieden, aber sie sagte zu mir, ob ich noch eine Tasse Kaffee bei ihr trinken wolle. Ich nahm dieses Angebot an und ging mit in ihre Wohnung. Dort erfuhr ich, daß sie Margitta heißt. Sie erzählte mir auch, daß sie von einem sowj. Staatsbürger ein Kind habe, welches sie aus dem Nebenzimmer holte, und brachte weiter zum Ausdruck, daß sie deshalb in der Nachbarschaft geächtet würde. Ich möchte bemerken, daß ich besagte Margitta schon einmal, es war, wenn ich mich recht entsinne, in den Jahren 1945 oder 1946 im Hotel ›Blauer Engel‹ mit sowjetischen Offizieren, gesehen habe. Dies kam mir allerdings erst ein paar Tage später in Erinnerung. Wie das so ist, haben wir uns natürlich nicht über Familienangelegenheiten und dergleichen unterhalten, so daß ich nicht sagen kann, welchen weiteren Umgang sie noch pflegte. Sie sagte mir lediglich, als ich mich gegen 5.00 Uhr von ihr verabschiedete, ich könne sie einmal anrufen. Sie gab mir auch ihre Nummer bekannt. Ich habe später einmal versucht, sie telefonisch zu erreichen, was mir aber nicht gelang. Es ist möglich, daß ich die Nummer, die ich mir nicht aufgeschrieben habe, nicht mehr genau wußte.

Ich wohne an sich in Wildenthal, gehe aber des weiten Weges wegen nicht jeden Tag nach Hause, sondern schlafe öfters nachts bei meinen Eltern in Neustädtel. Deshalb benutze ich den Bus bis Schneeberg. Das Zusammentreffen mit dieser Margitta war ein rein zufälliges und ich hatte nicht die Absicht, mit ihr irgendein Verhältnis anzufangen.

Wenn ich gefragt werde, ob ich im Besitz eines Kraftfahrzeuges bin, so muß ich dies bejahen. Ich habe zu Hause eine DKW, pol. Kennzeichen SL 59 – 0356, den ich gewöhnlich zu Hause in

Wildenthal stehen habe und mit diesem Wagen wegen Benzinmangels nicht jeden Tag nach Hause fahren kann.

Wenn mir gesagt wird, daß die Margitta ermordet aufgefunden worden sei, so ist dies für mich zunächst unfaßbar. Ich selbst kann versichern, daß ich mit dieser Tat nichts zu tun habe.« Von einer Reise Margitta Schmidts nach Berlin weiß Heinz Clausnitzer nichts. Aber, erinnert er sich, Margitta Schmidt sprach in der HOG auch mit einer auffallend großen Person. »Der ist Fahrer bei uns«, antwortete sie damals auf die Frage Clausnitzers. In der Woche des Tattages, gibt der Zeuge zu Protokoll, hat er zu Hause geschlafen. Seine Gattin könne dies bestätigen. Aber diese sagt aus: »Wenn ich gefragt werde, ob mein Mann vorige Woche, also vom Montag, den 3.3.1952, ab nach Hause gekommen ist, so kann ich dies nicht mit Bestimmtheit sagen. Es kommt vor, daß mein Mann gleich bei seinen Eltern übernachtet, weil er nicht soviel Benzinzuteilung erhält, um jeden Tag in seine Wohnung zu fahren. Wie gesagt, kann ich nicht mehr mit Bestimmtheit sagen, ob er daheim war. Ich glaube aber, er war zu Hause.«

Clausnitzer hat ein Auto. Fuhr er Margitta Schmidt am 5.3. früh morgens zum Bahnhof? Der Ermittler vermerkt zum Vorgang: »Der Clausnitzer machte einen sehr ordentlichen Eindruck. Da sich seine Aussagen mit den Feststellungen in der HO Gaststätte decken, dürfte er als Täter ausscheiden.«

Die Ermittlungen im Mordfall Margitta Schmidt haben noch immer keine heiße Spur. Kein Verdacht erhärtet sich. Deshalb genehmigt die sowjetische Militäradministration am 22.3.1952 doch den öffentlichen Aufruf mit der Bitte um Mithilfe in der *Freien Presse*. Noch am gleichen Abend erschien die Witwe Gebert, Hedwig, wohnhaft in Zwickau, Bahnhofstr. 55, und brachte eine Kassette mit verschiedenen Briefschaften. In dieser Kassette lag u. a. auch ein Zettel, auf dem mit Tinte geschrieben die Worte: *Margitta Sch Schneeberg* standen.

»Es konnte festgestellt werden, daß es sich bei der Schrift auf diesem Zettel um die der Ermordeten Schmidt handelt. Die G. gab an, daß die Kassette ihrem früheren Untermieter, nämlich dem Esche, Johannes, geb. 7.7.1929 in Kolbermoor, Krs. Aibling, zuletzt wohnhaft gewesen in Zwickau, Bahnhofstr. 55, gehöre.

Esche ist am 17.12.1951 aus dem Zuchthaus Waldheim entlassen worden, wo er eine 17-monatige Strafe wegen Einbruchsdiebstahls zu verbüßen hatte. Nach seiner Rückkehr aus dem Zuchthaus hat er sich in verschiedenen Logis aufgehalten und ist keinerlei Arbeit nachgegangen. Am 26.2.1952 hat er, nachdem er alle verfügbaren Sachen zu Geld gemacht hat, Zwickau angeblich in Richtung Magdeburg verlassen.

Esche hat, soweit festgestellt werden konnte, vor seiner Inhaftierung auf dem Objekt 11 in Obeschlema gearbeitet, wo auch die Ermordete als Dolmetscherin tätig gewesen war. Es besteht der Verdacht, daß E. die Schmidt aus dieser Zeit kennt und auch in nähere Beziehungen zu ihr getreten ist. Es wird vermutet, daß Esche am 26.2.1952 erneut Verbindungen mit der Schmidt aufgenommen hat. Verdächtig ist sein plötzliches, spurloses Verschwinden. Aus diesem Grunde wird gebeten, den Esche zur Justizfahndung zu stellen.«

Zur Person des Esche gibt die Vermieterin Hedwig Gebert an: »Am 15.2. dieses Jahres zog der Esche, Johannes, zu mir in Untermiete. Er sagte, er käme von der Bergschule in Freiberg und sei Steiger. Es fiel mir jedoch auf, daß er in der Zeit, in der er bei mir wohnte, keiner Arbeit nachging.

Am 26.2. erschien bei dem Esche ein junger Mann und beide

verließen dann mit einem Koffer die Wohnung. Am gleichen Tage, in den Nachmittagsstunden, war er nochmals in der Wohnung, ich habe aber nicht mit ihm gesprochen. Er ging dann weg, und seit dieser Zeit habe ich ihn nicht mehr gesehen. Am gleichen Tage gegen 19.00 Uhr kam auch der Altwarenhändler Löhlein vom alten Steinweg und wollte sich Möbel ansehen, die der Esche ihm verkauft habe. Da ich annahm, er wolle meine Möbel verkaufen, habe ich die Polizei verständigt. Später habe ich dann in einer Kassette einen kleinen angerissenen Zettel gefunden, auf dem die Worte *Margitta Sch. Schneeberg* standen. Nachdem ich nun am Sonnabend den Aufruf der Polizei über den Mord in Niederschlema gelesen hatte, kam mir die Sache verdächtig vor und ich meldete diese Wahrnehmungen bei der Kriminalpolizei.

Wo sich der Esche jetzt befindet, weiß ich nicht. Ich weiß nur, daß er früher bei einer Familie Geier in der Werdauer Str. gewohnt hat. Befragt, wie er sich bei mir aufgeführt hat, kann ich ihm kein gutes Zeugnis ausstellen. Laufend hat er Damenbesuch empfangen. Auch machte er einen sehr verlogenen und großsprecherischen Eindruck.«

Johannes Esche hat Margitta Schmidt gekannt, nur durch Zufall wird der Zettel nicht in seinen Besitz gelangt sein. Auch Esche eine Zufallsbekanntschaft der jungen Frau mit schlechtem Leumund?

Nachweisbar erkundigte sich Johannes Esche am 26.2. nach einer Zugverbindung nach Magdeburg und verließ Zwickau vermutlich am 27.2. Kam er zurück? Ist er überhaupt gefahren? Wusste Margitta Schmidt von Esches unrechtem Tun? Half sie mit und verdiente sich etwas zum Lohn? Gefunden und befragt wurde Johannes Esche nie.

VP-Oberrat Staßfurt fasst die bisherigen Ermittlungsergebnisse zusammen: »Am 6.3.1952, gegen 06.30 Uhr, wurde in Niederschlema, an der Straße nach Wildbach, die Dolmetscherin Margitta Schmidt ermordet aufgefunden. Die Leiche war in sitzender Stellung mit dem Gürtel ihres Kleides an eine etwa 10-jährige Fichte gebunden. Die Schmidt war als Dolmetscherin auf Objekt 33 bei der Wismut AG in Lauter beschäftigt.

Am 5.3.1952, 02.00 Uhr morgens, verließ sie ihre Wohnung, um, wie von ihren Angehörigen angegeben wurde, nach Westberlin zu fahren. Normalerweise hätte sie somit, wenn sie zu Fuß gegangen wäre, um 03.00 Uhr morgens auf dem Bahnhof in Niederschlema ankommen müssen. Wie festgestellt wurde, ist sie jedoch auf dem Bahnhof nicht gewesen. Eine Fahrkarte nach Berlin wurde lediglich in der Zeit von 05.00 Uhr bis 06.00 Uhr morgens gelöst. Wer diese Karte gelöst hat, konnte nicht mehr ermittelt werden.

Die Sch. wurde, wie aus der Übersichtskarte zu ersehen ist, etwa 15 Minuten Fußweg vom Bahnhof entfernt und zwar darüber hinaus, in Richtung Hartenstein, aufgefunden. Nach hiesigem Dafürhalten muß bei der Tat ein Kraftfahrzeug eine Rolle spielen. Es ist kaum anzunehmen, daß die Sch. zu Fuß 15 Minuten über den Bahnhof hinausgegangen ist. Ihr Zug nach Berlin fuhr 3.31 Uhr. Wenn sie also um 03.00 Uhr auf dem Bahnhof gewesen wäre, wäre sie wohl kaum noch 15 Minuten über den Bahnhof hinausgegangen, da sie sonst praktisch den Zug versäumt hätte.

Die Tat kann sich demnach nur wie folgt zugetragen haben: Als Dolmetscherin hatte die Sch. einen ziemlich großen Freundeskreis, was auch von allen Befragten bestätigt wurde. Ihr Verhalten auf sittlichem Gebiet kann nicht als einwandfrei bezeichnet werden. Bereits in den Jahren 1945 bis 1947 wurde sie laufend durch die Volkspolizei Ärzten zugeführt, da sie mehrmals geschlechtskrank war. Auch zur Zeit ihres Todes wurde sie noch auf Lues behandelt.

Aufgrund ihrer Beziehungen wurde zunächst nicht angenommen, daß sie den Weg von ihrer Wohnung zum Bahnhof zurückgelegt hat. Die Richtigkeit dieser Annahme wurde dadurch bestätigt, daß sie tatsächlich am Tage vor ihrem Tode, also am Dienstag, den 4.3.1952, gegen 21.00 Uhr, ein Telefongespräch in russischer Sprache führte. Es hat sich herausgestellt, daß sie dabei einen ihr bekannten Offizier anrief und bat, ihr einen Kraftwagen für Mittwoch früh 02.00 Uhr zu schicken. Dieser Wagen konnte jedoch wegen Maschinendefektes nicht erscheinen.

Wie bereits erwähnt, wollte die Sch. nach Berlin, um für ihre Mutter auf der Dresdner Bank in Westberlin eine Erbschaftsangelegenheit zu regeln. Gleichzeitig wollte sie einen befreundeten Offizier aufsuchen. Von ihrer Fahrt hatten, soweit festgestellt werden konnte, lediglich ihre Mutter, ihr Vorgesetzter vom Objekt 33, der den deutschen Personalausweis gegen Rückgabe des Wismutausweises der Sch. aushändigte und jener Offizier, den sie um einen Kraftwagen bat, Kenntnis.

Obwohl bei dem Auffinden der Leiche ihr Gepäck, bestehend aus einem kleinen Koffer mit verschiedenen Toilettengegenständen und u.a. auch 400,– DM Bargeld fehlte, kann den Umständen nach nicht angenommen werden, daß die Tat aus Gründen der Bereicherung ausgeführt wurde. Es sollte lediglich die Fahrt nach Berlin verhindert werden.

Der oder die Täter wußten genau, daß die Sch. um diese Zeit von ihrer Wohnung weggeht und haben sie unterwegs ›zufällig‹ getroffen. Mit einem Kraftfahrzeug wurde dann die Sch., da ja noch Zeit bis zur Abfahrt des Zuges vorhanden war, über den Bahnhof hinausgefahren und vermutlich im Fahrzeug erwürgt. Am Fundort wurde sie aus dem Fahrzeug gezogen und, wie die Spuren beweisen, die Böschung hinaufgeschleift. Dies geht eindeutig aus der vollkommen verschmutzten Kleidung hervor. Um ganz sicher zu gehen, wurde die evtl. bereits Tote noch mit dem Gürtel ihres Kleides am Hals an einen Baum gebunden. Beim Schleifen aus dem Auto dürfte der leblosen Sch. der Hut vom Kopfe gerissen worden sein, den der oder die Täter dann über die Straße in den Wald warfen. Ein Stiefelabdruck wurde dort, wo die Leiche die Böschung hinaufgeschleift wurde, gefunden und, da nicht anders auszuwerten, fotografisch festgehalten.

Die Ermittlungen wurden in enger Zusammenarbeit mit den Dienststellen der SKK geführt. Am 22.3.1952 wurde von der genannten Dienststelle genehmigt, einen Aufruf in der Presse zu veröffentlichen. Daraufhin meldete sich eine Frau Gebert aus Zwickau und überbrachte eine Kassette mit verschiedenen Briefschaften, in denen u. a. auch ein Zettel mit der Aufschrift ›Margitta Sch. Schneeberg‹ vorgefunden wurde. Es wurde festgestellt, daß es sich um die Schrift der Sch. handelt.

Besagter Zettel befand sich im Besitz eines erst vor kurzem aus dem Zuchthaus Waldheim entlassenen Johannes Esche. Selbiger ist seit dem 26.2.1952 plötzlich aus seiner Wohnung in Zwickau verschwunden und muß irgendwie mit der Sch. in Verbindung gestanden haben. Nach Rücksprache mit dem Herrn Oberstaatsanwalt wurde Esche am 28.3.1952 zur Justizfahndung gestellt. Weiter wurden durch den Herrn Oberstaatsanwalt entsprechende Aufrufe erlassen. Bis zur Stunde waren jedoch alle Hinweise aus der Bevölkerung negativ. Der Vorgang wird vorläufig zum Abschluss gebracht. Im Erfolgsfalle wird nachberichtet.«

Am 28.3.1952 bittet der leitende Zwickauer Oberstaatsanwalt die Landesstaatsanwaltschaft Sachsen um die »Auswerfung einer Belohnung bei der Ermittlung des Mordfalles Margitta Schmidt, Schneeberg« und wiederholt tags darauf seine Bitte. »Am 28.3.1952 gaben wir eine erste Meldung über den Mord an der Margitta Schmidt, die Dolmetscherin beim Objekt 33 in Lauter war. Die Mordkommission Zwickau, die sich fast täglich mit diesem Fall beschäftigt, unterstützt durch sowjetische Offiziere, die gleichfalls Ermittlungen tätigen, hatte aber bis heute noch keinen Erfolg bringen können und verspricht sich einen solchen durch das Auswerfen einer Belohnung auf eine Bekanntmachung.

Es hat sich bisher gezeigt, daß viele Menschen deshalb keine Anzeige erstatten, weil sie mit den Verhören bei der Kriminalpolizei bzw. beim Gericht nichts zu tun haben wollen. Diese Hemmungen entfallen aber, wenn sie dafür eine Belohnung in Aussicht haben, und ich schlage deshalb vor, eine solche von 3.000 – 5.000 DM zu bewilligen unter gleichzeitiger Übernahme der Druckkosten von 1.000 Bekanntmachungen im DIN A3-Format.

Bei der Bedeutung dieses Falles und zur Vermeidung von Verzögerungen in der Ermittlung wird um möglichst umgehende Erledigung gebeten.«

Die Antwort aus Dresden erfolgt: »Es wird hiermit die Genehmigung gegeben, die Zahlung einer Belohnung in Höhe von 3.000 DM zur Aufklärung des o. g. Mordfalles in Aussicht zu stellen. Weiterhin geben wir die Genehmigung, 1.000 Bekanntmachungen in dem von Ihnen vorgeschlagenem Format bei einer dortigen Druckerei in Auftrag zu geben. Die Bezahlung der Druckkosten hat aus dem Sachkonto 554 vorläufig zu erfolgen.« Am 3.4.1952 werden die Plakate angeschlagen.

MORD

3.000 DM Belohnung
nebenstehend abgebildete
Schmidt, Margitta, 24 Jahre alt
zuletzt wohnhaft gewesen in
Schneeberg, Ernst-Thälmann-Platz 12

wurde am 6. März 1952 in Niederschlema, im sogenannten Poppenwald, an der Straße nach Wildbach, ca. 150 m von der Hauptstraße Niederschlema-Hartenstein entfernt, ermordet aufgefunden.

Die Schmidt verließ am Mittwoch, dem 5. März 1952, gegen 2 Uhr morgens ihre Wohnung in Schneeberg, um sich zum Bahnhof Niederschlema zu begeben. Dort ist sie jedoch nicht angekommen, sondern wurde an der oben bezeichneten Stelle ermordet aufgefunden. Die Tat ist vermutlich am Mittwoch, dem 5. März 1952, in der Zeit nach 2 Uhr morgens verübt worden.

Die Schmidt trug bei sich einen etwa 50 mal 30 cm großen dunkelbraunen Lederkoffer, der innen mit dunkelbraunem Futter ausgeschlagen war, mit zwei blanken Schlößern und braunem Ledergriff. In der Innenseite des Kofferdeckels war eine Tasche eingearbeitet.

Im Koffer befanden sich folgende Gegenstände:

- ein rosafarbiges Charmeuse-Nachthemd mit schwarzen Schleifen am Kragen und Saum und schmalem Gürtel,
- ein Paar karminrote, fast neue Lederpumps, Gr. 40, mit hohem Absatz; das Oberleder war durchlöchert,
- eine kirschrote Saffianhandtasche mit rotem Futter und einer breiten Lederschlaufe zum Verschließen,
- 400 DM Bargeld in 20-DM-Scheinen,

– Personalausweis auf den Namen Margitta Schmidt und eine Vollmacht.

Der Koffer der Toten wurde nicht mehr aufgefunden.

Wer hat Margitta Schmidt am Mittwoch, dem 5. März 1952, in der Zeit ab 2 Uhr morgens gesehen? In wessen Begleitung befand sie sich? Wer hat um die fragliche Zeit auf der Hauptstraße von Niederschlema nach Hartenstein, hauptsächlich an der Abzweigung nach Wildbach, verdächtige Wahrnehmungen gemacht? Wer kann Angaben über den Verbleib des Koffers und Inhalts machen? Wo wurde dieser gesehen? Wem wurden die Gegenstände (Nachthemd, Schuhe, Handtasche) zum Kauf angeboten?

Für Hinweise aus der Bevölkerung, die zur Ergreifung des Täters führen, wird eine Belohnung von

3.000 DM ausgesetzt.

Meldungen nimmt jede VP-Dienststelle, insbesondere die Kriminalpolizei Schneeberg und die Mordkommission Zwickau entgegen.

Die Auszahlung erfolgt unter Ausschluss des Rechtsweges.

Zwickau, den 3. April 1952

Der Oberstaatsanwalt des Bezirkes Zwickau i. Sa.

Erfolg ist auch dieser Aktion nicht beschieden. Am 8.4.1952 übergibt die Staatsanwaltschaft Zwickau die Akten dem Oberstaatsanwalt des Bezirkes Chemnitz.

Am 9. Mai 1952 schreibt der dortige Oberstaatsanwalt einen letzten Sachstandsbericht im Mordfall Margitta Schmidt. Dieser Bericht enthält neue, bislang unbekannte Verdachtsmomente.

»… außerdem soll die Schmidt im Besitze einer Geldsumme von ca. DM 20.000 gewesen sein. (Angabe des Herrn StA. Biskupek). Diese Summe habe sie von Angehörigen der SKK erhalten, um in Berlin für diese einzukaufen.

Der vorn an der Brust zerschnittene Brusthalter und Unterrock lassen vermuten, daß die Sch. die große Summe am Körper und unter diesen Kleidungsstücken trug. Von diesem Gelde wußte selbst die Mutter der Sch. nichts.«

Eine neue Spur? Beauftragten Besatzungsoffiziere Margitta Schmidt, für Sie in Westberlin einzukaufen? Ersatzteile für russische Technik? Genusswaren, Schnaps, Kakaopulver, Feuerzeuge?

Aussagen von Angehörigen der Besatzungsmacht, Aussagen von Oberstleutnant Andrejew und Oberleutnant Wolodja sind der Akte Margitta Schmidt nicht beigefügt. Auch zu den Ermittlungen der SKK findet sich keine Notiz. Waren VP-Oberrat Staßfurt diese Ermittlungen untersagt? Haben die Angehörigen der sowjetischen Truppen die Zusammenarbeit mit der deutschen Polizei verweigert? Haben sie den Mörder in den eigenen Reihen gedeckt? Diese Vermutung liegt nah. Es bleibt bei der Vermutung: Die Akte birgt keine Antwort.

Der Mörder Margitta Schmidts wurde seiner Tat nie überführt.

Schüsse im Finsteren Winkel

Der Fall Oswin Fuchs, Tellerhäuser 1949

1214 Meter ü. d. M.: Der Fichtelberg ist der höchste des Erzgebirges. Vor Ort suchen Urlauber Erholung. Oberwiesenthal, Tellerhäuser, Rittersgrün heißen die Gemeinden. Wintersport findet im Gebiet ideale Voraussetzungen. Für Wanderfreunde gibt es ein gut ausgeschildertes Wegenetz zu Hochmooren, nach Tschechien, zum Wettinbrunnen und zu allen Bergesgipfeln. Bergleute besiedelten das Erzgebirge bereits im 13. Jahrhundert. Das Berufsbild existiert nur noch im Museum wie die Schmalspurbahn und die Maschinen alter Industrie. Schnitzerei und Volkskunst haben sich bis heute erhalten. Tourismus ist gegenwärtiges Schlagwort.

1949 legten Bewohner auf Traditionen und Fremdenverkehr weniger Wert. Menschen kämpften ums Überleben. Krieg und Befreiung hatten Opfer gefordert. Die Sowjetische Besatzungsmacht ordnete an und kontrollierte und übertrat willkürlich die Gesetzesgrenzen. An Nahrungsmitteln herrschte Mangel. Fleisch war Delikatesse. Wildschützen schossen sich selbst das Mahl und verkauften illegal. Polizisten hatten einen schweren Stand. Ermittlungen brachten selten Erfolg. Trotzdem lief man Streife, um Präsenz zu beweisen. Auch am 15. Juni 1949. Polizeiwachtmeister Fuchs kehrt von diesem Einsatz nicht zurück.

»Am 16.6.1949, gegen 14.45 Uhr, teilt das Kreispolizeiamt Aue mit, daß der Pol.-Hauptwachtmeister Oswin Fuchs, geb. 4. 7. 1896 in Schlaggenwald, Krs. Ellenbogen, wohnh. Rittersgrün U35, im Jagen 64, Raschauer Revier, erschossen aufgefunden worden sei. Um die Entsendung der Mordkommission wird gebeten.«

»Nach Eingang vorstehender Fernsprechmitteilung begab sich die Mordkommission an den Tatort. Zur Information wurde zunächst das Polizeiamt Aue aufgesucht. Hier befand sich der einzige Tatzeuge, Pol.-Oberwachtmeister Karl Neumann, der, kurz zur Sache befragt, angab, er sei mit seinem Kameraden, dem Pol.-Hauptwachtmeister Oswin Fuchs, am fraglichen Tage im sogenannten ›Finsteren Winkel‹ auf Streife gewesen und dort plötzlich aus Richtung Hundsmarter Flügel beschossen worden. Beide seien dann nach dem Hochwald zu in Deckung gegangen, wo wiederum auf sie geschossen worden sei. Da sie flüchteten, habe er seinen Kameraden verloren und sei der Annahme gewesen, daß sich Fuchs, so wie er, auf dem Heimweg befinde. Erst als Fuchs nicht auf der Dienststelle erschien, wurde am anderen Tage eine Suchaktion eingeleitet, wobei er in der Abteilung 64 noch lebend und ohne Besinnung aufgefunden wurde. Inzwischen sei sein Kamerad im Stadtkrankenhaus Aue verstorben.

Neumann wurde mit dem Wagen der Mordkommission mit an den Tatort genommen. Am Tatort selbst erschien der Leiter der Kriminalpolizei Zwickau, der Leiter des Kreispolizeiamtes Aue und der Leiter der Kriminalpolizei Aue. Des weiteren erschienen drei Offiziere der Stadtkommandantur.

Der Tatort selbst befindet sich im ausgedehnten Waldgelände auf Raschauer Flur, etwa 7 km östlich von der Ortschaft Rittersgrün, in der Abteilung 64. Durch gute Wegeverhältnisse ist der Tatort mit dem Kraftfahrzeug gut zu erreichen. Auf dem sogenannten Hundsmarter Flügel (es handelt sich um eine gut befahrbare Straße) ist der Weg beiderseitig von Hochwald umgeben. Auf einer Anhöhe steht, wenn man von Rittersgrün kommt, rechts ein Hochstand, links von diesem dehnt sich eine etwa 315 x 150 m große Lichtung aus. Wiederum etwa 285 m vom Hochstand aus führt nach links eine Schneise in den Wald. Auf dieser gelangt man zur Abteilung 64. Hier liegt etwa 50 m von der Schneise aus der Fund- bzw. Tatort rechts in einem ca. 50- bis 60-jährigen Fichtenbestand. Die Stelle, wo der Pol.-Hauptwachmeister Fuchs gefunden wurde, konnte nach den Angaben des Pol.-Oberwachtmeisters Neumann festgelegt werden. Fuchs wurde, wie Neumann angibt, auf dem Rücken liegend, lebend, jedoch ohne Besinnung, gefunden. Am oberen Teil des Hinterkopfes befand sich eine Schußwunde. Die Mütze habe neben Fuchs gelegen. Diese zeigt zwei Zentimeter vom hinteren Mützenrand einen Einschuß und vorn über dem Mützenrand einen Ausschuß. Weiter sagt Neumann, daß auf dem Hundsmarter Flügel, direkt vor der Schneise, ein grauer PKW, den er nicht näher bezeichnen kann, gestanden habe.

Abdrücke eines Reifenprofiles konnten an jener Stelle nicht gesichert werden, da diese weder für einen Abdruck noch für eine Fotografie geeignet waren. Lediglich im weichen Boden der Schneise konnten mehrere Fußabdrücke festgestellt werden. Zwei davon wurden durch den Erkennungsdienst mit Gips ausgegossen und so gesichert. Ob es sich um Spuren vom Täter oder von Tatortberechtigten handelt, kann allerdings nicht gesagt werden. Während des Suchens nach Patronenhülsen wurde, etwa 63 m von der Straße entfernt, in der Schonung ein geschossener Hirsch gefunden. Der Einschuß liegt im Pansen, der Ausschuß in der Nähe der rechten Halsschlagader.

Am 17.6.1949 erschien der Polizeichef aus Chemnitz am Tatort. Der Tathergang wurde nochmals rekonstruiert, weitere Anweisungen wurden erteilt. Die Leiche des F. wurde beschlagnahmt und zwecks Sektion dem Pathologischen Institut des Heinrich-Braun-Krankenhauses Zwickau zugeführt. Die Sektion selbst ergab nichts von Bedeutung, das zur Ermittlung des Täters führen könnte. Desgleichen ergab die Untersuchung der Dienstmütze des F. nichts Positives. Es kann lediglich gesagt werden, daß es sich um einen Weitschuß über 50 m handelt.«

»Die Sektion des Fuchs ergab einen ausgedehnten, rinnenförmigen Defekt im Schädeldach mit ausgedehnten Zertrümmerungen, Zermatschungen und teilweisem Defekt in der Großhirnhälfte rechts, die bis an das Kammersystem heranreichen und dieses eröffnen. Die schwersten Verletzungen haben den Tod des F. infolge Atemlähmung bedingt. Über Ein- und Ausschuß sind in diesem Falle keine Angaben möglich, da die Schußwunden operativ angegangen waren und die zertrümmerten Knochenteile entfernt wurden. Ebenso ist es nicht möglich, über das Geschoß oder die Geschoßart Angaben zu machen. Die operative Umschneidung in der Kopfschwarte sowie harten Hirnhaut waren regelrecht ausgeführt.« Ärzte trifft am Tode des Polizeiwachtmeisters keine Schuld, sie konnten ihn nicht retten.

»Zur Sache gehört wurde der Pol.-Oberwachtmeister Karl Neumann, geb. am 21.9.1893 in Rittersgrün, wohnh. Rittersgrün O 33 b, der angibt: ›Ich bin seit Mai 1945 bei der Volkspolizei. Seit dieser Zeit tue ich Dienst beim Pol.-Posten in Rittersgrün. Am Sonntag, den 12.6.1949, erschien der Kreispolizeiamtsleiter Günther auf meiner Dienststelle und gab mir persönlich den Auftrag, im sogenannten Finsteren Winkel, Raschauer Revier, Streifengänge durchzuführen, da in dieser Gegend vermutlich Wilderer am Werk seien. Gestern, am 15.6.1949, gab mir mein Dienststellenleiter, Pol.-Wachtmeister Willisch, den Auftrag, mit Pol.-Wachtmeister Fuchs eine Streife im bereits genannten Gebiet durchzuführen. Gegen 18.00 Uhr begab ich mich mit Fuchs in das schon bezeichnete Gebiet. Bemerken möchte ich, daß es sich um ausgedehnte Waldungen handelt, die bis in das tschechische Gebiet reichen. Wir gingen zunächst die Flößbahnstraße entlang in Richtung Finsterer Winkel. Wir befanden uns gegen 21.15 Uhr auf der Flößbahnstraße, als wir plötzlich einen Schuß aus Richtung Nordosten fallen hörten. Wir besprachen uns, auf diesen Schuß oder vielmehr in Richtung dieses Schusses zu gehen. Auf der Schneise, Abteilung 64, nahm ich das Glas und suchte die dort befindlichen Hochstände ab, konnte aber nichts Verdächtiges wahrnehmen. Plötzlich kamen aus der Richtung Südwest 2 Schüsse, die etwa 15–20 m vor uns in den Boden einschlugen. Die Schützen waren nicht zu sehen. Aufgrund dieses Vorkommnisses gingen wir seitwärts in den Hochwald, um gegen eventuelle weitere Schüsse gedeckt zu sein. Nach etwa 5 Minuten Weges, Fuchs stand etwa 10–15 m von mir entfernt, fielen wiederum 2 Schüsse, die zwischen uns beiden hindurchgingen. Hier muß ich einflechten, daß mit Leuchtspurmunition geschossen wurde, denn ich konnte die Kugeln vorbeifliegen sehen.

Auf Vorhalt: Wenn mir vorgehalten wird, ob ich eine oder zwei Kugeln sah, so muß ich erklären, daß ich wohl genau sagen kann, daß es zwei Schüsse waren, die, wie die ersten zwei, kurz aufeinander folgten, aber ob ich nun auch zwei Kugeln oder nur eine vorbeifliegen sah, kann ich nicht mit Bestimmtheit angeben.

Auf weiteren Vorhalt: Wenn mir weiter vorgehalten wird, warum wir das Feuer, da wir mit Pistolen bewaffnet waren, nicht erwiderten, so muß ich erklären, daß sowohl Fuchs als auch ich annahmen, daß es sich in den Schützen um Angehörige der Besatzungsmacht handeln könnte.

Frage: Woraus schlossen Sie, daß es sich in den Schützen um Angehörige der Besatzungsmacht handeln könnte?

Antwort: Einmal, weil wir von der Schneise aus auf der Straße einen grauen Personenkraftwagen stehen sahen, zum anderen, weil es sich um Leuchtspurmunition handelte, und schließlich, weil, nach dem Fallen der Schüsse, die Schützen sich in einer mir unverständlichen Sprache riefen.

N. gibt weiter an: Kurz und gut, nachdem die letzten Leuchtspurschüsse gefallen waren, ergriffen Fuchs und auch ich die Flucht, ohne von unserer Waffe Gebrauch gemacht zu haben. Es war dies in der Zeit von 21.30–21.45 Uhr, und es fing bereits an zu dämmern. Ich lief in einen etwa 50-jährigen Fichtenbestand davon. Ob nun Fuchs das gleiche getan hat, weiß ich nicht, denn ich hatte ihn im gleichen Moment aus den Augen verloren. Nach etwa 50 m Wegstrecke legte ich mich ins Unterholz und wartete zunächst einmal ab. Nach etwa 10 Minuten hörte ich, wie das auf der Straße stehende Kraftfahrzeug in Richtung Oberwiesenthal davonfuhr. Nach einer Weile stand ich auf und rief: ›Oswin!‹ Ich rief dies einige Male, erhielt aber keine Antwort.

Ich nahm nun an, Fuchs habe sich zu weit von mir entfernt und wolle den Heimweg antreten. So tat ich dann das gleiche. In der Zwischenzeit allerdings war es im Wald bereits dunkel geworden. 1.00 Uhr morgens erschien ich dann auf der Dienststelle, wo ich Pol.-Wachtmeister Willisch Bericht erstattete. Wir besprachen uns gemeinsam, was zu tun sei, und kamen zu dem Entschluß, erst einmal abzuwarten, bis Fuchs selbst erscheine.

Auf Vorhalt: Ich habe nicht im Entferntesten angenommen,

daß Fuchs eventuell verletzt sein könnte, und zwar deshalb nicht, weil er nach meinem Dafürhalten dann bestimmt noch einmal nach mir gerufen hätte. Ferner war mir, sowohl auch meinem Dienststellenleiter, bekannt, daß Fuchs in dieser Gegend unkundig ist, und wir nahmen an, er habe sich vielleicht verirrt und werde bei Tagesgrauen schon den rechten Weg finden.

N. gibt weiter an: Ich blieb noch auf der Dienststelle mit Willisch bis 3.30 Uhr morgens und ging dann nach Hause. Gegen 6.00 Uhr war ich wiederum auf der Dienststelle und stellte fest, daß Fuchs noch immer nicht eingetroffen war. Willisch hat jetzt den Kreispolizeiamtsleiter Günther vom Vorgefallenen in Kenntnis gesetzt, der gegen 6.30 auf der Dienststelle erschien. Günther hat sofort eine Suchaktion veranlaßt [...] Unter meiner Führung wurde dann gegen 7.30 Uhr Fuchs an der Stelle gefunden, an der die beiden letzten Schüsse fielen. Er lag lang ausgestreckt auf der rechten Seite, die Mütze neben ihm. Ich sah sofort, daß Fuchs eine Schußverletzung am Hinterkopf hatte. Er stöhnte und gab auf Anruf keine Antwort. Wir fuhren ihn zu Dr. med. Eisold in Rittersgrün. Hier bekam er zunächst zwei Spritzen, worauf er dann leise meinen Namen nannte. Es folgte eine sofortige Überführung ins Krankenhaus Aue, wo er, wie mir mitgeteilt wurde, gegen 14.00 Uhr verschied.

Auf besonderen Vorhalt: Wenn mir vorgehalten wird, warum ich nicht wenigstens einen Warnschuß abgegeben habe, so muß ich nochmals sagen, daß ich stark aus den angeführten Gründen der Meinung bin, es handele sich um Angehörige der Besatzungsmacht, und ich weiß genau, daß ich in einem solchen Falle von der Waffe keinen Gebrauch machen darf. Weiter möchte ich betonen, daß selbst der Herr Kreiskommandant festgestellt hat, daß in dieser Gegend rechtswidrig auf Wild geschossen wird. Weiter kann ich zur Sache nichts angeben. Meine Aussagen entsprechen der Wahrheit und wurden von mir ohne jeden Druck oder Zwang vollkommen freiwillig gemacht, was ich durch meine eigenhändige Unterschrift bestätige.

Vermerk: Auf der Wache von Rittersgrün wurde die Dienstpistole des Neumann einer Kontrolle unterzogen. Die Waffe enthielt im Magazin 5 Schuß Munition, die mit der im Waffenbuch eingetragenen Anzahl übereinstimmt. Der Lauf war sauber.«

»Zur Sache gehört wurde der Dienststellenleiter Anselm Willisch, geb. am 2.1.1895 in Rittersgrün, wohnh. Rittersgrün 33 i, und gibt an: Seit 10.5.1949 bin ich Angehöriger der Volkspolizei und leite auch seit dieser Zeit die Dienststelle. Der Dienststelle waren vier Polizisten zugeteilt, u. a. auch der Fuchs. Das umfangreiche Waldgebiet dieser Gegend ist natürlich ein Tummelplatz der Wilderer. So hatte die Dienststelle laufend Waldkontrollen ausgeführt.

Am 12.6.1949 erschien der Kreispolizeiamtsleiter Günther auf der Dienststelle und beauftragte uns damit, intensive Waldkontrollen durchzuführen, da er wieder Schüsse im Wald gehört hätte. Am 15.6. begaben sich dann Oberwachtmeister Neumann und Hauptwachtmeister Fuchs auf Waldstreife. Neumann war mit Dienstpistole bewaffnet, während Fuchs ohne Schußwaffe war.

Auf Vorhalt: Wenn mir vorgehalten wird, warum nur 1 Pistole dieser Streife zur Verfügung stand, so muß ich erklären, daß wir, d. h.die Dienststelle, vier Mann und nur drei Pistolen haben. Die 1 Pistole wurde dringend für eine Straßenstreife benötigt, die andere verblieb bei mir in der Dienststelle und die dritte schließlich hatte Oberwachtmeister Neumann.

W. gibt weiter an: Ein besonderes Aufgabengebiet wurde den beiden nicht zugewiesen. Sie sollten lediglich in der Gegend des Finsteren Winkels besonders Obacht geben. Gegen 1.00 Uhr kam Neumann allein zurück und erklärte, daß sie aus dem Hinterhalt beschossen worden seien. Beim Ausweichen habe er Fuchs verloren und er nähme an, daß er sich irgendwo verlaufen habe oder sich noch auf dem Heimweg befände. Daß Fuchs eventuell verletzt worden sein könnte, hielt Neumann, als ich dies zum Ausdruck brachte, für vollständig ausgeschlossen. Aufgrund dieser Meinung von Neumann war ich auch beruhigt und sagte mir, daß sich Fuchs wahrscheinlich doch im Walde verlaufen habe und schon noch erscheinen werde. Als F. aber am Morgen, gegen 6.00 Uhr, noch immer nicht erschien, meldete ich den Vorfall Polizeikreisamtsleiter Günther. Dieser erschien auch sofort und ordnete eine sofortige Suchaktion an, an der die Polizeiangestellten Neumann, Karl, Neumann, Hans und der Führer des Kraftfahrzeuges, Seifert, teilnahmen. Gegen 9.00 Uhr erschienen die Polizisten und brachten den Fuchs schwer verletzt. Ich ordnete sofort zunächst ärztliche Hilfe und dann die Überführung nach dem Stadtkrankenhaus Aue an.

Auf Vorhalt: Wenn mir vorgehalten wird, daß die Mordkommission doch erst gegen 14.45 Uhr verständigt wurde, so muß ich sagen, daß ich, nachdem Fuchs verletzt hier ankam, sofort weiter nach Aue meldete. Fuchs war ein sehr diensteifriger und disziplinierter Polizist und auch sonst im Dienst sehr umsichtig und gewissenhaft. Das Verhältnis zwischen Fuchs und Neumann kann man nur als gut bezeichnen. Die beiden waren, wie man so sagt, wirkliche Kameraden. Weiter kann ich zur Sache nichts angeben«, sagt der Dienststellenleiter von Rittersgrün, Anselm Willisch.

Oswin Fuchs ist umgesiedelt. Noch nicht lang ist er in den Reihen der Volkspolizei und in Rittersgrün. »Zur Sache gehört wurde die Ehefrau des Fuchs, Elsa, geborene Erk, geb. am

25.3.1903 in Lichtenstadt/ČSR, wohnh. Rittersgrün U35, und gibt an: ›Als mein Mann am 15.6.1949 in den Dienst ging, war ich nicht zu Hause, sondern ich befand mich einkaufen. Daß er nicht zur Zeit nach Hause kam, fiel mir nicht weiter auf, da er ja öfter einmal später kam. Über seinen Dienst hat er wenig gesprochen, denn ich bin doch sehr schwerhörig und dann hätten die Nachbarn alles mithören können.

Auf Vorhalt: Wenn ich über das Verhältnis zwischen Neumann und meinem Mann befragt werde, so kann ich nur sagen, daß dies das denkbar beste war. Auf jeden Fall bestanden von dieser Seite aus keine Bedenken. Über den Tod meines Mannes kann ich nichts angeben.‹« Nach den Vorfällen verläßt Elsa Fuchs mit der Tochter das Erzgebirge. In Rittersgrün wollen sie nicht mehr wohnen.

Das Gutachten ergibt, daß die Schüsse aus mindestens 100 m Entfernung erfolgten. Es wurde ein handelsübliches Mantelgeschoß mit abgeflachtem Kopf benutzt. Beim Auftreffen bzw. Eindringen in den Körper zersplitterten diese Geschosse in einzelne Teilchen und verursachten eine große Wunde. Die Patrone hatte eine hohe Anfangsgeschwindigkeit und eine rasante Flugbahn. Pulver- oder Geschoßrückstände wurden nicht erkannt. Die Sachverständigen nehmen ein jagdübliches Spitzgeschoß an.

Die Ermittlungen im Mordfall Fuchs sind sehr akribisch. »Es wurde eine Besprechung mit Polizeikreisamtsleiter Günther im Polizeirevier Rittersgrün durchgeführt, wo festgelegt wurde, daß alle Zufahrtsstraßen zum Tatort mit Doppelposten besetzt werden, die lediglich die Aufgabe haben, alle Kraftfahrzeuge zu registrieren. Kreispolizeiamtsleiter Günther übernahm die Benachrichtigung der Grenzpolizei, um diese anzuweisen, nach dem grauen Auto zu fahnden.« Intensiv sucht man nach den Patronenhülsen. Erneut wird unter Aufsicht aller leitenden Beamten ein Lokaltermin durchgeführt. Gerbereien, Fellhandlungen und Fleischereien werden kontrolliert. »Durch abgegebene Pistolen- und Gewehrschüsse wird festgestellt, daß diese Schüsse an der Stelle, an der der Kreispolizeiamtsleiter Günther am Tattage jagte, nicht zu hören sind.« Ein Sonderkommando wird am Ort stationiert. Dessen Chef meldet am 3.8.1949: »Bis zum heutigen Tage befindet sich das Sonderkommando, welches aus 5 Volkspolizisten besteht, 4 Wochen in Tellerhäuser. Laut den durchgeführten Kontrollen und Streifengängen konnten bis zur Stunde keine Feststellungen gemacht werden, die auf den Todesfall des Fuchs schließen ließen. Seit Begehung des Tatortes und dessen Umgebung konnte noch nicht ein Schuß, der abgegeben worden wäre, festgestellt werden. Verschiedene Autos haben wohl die maßgebliche Mordstelle in Richtung Oberwiesenthal befahren, welche jedoch nach einer Überprüfung keinesfalls mit dem Todesfall in Zusammenhang gebracht werden konnten.

Neue Spuren wurden in Beierfeld festgestellt, wo Wildfleisch zum Verkauf gekommen sein sollte. Des weiteren wurde in Crandorf eine Person in Haft genommen, die verdächtig erschien, »Wilddiebereien« durchgeführt zu haben. In beiden Fällen konnte einwandfrei festgestellt werden, daß keine strafbare Handlung irgendwelcher Art vorlag. Da nun bis jetzt vom abgestellten Sonderkommando in Tellerhäuser keine Ergebnisse erzielt werden konnten, bittet der Leiter um Mitteilung, ob die Auflösung dieses Kommandos ermöglicht werden kann, da der Ansicht nach keine Erfolge weiter zu erwarten sind.«

Resultate der Ermittlungen: keine. Tatzeugen gibt es nicht. Die Fußabdrücke können auch von Pilz- und Beerensammlern stammen, Zufall wäre es, führten sie zum Täter. So erfolgt am

1.12.1949 der Abschlußbericht der Mordkommission: »Es kann wohl gesagt werden, daß kaum in einem Falle solch ein großes Polizeiaufgebot eingesetzt wurde, um allen Spuren bis aufs kleinste nachzugehen. Hierbei muß besonders erwähnt werden, daß die Landesbehörde der Volkspolizei Sachsen auf Anordnung des damaligen Chefs der Volkspolizei im Land Sachsen sich intensivst in die Ermittlungen einschaltete.

Der einzige Zeuge, nämlich der VP-Oberwachtmeister Neumann, machte bei seiner Vernehmung einen durchaus günstigen Eindruck. Er wurde mehrmals von allen an den Untersuchungen Beteiligten vernommen, und seine Aussage muß im großen und ganzen als der Wahrheit entsprechend angesehen werden. Allerdings muß auch die Möglichkeit einkalkuliert werden, daß sich N. in manchen Punkten infolge der durch den Fall hervorgerufenen Aufregung irren kann. Auf die Frage, warum er nicht ebenfalls von der Schußwaffe Gebrauch machte, antwortete er stets damit, daß er mit Fuchs angenommen habe, daß es sich in den Schützen um Angehörige der Besatzungsmacht handele.

Es wird von hier aus angenommen, daß es sich bei der Tötung des Fuchs nicht um einen Mord oder Totschlag, sondern um fahrlässige Tötung handelt. Die Täter haben, nachdem sie das Stück Wild erlegt hatten, im Unterholz gewartet, wie die Umgebung des Waldes auf den Schuß reagieren wird. Diesen Schuß vernahmen die Polizisten, als sie sich gegen 21.15 Uhr auf der Flößbahnstraße befanden. Für die Täter, deren Kraftfahrzeug für den Abtransport des Wildes bereitstand, galt es, die beiden Polizisten, die inzwischen aufgetaucht waren, zu verscheuchen. Die ersten beiden Schüsse fielen. Unglücklicherweise bewegten sich die Polizisten, Deckung suchend, nach dem parkenden Kraftfahrzeug. Die Nummer des Fahrzeugs wäre den Tätern zum Verräter geworden, also mußten die Polizisten gehindert werden, diese Richtung beizubehalten. Die zweiten Schüsse fielen. Hierbei wurde Fuchs getroffen. Das dürfte von den Tätern erkannt worden sein, und sie ergriffen unter Zurücklassung des geschossenen Hirsches die Flucht.

Eine fahrlässige oder gar vorsätzliche Tötung seitens des Neumann scheidet nach den getroffenen Erörterungen aus. Beide, d. h. Fuchs und N., waren gute Kameraden und Fuchs, der an sich am Tattage Urlaub hatte, ging nur aus Kameradschaftsgefühl und guter Pflichtauffassung mit Neumann diese Streife.«

Der Kriminalfall kommt als ungeklärt zu den Akten und ins Archiv. Jedoch ruhen die Spekulationen um den Tod des Oswin Fuchs in Tellerhäuser, Rittersgrün auch heute noch nicht. Für Bekannte, Freunde, Nachbarn steht der Wildschütz fest: Kreispolizeiamtsleiter aus Schwarzenberg, Paul Günther, jagte und traf einen Menschen tödlich. Bereits am Grab hätte er gelogen: »Auch deinen Mörder werden wir finden!« rief Günther und hob zum Zeichen des Sieges die Faust. Und wahrlich scheint es, als bemühte sich die Polizei bis zum Landeschef in Sachsen, ihren Kreispolizeiamtsleiter zu entlasten und nicht nach Wilderern zu suchen. Vehement treten sie den Gerüchten entgegen: »Durch abgegebene Pistolen- und Gewehrschüsse wird festgestellt, daß diese Schüsse an der Stelle, an der der Kreispolizeiamtsleiter Günther am Tattage jagte, nicht zu hören sind.« Wirklich? Oder sollen die offiziellen Ermittlungen die wahren Ereignisse vertuschen?

Tatsächlich birgt die Akte bei genauerem Lesen Widersprüche. Die Vorgesetzten aller Ebenen schalten sich in die Ermittlungen ein. Ein Sonderkommando wird stationiert. Dabei liegen die Indizien klar. Solch Aufgebot für einen Wilderer? Und Neumann sagte, Russen habe er im Wald gehört. Warum ermittelt die Polizei mit solcher Vehemenz gegen die Besatzungsmacht? Sie hätte keine Chance der Klärung. Sind die Spuren wirklich so eindeutig? Warum suchte Karl Neumann nicht den Kameraden? Zumal auf Fuchs und ihn geschossen wurde. Neumann geht nach Hause, schläft. Der Kreispolizeiamtsleiter Günther höchstpersönlich verpflichtete seine Untergebenen für die Streife. Hat er Wilderern den Kampf geschworen? Oder benötigte er die Kollegen, damit sie ihm die Beute vors Gewehr trieben? Paul Günther war allseits bekannt für seine Jagdleidenschaft. Dann wäre nachvollziehbar und verständlich, daß Neumann den Kamerad am Morgen erst vermißte. In einer Treiberkette geht keiner sichtbar Seite an Seite. Das Verschwinden würde später erst bemerkt. Vorgesetzte, Unterstellte wußten und unterstützten Günthers Hobby, taten mit. Sei es aus Lust. Sei es auf Befehl. Ganz nebenbei bemerkt das Protokoll, daß Günther in dieser Nacht auch wirklich jagte. Nur an anderem Ort. Gehört kann er nichts haben. Wirklich? Und ist anzunehmen, daß Wilderer schossen, obwohl der Polizeichef nahebei jagte und es im Revier von Polizisten wimmelte? Wohl eher wären die Wildschützen in dieser Nacht daheim geblieben. Karl Neumann bestätigt wie kein anderer Zeuge ausdrücklich, seine Aussage ohne Zwang gemacht zu haben. Ohne Zwang: Dies wird betont. Die Mordkommission bemängelt, daß die Rittersgrüner Polizisten einen halben Tag abwarteten, um sie hinzuzuziehen. Paul Günther wurde bereits um 6 Uhr morgens über Fuchs' Fehlen informiert. Haben sich die Beteiligten in dieser Zeit auf eine plausible Story geeinigt? Wurde Neumann auf seine Aussage eingeschworen?

Das stationierte Sonderkommando hört in den folgenden Wochen im Revier keinen einzigen Schuss. Wurde der Raschauer Forst doch nicht von Wilderern so bevorzugt wie behauptet? Fragen bleiben. Kann man diesen Protokollen trauen? Die Bewohner Rittersgrüns taten's damals nicht und tun es auch nicht heute. Aber logen 1949 alle Polizisten? Schützten sie den Vorgesetzten, weil er am Tisch der neuen Machthaber saß? Wurde Wahrheit hier bewusst verschwiegen? Ist der Tod des Oswin Fuchs ein politischer Skandal?

Es stellt sich die Frage: Hatte Paul Günther Macht und Möglichkeit, Staatsanwaltschaft und Polizei in seinem Sinne zu manipulieren? Dagegen sprechen keine Argumente. Paul Günther konnte es. Er besaß Einfluss, ward geachtet und gefürchtet. Es könnte so gewesen sein, wie Anwohner behaupten. Günther leugnete seine Schuld und fälschte die Beweise.

Wer war der nie offiziell beschuldigte Kreisamtsleiter der Polizei in Schwarzenberg? Jungen Pionieren wurde Paul Günthers Biographie einst zum Forschungsauftrag gemacht. Die Kinder recherchierten: »Paul Günther wurde am 30.10.1896 in Schwarzenberg als Sohn des Fabrikarbeiters Friedrich Günther geboren. Er besuchte von 1903 bis 1911 die Volksschule und lernte anschließend 3 Jahre im Betrieb Krauß in Schwarzenberg als Klempner. Er lernte frühzeitig Not und Hunger einer Arbeiterfamilie kennen, er war der zweitälteste Sohn von acht Geschwistern. Von 1915 bis 1918 nahm er als Soldat am Ersten Weltkrieg teil. Nach dem Ersten Weltkrieg war er als Arbeiter in verschiedenen Branchen tätig und war zwischendurch auch wiederholt arbeitslos. Seine politische Tätigkeit begann mit dem Eintritt in die sozialistische Arbeiterjugend und in den Arbeiterturnverein 1911. 1914 trat Genosse Paul Günther der SPD bei, schloß sich aber 1918 dem Spartakusbund an und übernahm beim Zusammenbruch des Kaiserreiches Aufgaben im Soldatenrat seiner Kompanie.

Während des Kapputsches im Jahre 1920 übernahm Paul

Günther die militärische Leitung der proletarischen Abwehrformationen und wurde infolge dieser Tätigkeit nach dem mitteldeutschen Aufstand 1921 von der Reaktion mit einem Jahr Gefängnis bestraft. Beim Einmarsch der schwarzen Reichswehr in Sachsen 1923 war er gezwungen, ins Exil zu gehen und war deshalb $1^1/_2$ Jahre illegal in der damaligen Tschechoslowakei und Österreich. 1924 sollte Genosse Paul Günther auf Veranlassung des Zentralkomitees der Kommunistischen Partei Deutschlands in die Sowjetunion gehen. Beim Überschreiten der Grenze wurde er mit noch einem Genossen in Haft genommen und zu $2^1/_2$ Jahren Zuchthaus verurteilt. Diese Haftstrafe verbüßte er in Zwickau und Waldheim.

Paul Günther war anschließend als Leiter des Rotfrontkämpferbundes sowie als Mitglied der Bezirksleitung der Kommunistischen Partei Deutschlands bis 1933 tätig. Er war außerdem Stadtverordneter und Aufsichtsrat in der Arbeitergenossenschaft Schwarzenberg und Umgebung. Nach dem Machtantritt der Faschisten mußte sich Paul Günther vor der drohenden Verhaftung durch die Nazis verstecken. Mit seinen Schneeschuhen fuhr er durch Waldgebiete und konnte sich somit zunächst der Festnahme entziehen. Am 9. März 1933 wurde er durch SS-Leute verhaftet und zusammen mit anderen Kommunisten ins Konzentrationslager ›Osterstein‹ nach Zwickau gebracht. Er war dort, wie viele andere Antifaschisten, schweren Mißhandlungen ausgesetzt. Bis zum Jahre 1936 wurde er eingekerkert und von den Nazis wegen angeblicher Vorbereitung zum Hochverrat verurteilt. Im Jahre 1944 wurde er erneut von der Gestapo wegen staatsfeindlicher Umtriebe in das Konzentrationslager Sachsenhausen gebracht. Dort mußte er bis zum Zusammenbruch des Nazireiches ausharren. Er wurde von der Sowjetarmee befreit. Ende Mai 1945 traf er wieder in Schwarzenberg ein und stellte seine Kraft für den demokratischen Neuaufbau zur Verfügung. Am 8. Juni 1945 wurde er vom antifaschistischen Aktionsausschuss in Schwarzenberg mit der Leitung der Gendarmerie, später Kreispolizei im Kreis Schwarzenberg beauftragt. Er war dessen Leiter bis zum Jahre 1949. Mit der Neubildung der KPD wurde er zum Mitglied der Kreisleitung im Kreis Schwarzenberg gewählt. Er war bis zu seinem Tode, im Jahre 1977, ständig aktives Mitglied der SED. Genosse Paul Günther hatte gemeinsam mit Ernst Schneller hervorragenden Verdienst am Aufbau der proletarischen Hundertschaften der Arbeiterklasse in unserem Kreis. Er war in der Zeit von 1927–1933 Leiter des Rotfrontkämpferbundes, später des antifaschistischen Kampfbundes im Kreis Schwarzenberg.

Genosse Paul Günther war in jungen Jahren aktiver Sportler, wie bereits erwähnt seit 1911 im Arbeiterturnverein und später im ›Rot-Sport‹ in Schwarzenberg. Er betrachtete stets Körpertüchtigung und Sport als wichtigste Voraussetzung für eine hohe Wehrbereitschaft. Er selbst war aktiver Wintersportler. Bei der Gründung der Sportgemeinschaft der Deutschen Volkspolizei im Jahre 1948 gehörte er mit zu ihren Gründern. Sein letzter Dienstgrad in der Volkspolizei war Kommandeur. Paul Günther wurde für seine Verdienste mit der ›Ehrenspange‹ zum Vaterländischen Verdienstorden in Gold, mit dem Kampforden für Verdienste um Volk und Vaterland in Gold, mit der Medaille für Teilnahme an bewaffneten Kämpfen gegen die Reaktion 1919–1923, mit der Medaille Kämpfer gegen den Faschismus, mit der Ernst-Schneller-Medaille in Gold und anderen Auszeichnungen geehrt.«

Ein Held, wie er im Buche steht. Als Vorbild hingestellt für alle sozialistischen Schülerpersönlichkeiten. Zumindest im Kreis Schwarzenberg. Doch eigenartig, widersprüchlich:

1949 verliert der verdiente Genosse Günther all seine Ämter. Im gleichen Jahre 1949 konnte der Tod des Oswin Fuchs aus Rittersgrün nicht aufgeklärt werden. Zusammenhänge dieser Tatsachen sind nicht bewiesen. Naheliegend scheinen sie. 1949 zählte der Kreispolizeiamtsleiter 53 Jahre. Auch vor Gründung der DDR war dies kein Rentenalter. Und ließ sich ein Verfolgter des NS-Regimes und Verantwortlicher des Wiederaufbaus einfach so aufs Altenteil versetzen? »Paul Günther wurde Stellvertreter eines Schachtleiters der AG-Wismut und mußte aus gesundheitlichen Gründen auch diese Arbeit aufgeben. Er wurde Rentner und leistete Arbeit in seinem Wohngebiet als Lektor im Parteilehrjahr, arbeitete im Konsumgenossenschaftsausschuss und als Propagandist in vielen Veranstaltungen. Er gab Auskunft über sein Leben in Rundfunksendungen, in Fernsehsendungen und war Berater des Films über Ernst Schneller.« Zumindest ist Paul Günthers Lebensweg seit 1949 in dieser Stille und Verantwortungslosigkeit ungewöhnlich. Held wird Günther wieder 1977, nach seinem Tod. Das Wintersport-Trainingszentrum der SG Dynamo Schwarzenberg erhielt seinen Namen. Eine Schule der Kreisstadt wurde damit geehrt. »Am 7. Oktober 1978, zum 30. Jahrestag unserer Republik, erhielt unsere Schule den ehrenvollen und verpflichtenden Namen dieses aufrechten Kommunisten unserer Heimatstadt. Streben wir als Pioniere und FDJler der Paul-Günther-Oberschule nach besten Leistungen für unseren sozialistischen Friedensstaat! Handeln wir im Sinne des Vermächtnisses von Paul Günther, unserem Vorbild!« Im Schulhof errichtete man zum Gedenken an den sozialistischen Helden ein Denkmal. Die Platte mit den ehrenden Worten hat man mittlerweile entfernt. Der Stein steht noch immer im Gebüsch.

Die Wahrheit ist nach einem halben Jahrhundert in diesem

Falle nicht mehr feststellbar. Kehrten die staatlichen Organe Günthers Schuld unter den Teppich, weil ein sozialistischer Held unter allen Umständen ein Held bleiben musste? Recherchen lehren: Beispiele der Umschreibung im Dienste der sozialistischen Sache fanden statt. Im Falle Paul Günthers bleibt sie unbewiesen. Sie liegt nah.

Namen, außer jene der Protagonisten, wurden geändert.

Quellen:
Akten der Staatsanwaltschaft Chemnitz im Sächsischen Staatsarchiv Chemnitz.
Akten des Stadtarchivs Schwarzenberg.

Der Tod des Kannibalen

Der Fall Bernhard Oehme, Chemnitz 1948

»Na, Frau Oehme, stehen Sie auf, die Suppe ist fertig!« Mit diesen Worten bittet Bernhard Oehme die Gattin am 2. September 1947 zu Tisch. Er habe bereits gegessen, und extra für sie hat er die Suppe zubereitet. Aber Liddy Oehme mag die Mahlzeit nicht. Ein eigentümlicher Geruch geht von ihr aus. Darauf der Koch: »Du hast aber eine Hundenase!«

»Aufgrund dieses Ausspruchs wurde ich stutzig, noch dazu als er äußerte, man müßte das einmal untersuchen lassen. Mein Mann ging anschließend in die Bodenkammer und mir kamen Bedenken. Ich füllte deshalb etwas von der Suppe ab, um diese untersuchen zu lassen.« Auch der Sohn rät der Mutter, die Suppe ins chemische Untersuchungsamt zur Analyse zu geben. So bringt Liddy Oehme die ihr verdächtigen Mahlzeiten des 4., 5. und 10. Septembers ins Labor. Am 10. September ist sie überrascht, ihren Mann ebendort zu treffen, auch er hat Essensreste untersuchen lassen. Sein Verdacht: Die Gattin wolle ihn vergiften.

Tatsächlich wird in allen untersuchten Speisen Zyankali nachgewiesen. Dreimal wäre die Menge tödlich, einmal ließe sie bloß auf einen schlecht gereinigten Topf schließen. Bernhard Oehme ist des Mordversuchs dringend verdächtig, zumal bei der sofort durchgeführten Wohnungsdurchsuchung zwei Gläser mit etwa 200–250 gr. Zyankali und etwa 3 kg Antimon gefunden werden. Unklar sind die Angaben des Mannes nach der Herkunft all des Giftes. Zur Fälscherei hat er es benutzen wollen, sagt er. Und seine Frau bestätigt. »Erst letzthin machte er mir den Vorschlag, man müßte Lebensmittelmarken seines Betriebes fälschen, um dadurch besser leben zu können. Ich verwahrte mich dagegen und mein Mann äußerte: ›Na gut, dann kannst du eben nichts fressen.‹«

Wegen Geldfälscherei ist Bernhard Oehme bereits dreimal vorbestraft. 8 Jahre verbrachte er in Haft. Aber die Gattin zum erhobenen Vorwurf weiter: »In der letzten Zeit äußerte er oft, daß ich daran schuld sei, daß er es zu nichts gebracht habe, weil er immer zuviel Angst gehabt hätte. In der letzten Zeit fühlte ich mich durch meinen Mann direkt bedroht. Er wurde auch einmal gewalttätig gegen mich, indem er mich mit den Fäusten in den Rücken schlug.« Bei dieser Indizienlage erhebt der Staatsanwalt Anklage gegen Bernhard Oehme. Doch noch vor der Weihnacht, am 18. Dezember 1947, erfolgt der Freispruch mangels Beweisen. »Zusammenfassend kann gesagt werden, daß von hier aus angenommen wird, daß Oehme aller Wahrscheinlichkeit nach derjenige sein wird, der das Zyankali dem Essen beimischte, da dritte Personen ausscheiden und seine Frau nach den getroffenen Feststellungen für diese Tat nicht in Frage kommen kann. Lediglich dem Umstand, daß niemand gesehen hat, als Oehme das Gift ins Essen tat, ist es zu danken, daß er, Oehme, nicht endgültig überführt werden konnte.«

Konsequenz: Bernhard Oehme wird des gemeinsamen Haushalt verwiesen. Seine Schwester Ida bietet ihm Obdach in der Chemnitzer Uhlandstraße 25. Dort betreibt sie ein Kurzwarengeschäft. Sicher hofft sie auch, dass der Bruder ihr hinter der Ladentheke helfe. Seit dem 8. Januar des Jahres 1948 sind die Rolläden des Geschäfts allerdings heruntergelassen und ein Zettel dran geheftet: »Wegen Krankheit geschlossen«. Nachbarn sorgen sich, und Bernhard Oehme zeigt wenig Interesse am Schicksal seiner Schwester. Fest steht: Krank ist Ida Oehme keineswegs. Keiner hat sie in letzter Zeit gesehen. Bruder Bernhard wird zum Handeln gezwungen.

»Am 17.1.1948 erschien auf dem Chemnitzer Polizeirevier der Former Oehme, Bernhard, geb. am 30.12.1882 in Hainichen, wohnhaft Chemnitz, Uhlandstraße 25 und gab an, daß seine ledige Schwester, die Geschäftsinhaberin Oehme, Ida Marie, geb. am 21.11.1884 in Hainichen, wohnhaft gew. Chemnitz, Uhlandstraße 25, bei der er zur Untermiete wohne, seit dem 8.1. vermißt wird. Nach seinen eigenen Angaben hat sie sich auf eine Hamsterfahrt begeben, von der sie nicht zurückgekehrt sein sollte. Der Leiter des Polizeireviers hielt sofort Nachfrage über Oehme bei der Mordkommission des Kriminalamtes Chemnitz, da Oehme dort bereits wegen eines im September 1947 an seiner Ehefrau mit Zyankali versuchten Giftmordes bekannt geworden war. Es lag daher der Verdacht nahe, daß Oehme mit dem Verschwinden seiner Schwester in Zusammenhang zu bringen sei.

Er wurde aus diesem Grunde vorläufig festgenommen. Ohne Oehme über den Tatverdacht Vorhalt zu tun, wurde von der Mordkommission Chemnitz am 19.1.1948 eine Wohnungsdurchsuchung vorgenommen … In der Wohnung wurden dann in mehreren Gefäßen größere Mengen Fleisches gefunden, und in zwei Kochtöpfen auf dem Ofen befand sich zubereitetes Fleisch in gekochtem Zustand. Man konnte ohne weiteres erkennen, daß es sich um Menschenfleisch handelte. Außerdem wurden eine blutbefleckte Säge, ein Hammer und ein Fleischwolf, durch den Fleisch gedreht worden war, gefunden. Im Keller, unter Säcken versteckt, wurden der Kopf, die Hände und die Füße eines Menschen gefunden. Es stand nun einwandfrei fest, daß die vermißt gemeldete Oehme das Opfer eines Verbrechens geworden war und nach der Ermordung grausam zerstückelt wurde.

In Verdacht der Täterschaft stand dringend Oehme, der eingehend zur Tat vernommen wurde. Bei seinen ersten Vernehmungen bestritt er hartnäckig, seine Schwester vorsätzlich ermordet zu haben und sagte aus, daß seine Schwester Selbstmord verübt habe und er, um den Makel eines Selbstmordes von ihr zu wenden, habe ihr dann einen Schlag mit dem Hammer auf den Kopf gegeben, um einen Mord vorzutäuschen. Da ihm aber der Gedanke gekommen sei, daß der Verdacht bei Bekanntwerden der Tat auf ihn fallen würde, habe er den Entschluß gefaßt, die Leiche durch Zersägen und Zerlegen zu zerstückeln. Dabei sei ihm die Lust gekommen, das Fleisch für sich einzusalzen und zu essen. Obwohl Oehme von den Angehörigen der Mordkommission auf die unglaubhaften und unsinnigen Angaben hingewiesen wurde, blieb er bei dieser Darstellung. Aus diesem Grunde mußte eine Schädelsektion durchgeführt werden, um Oehme zu beweisen, daß der tödliche Schlag und der Halsschnitt zu Lebzeiten der Schwester geführt wurden. Die Schädelsektion ergab einwandfrei, daß Oehme seine Schwester durch Gewalteinwirkung bei Lebzeiten getötet hat. Auf die daraufhin gemachten Vorhaltungen bequemte Oehme sich endlich zu dem Geständnis, seine Schwester im Streit erschlagen zu haben. Zwischen beiden sei es nach seinen Angaben am fraglichen Abend zu einer Auseinandersetzung gekommen, wobei er im Jähzorn den auf dem Tisch liegenden Hammer ergriffen und seiner Schwester damit den tödlichen Schlag versetzt habe. Über die Zerstückelung und Zerlegung der Leiche machte er zusätzlich die Aussagen, daß er Herz, Leber und Nieren sowie sechs Pfund Rippenfleisch gemeinsam mit seinem Hund verzehrt habe. Die restlichen Fleischstücke habe er eingesalzen und gekocht, um sie nach und nach zu essen. Er habe auch versucht, seine Verwandten zum Essen einzuladen und sich von ihnen Einweckgläser auszuborgen, um das Fleisch darin einzukochen. Aus Händen und Füßen habe er Seife herstellen wollen.

Da auch diese Aussagen des Oehme nicht der Wahrheit entsprechen konnten, wurde ein Lokaltermin, in Anwesenheit der Mordkommission, des Täters und des Gerichtsmediziners anberaumt und die Tat des Oehme nach seinen Angaben rekonstruiert. Hierbei konnte einwandfrei nachgewiesen werden, daß seine gegebenen Darstellungen wiederum unwahr waren. Oehme gab an, am Tatabend in der Küche neben seiner Schwester auf einem Stuhle gesessen zu haben und sie dort im Streit getötet zu haben. Es befanden sich jedoch keine Blutspritzfiguren an der Wand über dem gegenüberliegenden Sofa, und auf dem Sofa selbst konnte eine größere Lache eingetrockneten Blutes festgestellt werden. Durch Zeugenaussagen wurde hierzu ermittelt, daß die Schwester die Angewohnheit hatte, sich abends immer in die Sofaecke zu setzen. In dieser Stellung hat der Täter dann mit größter Sicherheit auf seine Schwester eingeschlagen und sie somit vorsätzlich ermordet. Oehme gab jedoch nur zu, seine Schwester im Affekt getötet zu haben, weil ihm bekannt war, daß er bei einem vorsätzlichen Mord die Todesstrafe zu erwarten hat …

Bei Oehme handelt es sich um eine kriminell erheblich vorbestrafte Person. Bereits 1902 wurde er wegen Münzverbrechens straffällig. Er hat insgesamt acht Jahre Gefängnis und

Zuchthaus wegen Falschgeldherstellung verbüßt. Bei dem im September 1947 versuchten Giftmord an seiner Ehefrau wurden etwa 500 g Zyankali gefunden und sichergestellt. Dieses Gift hatte er angeblich noch aus der Zeit seiner Falschgeldherstellung in Besitz.

Oehme zeigte sich während seiner stundenlangen Vernehmungen äußerst kalt und gefühlsroh. Er wurde der StA. Chemnitz überstellt. Dieser Fall dürfte eines der seltenen Beispiele von Kannibalismus darstellen.«

Der Fall erregt Chemnitz. Beim Lokaltermin in der Uhlandstraße kommt es zu Tumulten. »In den Kreisen unserer Bevölkerung herrscht größte Empörung über den seinerzeit erfolgten Freispruch des Oehme, der dem Gericht ja sehr wohl als krimineller Verbrecher bekannt war und dem auch nach unserer Meinung jegliche Möglichkeit hätte genommen werden müssen, solche oder ähnliche Taten zu begehen.« Die Polizei verhindert Lynchjustiz. Der Reporter der *Volksstimme* erfuhr »zu diesem furchtbaren Vorfall noch folgendes: Oehme hat seine Schwester nach ihrem Tode nicht nur zerlegt, gekocht und zubereitet, sondern auch größere Mengen des Fleisches verzehrt. So verspeiste er zum Beispiel Herz, Nieren und Rippenfleisch! Auch tat es dem Appetit des Ungeheuers keinen Abbruch, wenn er sich seine Haferflocken in Menschenbouillon kochte! Andere Teile des Körpers drehte er durch den Wolf oder machte ›Gehacktes‹ davon. Aber der Gipfel seiner Bestialität dürfte es sein, wenn er gestern den ihn vernehmenden Kriminalinspektor ersuchte, ihm doch ›noch ein Stück Fleisch in die Zelle zu bringen! Es brauche nicht warm gemacht zu werden, er esse es gleich so …‹«

Der Reporter der *Volksstimme* konnte sich »schließlich an zuständiger Stelle noch darüber Aufklärung verschaffen, daß solche Fälle aller 20 Jahre einmal auf der Welt vorkommen. Chemnitz hat nun den traurigen Ruhm, mit dem Fall Oehme einen wesentlichen Beitrag zu den entsprechenden Kapiteln der Kriminalgeschichte geliefert zu haben.« Zumindest behielt der Berichterstatter in einem Recht: Oehmes Kannibalismus war nicht lustorientiert. Sein Mord hatte keine sexuelle Motivation wie fast alle anderen bekannten Fälle der Anthropophagie: Fritz Haarmann, Karl Großmann oder Armin Meiwes. Bernhard Oehme tötete die Schwester (wahrscheinlich) im Affekt. Als der Hund Blut leckte, kam der Mörder erst auf die Idee, dass auch ihm das vorliegende Menschenfleisch Nahrung sein könne. Oehmes Skrupel, Oehmes Ekel belegen die Akten nirgendwo, das Mahl hatte ihm offensichtlich geschmeckt.

Bernhard Oehme wird verurteilt und löst unter der Bevölkerung heftige Diskussionen aus: zehn Jahre Haft. Das Publikum verlangt die Todesstrafe. Auch aus gegenwärtiger Sicht erscheint das Strafmaß ausgesprochen niedrig. »Da die heute übliche psychiatrische Begutachtung zur Feststellung der Schuldfähigkeit seinerzeit unterblieb, kann nicht ausgeschlossen werden, dass bei Bernhard Oehme eine symptomarme Schizophrenie vorgelegen haben kann. Die verhältnismäßig milde Strafhöhe von zehn Jahren Zuchthaus könnte als Indiz gelten, daß bei der Strafzumessung seine gestörte Persönlichkeit berücksichtigt worden ist. Wie dem auch sei: Offiziell kam er später in sowjetische Haft, in der er angeblich an einem altersbedingten Leiden verstarb. Man kann auch eine andere Möglichkeit in Betracht ziehen: Die sowjetische Militäradministration hatte leitenden Funktionären des SED-Machtapparates längst Ukas erteilt, den Verurteilten ihrem Strafvollzug zu überantworten, um ihn alsbald der deutschen Rechtshoheit zu entziehen. Sie haben damit Oehmes schnellen Tod billigend in Kauf genommen. Denn es war allgemein bekannt, daß die sowjetischen Vollzugsbehörden mit Tätern vom Schlage eines Bernhard Oehme nicht viel Federlesens machen. Der Strafausspruch von zehn Jahren Zuchthaus sollte das inoffizielle längst beschlossene Todesurteil nur kaschieren.« Bernhard Oehme kam ins Lager. Kurze Zeit später war er tot.

Bis heute ist über »Stalins Lager in Deutschland« und die dort verübten Verbrechen wenig bekannt. »Die DDR-Geschichtsschreibung, die sich dieses Themas, wenn überhaupt, nur indirekt annahm, hat später die Legende ausgestreut, die Internierung nach dem Krieg habe ausschließlich die Entnazifizierung unterstützt und von ihr betroffene Personen seien durchweg Nazi- und Kriegsverbrecher gewesen. Ihre spätere Freilassung sei einzig auf die Gnade der Sieger zurückzuführen. Dieselbe Auffassung spricht auch aus zeitgenössischen Pressemitteilungen, wo in Zusammenhang mit den Entlassungen von 1948 und 1950 ständig von ›begnadigten Verbrechern‹ die Rede ist. Die Wahrheit aber sah anders aus …« Ins Lager kam, wer der Besatzungsmacht missfiel. Kein Zweifel: Ein Kannibale passte nicht in die neue gesellschaftliche Ordnung. Es ist anzunehmen, dass Bernhard Oehme von den Justizorganen in das Chemnitz nächstgelegne Speziallager Bautzen überstellt wurde und dort keineswegs ohne sowjetisches Zutun verstarb.

»Es gab in den Lagern keinerlei feste Ernährungssätze. Die Brotrationen gingen … teilweise bis auf 300 Gramm pro Person und Tag zurück. Zum Brot gab es Wassersuppe, in der sich allenfalls Spuren von Rüben, Sauerkraut, Kartoffeln, Graupen oder Grütze fanden. Fleisch und Fett fehlten fast völlig. Zum Hunger gesellten sich Krankheiten. Die meisten Baracken und Unterkünfte waren total überbelegt. Die auf engstem Raum zusammengepferchten Häftlinge lebten unter katastrophalen hygienischen Bedingungen. Es bestanden völlig unzureichende Waschmöglichkeiten. Toilettenartikel wie Seife und Zahnbürsten gab es nicht. Die meisten Lager verfügten über keine ordentlichen Aborte. Tausende von Menschen verrichteten ihre Notdurft nachts in Fässer und Tonnen, tagsüber in Latrinen oder auf Donnerbalken.« Selten bestand die Möglichkeit, Kleidung zu waschen oder zu wechseln. »Angesichts der völligen hygienischen Verwahrlosung und des Nachlassens der körperlichen Widerstandkräfte als Folge des ständigen Hungerns waren Krankheiten nur eine Frage der Zeit. Zuerst traten vorwiegend Haut-, Infektions- und Darmerkrankungen auf, später folgten Lungenentzündungen, Ödeme, Furunkulose, Wassersucht und regelrechte Epidemien von Ruhr, Typhus und vor allem Tuberkulose. Letztere gehörte zu den Haupttodesursachen.« Die Winter waren kalt, Heizungen gab es kaum. Flöhe, Wanzen, Kopf- und Filzläuse und Holzböcke plagten die Lagerinsassen. »Der chronische Eiweiß- und Vitaminmangel führte zu schweren Störungen und Veränderungen in den Organen sowie im Eiweißgehalt von Blut und Gewebe, später zu Muskelschwund und zum Erlahmen und Aussetzen der Darmtätigkeit bis hin zum geistigen Verfall des Betroffenen.« Ein Zeuge: »Manche magerten bis zur Unkenntlichkeit ab. Andere wurden immer dicker und füllten sich mit Wasser. Zuerst die Unterschenkel, dann die Oberschenkel und dann die gefürchtete Bauchwassersucht. Dann steigt das Wasser bis in die Lungen, und unter tagelangem Röcheln ertrinkt der Kranke. Es ist furchtbar, im Nebenbett liegen zu müssen und mit anzuhören, wie das Wasser in der Brust des Kranken arbeitet. Oft platzen die Glieder, und das Wasser läuft literweise hinaus …

Die Toten wurden von Häftlingskommandos in Massengräbern unweit der Lager verscharrt. In der Regel wählten die

Sowjets dazu die späten Nacht- oder frühen Morgenstunden: Die in der Umgegend lebende Zivilbevölkerung durfte davon nichts erfahren. Die Begräbnisorte wurden später planiert und aufgeforstet.«

Nicht nur Nazi- und Kriegsverbrecher, auch andere Straffällige wie Bernhard Oehme saßen in den sowjetischen Spez.-Lagern ein. Nur ein geringer Prozentsatz der Inhaftierten war »schuldig« geworden. Anklagen gegen sie lagen nicht vor. Allein ein Verdacht genügte, um vom NKWD oder anderen Besatzern verhaftet zu werden. »Die Mehrheit der Lagerinsassen war unschuldig im juristischen, wiewohl oftmals ›feindlich‹ im ideologischen Sinne. Die Verhaftungswelle erfaßte ›mehr und mehr Menschen, die objektiv als Klassenfeinde zu gelten hatten – nämlich aufgrund ihrer sozialen Herkunft, ihrer Klassenzugehörigkeit. Betroffen waren also nicht nur große und kleine Nazis sowie ehemalige HJler, sondern auch Beamte und Verwaltungsangestellte, Richter und Rechtsanwälte, Journalisten, Lehrer, Wissenschaftler, Kaufleute und Fabrikanten, Großbauern und Großgrundbesitzer, Junker … Zur Sicherung der neuen Macht sollte die alte Elite isoliert, womöglich dezimiert werden, um konterrevolutionären Aktivitäten vorzubeugen.«

Die Zahl der in den sowjetischen Lagern Verstorbenen schwankt. »1990 präsentierte das sowjetische Innenministerium in einer Denkschrift folgende Zahlen: In den Jahren 1945 bis 1950 seien insgesamt 122.671 Deutsche in Sonderlagern auf dem Territorium der SBZ interniert und von ihnen 45.262 wieder freigelassen, 42.889 (35 Prozent) seien in den Lagern umgekommen. 12.770 in die UdSSR verbracht und 6.680 in Kriegsgefangenenlager überführt worden. 14.202 Internierte seien ferner an die DDR-Behörden übergeben und 756 durch Militärgerichte zum Tode verurteilt worden; 212 sei die Flucht gelungen.« Diese Zahlen halten der Prüfung nicht stand. Andere Quellen sprechen von bis zu 80.000 Toten, unter ihnen Heinrich George, Horst von Einsiedel, Werner Ihmels und Bernhard Oehme. Ungeklärte Todesfälle.

Quellen/Zitate:

Akten der LdVP Chemnitz im Sächsischen Hauptstaatsarchiv Dresden.
Chemnitzer Volksstimme.
Flocken, Jan von / Klonovsky, Michael: Stalins Lager in Deutschland 1945–1950. Berlin/Frankfurt/M. 1991.
Foitzik, Jan: Sowjetische Militäradministration in Deutschland 1945–1949. Berlin 1999.
Girod, Hans: Der Kannibale. Berlin 2000.
Naimark, Norman M.: Die Russen in Deutschland. Berlin 1997.

Todestag: 19. April 1952

Der Fall Martha Lieboldt und das Zwickauer Grubenunglück

»Werktätige in Stadt und Land! Alle Kraft für die Erfüllung unseres großen Fünfjahrplanes, des Planes des Friedens, der Einheit und des Wohlstandes!« Die Losungen zum Kampf- und Feiertag aller Werktätigen waren von der Staatsmacht in Berlin veröffentlicht worden und standen auf Zeitungsseite eins. Der Bevölkerung war dies nomineller Anlass, mehr und Besseres fürs Wohl des sozialistischen Vaterlandes zu geben. »Am Chemnitzer *Otto-Grotewohl-Aufgebot* zur Vorbereitung des internationalen Kampftags der Arbeiterklasse am 1. Mai beteiligen sich die Belegschaften von über 200 volkseigenen und privaten Industriebetrieben. Sie haben sich das Ziel gesetzt, Sonderverpflichtungen in der Produktion, auf kulturellem und sozialem Gebiet zu übernehmen ... Im Aufgebotswettbewerb haben die Chemnitzer Industriearbeiter bereits gute Produktionserfolge zu verzeichnen. So erfüllten das Rohr- und Kaltwalzwerk Chemnitz und die Textima Nadel- und Platinfabrik ihre Quartalspläne mit 115,2 bzw. 103 Prozent.« Der Schlagzeilen kein Ende: Die Kumpel in den Bergwerken erhöhen ihre Abbaumengen. Die Postler beschleunigen den Post- und Fernmeldeverkehr. Textilarbeiter verbessern ihre Sortimente. Auch Bauern und Bäuerinnen erfüllen ehrenvoll ihre Pflicht gegenüber Sozialismus und Staat.

Trotz Fünfjahrplan und dessen Übererfüllung machen die Werktätigen am Wochenende erst mal Pause. Osterfeiertage sind auch im Sozialismus arbeitsfrei und verheißen Entspannung, Eiersuche, Zeitungslektüre. Danach werden umso engagierter an der Arbeitsfront die Schlachten geschlagen. »Stärkt und schützt unsere demokratische Staatsmacht gegen alle äußeren und inneren Feinde!« Medial wird der Kampftag aufgerüstet, denn die Agitatoren wissen: »Pressewerbung ist ein wichtiger Teil unserer Überzeugungsarbeit«. Und so gerät der 1. Mai bereits im vorhinein zu einem schönen Traum für Inge. Sie sah, »daß das meinem Zimmer gegenüberliegende Haus im schönsten Festschmuck prangte. Fahnen im leuchtenden Blau, Rot und Weiß sowie kleine schwarzrotgoldene Fähnchen flatterten lustig im Wind. Und an den Fenstern waren Friedenstauben angebracht, Girlanden und Transparente. Das Haus war gar nicht wiederzuerkennen, so schön war es.« Aber Inge ist traurig. »Als ich aufwachte und zum Fenster hinausblickte, hinüber zu jenem Haus, war meine Freude verflogen. Keine Fahnen! Weder Losungen noch Friedenstauben oder Girlanden. Richtig kalt und nüchtern sah es aus, jenes Haus, das mir im Traum soviel Freude bereitet hat.« Inge kann getröstet werden, bis zu Demo, Fahnenschmuck und Transparenten sind es keine zwei Wochen mehr.

Am Chemnitzer Mehrfamilienhaus Augustusburger Straße 246 hängen am 19. April 1952 noch keine Fahnen und Girlanden. Man sieht dem Haus jedoch die Jahre an. Es wurde in der Gründerzeit erbaut. Die Fassade bröckelt. Innerhalb kümmern sich die Mieter um große und kleine Hausordnung. Das Wohnhaus ist nicht wie viele andere in der sächsischen Industriestadt Chemnitz Kriegsruine. Martha Lieboldt wohnt im zweiten

Stock und kann weder an der sozialistischen Überproduktion noch an den Maifeiertagsvorbereitungen teilnehmen. Sie ist »vom 30.1.–19.4.52 mit einer zweitägigen Unterbrechung arbeitsunfähig krank geschrieben. Krankheitsbefund: Bronchitis.« Die Nachbarn verwundert die Diagnose wenig. »Bekannt ist uns, daß Frau Lieboldt im Jahre 1952 auf Kuraufenthalt geschickt wurde, welche Krankheit bei ihr vorgelegen hat, können wir nicht sagen, sie soll aber öfters mit Halsbeschwerden zu tun gehabt haben, u. a. war sie Raucherin.«

Arbeitsunfähig, krank geschrieben – so ist erklärbar, dass Nachbarn die Patientin auch außerhalb der Arbeitszeiten sehen. »Am Sonnabend, den 19.4.52 war Frau Lieboldt gegen 8.00 Uhr bei mir in der Wohnung«, berichtet Lieselotte Ohldorf. »Frau Lieboldt sagte zu mir, daß sie jetzt geht, um Krankengeld zu holen, und ich bat sie noch, mir davon 5 DM zu leihen, was sie mir auch versprach.« Dann kam Martha Lieboldt ums Eck in den Lebensmittelladen, in dem sie gewöhnlich ihren Einkauf versah. »Soweit wir uns erinnern können«, sagen die Betreiber, »muß es am Sonnabend, den 19.4.52 morgens gewesen sein, als Frau Lieboldt mit der Bitte zu uns kam, das Telefon benutzen zu dürfen. Wir hörten dabei, wie sie mit der Firma A.G. Marten in Borna betreffs Auszahlung des Krankengeldes gesprochen hat. Gegen 16.00 Uhr des gleichen Tages erschien sie nochmals in unserem Geschäft und kaufte sich 1/2 Flasche Pfefferminzlikör und eine Schachtel Turf-Zigaretten. Diese Sachen bezahlte sie mit verschiedenen Geldbeträgen, d. h. sie wurden getrennt bezahlt. Mit welchen Geldscheinen dies erfolgte, kann heute nicht mehr gesagt werden. Wenn es ein größerer Schein gewesen wäre, dann wäre uns das bestimmt aufgefallen. Bei dem Likör handelte es sich um 35%igen. Von der Lieboldt wurde hin und wieder Alkohol bei uns gekauft, zum vorwiegenden

Teil aber Likör. Erwähnen möchten wir noch, daß die Lieboldt, als sie an erwähntem Sonnabend bei uns erschien, etwas komisch wirkte, wobei wir aber die Annahme vertraten, daß ihr Verhalten nicht allein auf Alkoholeinwirkung zurückzuführen sei. Sie äußerte dabei, daß sie nichts mehr bezahlen werde, was andere Personen auf ihren Namen bei uns geborgt hatten. Die Lieboldt galt als freigiebig, und es kann angenommen werden, daß sie etwas Geld zurückgelegt hatte, denn sie sprach davon, daß sie sich einen neuen Ofen kaufen wollte.«

Nachbarin Lieselotte Ohldorf braucht die fünf Mark, die ihr versprochen worden sind. Doch da Martha Lieboldt »im Laufe des Tages nicht mehr in meine Wohnung kam, ging ich gegen 15.30 Uhr zu ihr in die Wohnung. Ich klingelte, und sie öffnete mir auch die Tür, ließ mich aber nicht hinein, sondern ich mußte vor der Tür warten. Bemerken möchte ich, daß sie zu dieser Zeit schon ziemlich beschwipst war, und ich sagte noch zu ihr: ›Hast Du denn schon wieder getrunken?‹, worauf sie nur lachte und mich an meinem Kopf nahm und mich noch fragte, ob ich denn mit 5 DM auch auskommen würde, ich könnte auch mehr bekommen. Gegen 18.00 Uhr bin ich dann noch einmal zu ihr gegangen, klopfte und klingelte an der Tür, aber es wurde nicht geöffnet. Ich nahm an, daß sich Frau Lieboldt ins Bett gelegt hatte, denn dies war dann immer der Fall, wenn sie einen getrunken hatte.«

Noch fordert die Mai-Losung: »Kumpel im Erzbergbau! Jede Tonne Erz mehr – ein Beitrag zur Erhaltung des Friedens, ein Schlag gegen die Kriegstreiber!« Doch wie ein Lauffeuer verbreitet sich an jenem 19. April das Gerücht, später die Tatsache: In Zwickau »ereignete sich im Martin-Hoop-Schacht IV ein schweres Bergwerksunglück, dem nach den bisherigen Feststellungen 13 Bergleute zum Opfer fielen. 27 Bergleute, die mit Verletzungen ins Krankenhaus eingeliefert wurden, befinden sich außer Lebensgefahr. Dank dem heroischen Einsatz der Rettungsmannschaften, die sofort durch die Bergbauverwaltung von den verschiedenen Zechen zusammengezogen und zur Rettung der unter Tage befindlichen Bergleute eingesetzt wurden, konnte die überwiegende Mehrheit der zur Schicht eingefahrenen Bergleute gerettet werden. Die Rettungsarbeiten dauern zur Zeit noch an, da noch einige Bergleute vermißt werden. Unmittelbar nach dem Bekanntwerden des Unglücks trafen von der Regierung der Deutschen Demokratischen Republik Staatssekretär Fritsch, ein Beauftragter des Zentralkomitees der SED und ein Vertreter der Landesregierung Sachsen, der Landesleitung der SED Sachsen und der Industriegewerkschaft Bergbau ein. Eine Untersuchungskommission unter der Leitung des Ministeriums für Staatssicherheit hat ihre Ermittlungen über die Ursache des Unglücks aufgenommen.« Der Bergbaubezirk Chemnitz, Sachsen, die gesamte DDR ist in Schock und Panik. Frauen stürmen zum Schacht, warten auf und weinen um ihre Männer. Retter versuchen Unmögliches. Die Ermittler finden Hinweise auf Sabotage, um dem sozialistischen Staat zu schaden. Die Zahl der Todesopfer erhöht sich stetig. Die Tragödie wird zum Politikum und zu einer der größten Katastrophen in der Zeit der DDR.

Vielleicht auch deshalb löst die Abwesenheit von Martha Lieboldt zunächst weder Erstaunen noch Bedenken aus. »Am Sonntag, den 20.4.1952 bin ich wieder zu ihr an die Wohnungstür gegangen und klingelte Sturm«, sagt Lieselotte Ohldorf, »aber es rührte sich nichts. Wir sind an diesem Tage noch einige Male an ihrer Wohnung gewesen, aber immer vergebens.

Am Montag, den 21.4.52, gegen 9.00 Uhr war ich wieder an der Wohnungstür von Frau Lieboldt. Als mir wieder nicht geöffnet wurde, bin ich zu den Hausleuten gegangen und habe sie gefragt, ob sie sich heute schon einmal bemerkbar gemacht hätte, was mir diese aber verneinten. Ich ging zu Frau Schubert und fragte dort nach Frau Lieboldt, aber hier war sie auch nicht gewesen. Fräulein Schwendt und ich riefen dann gegen 16.00 Uhr in der Firma an, wo die Frau Lieboldt arbeitet, aber auch von dort kam der Bescheid, daß sie nicht auf Arbeit war. Daraufhin gingen wir beide dann zur Polizei und diese öffnete die Wohnungstür der Frau Lieboldt, und hier sahen wir sie auf dem Sofa liegen…«

Das Bild, das sich den eingetroffenen Einsatzkräften bietet, lässt schlussfolgern, »daß es sich in diesem Fall um einen Raubmord handelt. Die Lieboldt wurde nackt auf dem Sofa liegend, mit einer Decke zugedeckt vorgefunden. In der Gegend des Halses, sowie auf der Brust der Toten waren verschiedene Hautabschürfungen bzw. Würgemale zu erkennen. Des weiteren hatte die Lieboldt eine große Schnittverletzung am linken Handgelenk, die ihr zweifellos von dem unbekannten Täter zugefügt worden ist.

Wie weiter in Erfahrung gebracht werden konnte, hatte die Lieboldt am Sonnabend, den 19.4.52, in der Zeit von 15.00 – 18.45 Uhr in ihrer Wohnung den Besuch einer unbekannten jüngeren männlichen Person. Den Umständen nach wurde Alkohol genossen und es ist auch zu intimen Verkehr gekommen. Der unbekannte Täter hat dann im weiteren Verlauf die Lieboldt vermutlich durch einen Schlag gegen den Kopf betäubt und ihr in diesem Zustand mit einem Besteckmesser die Schnittverletzung am linken Arm zugefügt. Der unbekannte

Täter hat dann unter Mitnahme einer Uhr, eines Ringes, sowie vermutlich von Bargeld der Ermordeten die Wohnung wieder verlassen und die Wohnungstür verschlossen.«

So teilt der Operativstab der Polizei der zuständigen Mordkommission in Zwickau am 22.4.1952, gegen 2.00 Uhr, fernmündlich mit, dass in Chemnitz eine Frau ermordet aufgefunden wurde. »Nach Eingang dieser Fernsprechmitteilung begab sich MK, bestehend aus VP-Oberrat Staßfurt, VP-Meister Prinz und VP-Hauptwacheister Schilderknecht mittels Dienstkraftwagen nach Chemnitz. Nach kurzer Information in der Dienststelle wurde der Tatort aufgesucht.

Der Tatort befindet sich in Chemnitz 14, Augustusburger Straße 246, 2. Stockwerk. Nach Öffnen der Tür zeigt sich ein Vorhang, der die Tür verhängt, und nachdem dieser zurückgezogen ist, kommt man in eine 3,50 m x 4,50 m große Wohnküche. Diese befindet sich in einem sauberen, aufgeräumten Zustand. Von der Tür aus gesehen, an der rechten Wandseite ist ein Waschbecken angebracht, anschließend daran steht ein brauner Küchenherd. Auf diesem befinden sich zwei kleine Likörflaschen, die eine ist noch bis zu 1/3 mit einer grünlichen Flüssigkeit gefüllt, während in der anderen eine weißliche Flüssigkeit ist. Weiterhin sind noch auf dem Ofen zwei Likörgläser, ein Korkenzieher, zwei Aschenbecher, ein Kamm sowie zwei Untersetzer. An der rechten Längswand steht ein kleines weißes Schränkchen, ca. 50 cm von diesem entfernt ein kleiner weißer Wäscheschrank. In der rechten hinteren Ecke steht ein Radiotisch, auf dem ein Radio steht. Das an der südlichen Seite befindliche Fenster ist einen Spaltbreit geöffnet, das Rollo ist heruntergelassen. Vor dem Fenster steht ein Sessel, auf diesem ist über die Lehne gehängt ein Schlüpfer, ein Büstenhalter, ein rosanes Hemd, blauer Unterrock, Strumpfhaltergürtel sowie ein blaugeblumtes Sportkleid. Links neben dem Sessel befindet sich mitten in der Stube ein runder Tisch. Auf diesem steht eine Blumenvase, sowie ein braunaussehendes Glas, welches mit einem Schraubendeckel verschlossen ist mit der Aufschrift ›Globinal‹. Das Glas selbst ist bis zu zwei Drittel mit einem weißen Pulver gefüllt. Weiterhin liegt auf dem Tisch ein kleiner Untersetzer. Anschließend an diesen Tisch steht ebenfalls noch ein Sessel in der Mitte des Zimmers. Links vom Fenster befindet sich eine Stehlampe. An der linken Seite des Zimmers steht eine Couch. Auf dieser liegt, völlig entkleidet, eine weibliche Leiche. Bis in Brusthöhe ist dieselbe mit einer braunen Wolldecke zugedeckt. Der Kopf ist nach rechts gedreht und Augen und Mund sind geschlossen. Der rechte Arm ist nach vorn gestreckt, Mittel-, Ring- und kleiner Finger sind eingewinkelt. Der linke Arm hängt von der Couch herunter. An der Innenseite des Handgelenkes verläuft quer eine 7 cm lange und 15 mm breite klaffende Wunde. An der Innenseite der Hand sowie an der Außenseite des Daumens befinden sich einige Blutflecken. An der linken Nasenseite befindet sich eine 15 mm lange Hautabschürfung, des weiteren sind an der linken Halsseite, sowie oberhalb der linken Brust einige Hautabschürfungen sichtbar. Beide Beine sind ausgestreckt und nach rechts und links gespreizt. Die Totenstarre ist zum Teil gelöst, Totenflecke sind an den abhängigen Körperpartien sichtbar.

Auf dem Fußboden vor der Couch, direkt unter dem linken Arm, ist eine 70 cm lange, nach der Stubenmitte verlaufende eingetrocknete Blutlache sichtbar. In dieser liegt ein Küchenmesser, dessen Klinge auf beiden Seiten mit vertrocknetem Blut beschmutzt ist. Auf der eingetrockneten Blutlache liegt ein abgebranntes Streichholz, dessen Oberfläche nicht mit Blut beschmiert ist.

Bei der Toten handelt es sich um die Arbeiterin Lieboldt, geb. Braatz, Martha Ida, geb. am 4. Oktober 1897 in Chemnitz, wh. gew. in Chemnitz, Augustusburger Straße 246.

Der zugezogene Arzt Dr. Tietz aus Chemnitz stellte den Todeseintritt am Sonnabend, den 19.4.1952, in den Abendstunden fest.

Die Totenaufhebung wird vom Komm. C1 des VPP Chemnitz durchgeführt.«

Da der dringende Verdacht des Mordes gegeben ist, »wird um gerichtliche Sektion der Leiche zwecks Klärung der Todesursache gebeten. Der Leichnam wurde zu diesem Zwecke dem Pathologischen Institut überstellt. Da der Tod bereits am 19.4.1952 eingetreten ist, wird um beschleunigte Durchführung gebeten.«

Viele der Details sprechen für einen begangenen Mord, besonders das Streichholz, das in der Lache lag. Es ist unbeschmutzt, muss also nach der Tat ins Blut gefallen sein. Beweis, dass im Zimmer nach dem Tod der Martha Lieboldt einer war und rauchte, zumindest ein Streichholz zündete.

In der Augustusburger Straße sind der Mord an Martha Lieboldt und die Toten des Zwickauer Grubenunglücks Themen der Gespräche. Derweil verbreitet die Presse wertvolle Tipps für die Festvorbereitung: »Erst gestern gaben wir Hinweise, wie Schilder und Transparente mit einfachen Mitteln hergestellt werden können. Heute nun wollen wir uns damit befassen, Girlanden und Spruchbänder anzufertigen. Stoffreste hat wohl jede Hausfrau in einem Kommodenkasten. Diese Reste wollen wir uns noch einmal heraussuchen. Da ist ein Stück grüner Stoff von Lieschens Sommerkleid und dort ein Rest von Muttis blauer Bluse. Hier findet sich noch ein Stück weißen Linnens und dort roter, gelber oder schwarzer Stoff. Seit Jahren schon liegen diese Reste ungenutzt, vielfach wurden sie vergessen. Heute wollen wir aus ihnen Wimpel nähen … Wimpel haben die Form eines spitzen Dreiecks, dessen schmale Seite wir mit einem Saum versehen, durch den wir eine Schnur ziehen. So reihen wir Wimpel an Wimpel, schon ist die Girlande fertig. Sieht sie nicht schön aus in ihrer Farbenpracht? Sicher werden wir unsere Freude daran haben, wenn die Wimpel lustig im Winde flattern werden.«

Das vorläufige gerichtsmedizinische Gutachten im Fall der Martha Lieboldt wird zeitnah erstellt und konstatiert:

»1. Der Bluterguß im Schläfenmuskel rechts, als auch der Bluterguß in der Wunde in der oberen Hälfte der rechten Schulter mit ungeronnenem Blut, zeigen eine vor dem Tod aufgetretene Verletzungsfolge an.
2. Die Veränderungen in der Halshaut und in der Brustmuskulatur, am Schlüsselbein links, sind auch vor dem Tod entstanden. Die Veränderungen sind als Würgemale zu deuten.
3. Die Befunde am Gehirn können wegen der fortgeschrittenen Fäulnis nicht sicher verwertet werden. Somit sind auch die feinen Blutungen unter der harten Hirnhaut der mittleren Schädelgrube nur bedingt verwertbar.
4. Bei Abstrichen aus der Scheide, aus dem vorderen und hinteren Scheidengewölbe, aus dem Muttermund, aus dem Halskanal und Gebärmuttergrund konnten keine Spermien und Prostatakörperchen gefunden werden.
5. Die Schnittwunde an der Beugeseite des linken Handgelenkes hat zur Durchtrennung der Elle- und Speichenschlagader geführt. Weiterhin sind zwei Sehnen des oberflächlichen Handbeugers durchtrennt.

6. Ein wesentlicher krankhafter Befund, der zum Tode geführt haben könnte, ist an den inneren Organen nicht festzustellen.
7. Der Tod ist durch ein Herzkreislaufversagen, bei dem nicht sicher zu entscheiden ist, ob er reflektorisch durch die Verletzungen ausgelöst wurde, eingetreten.
8. Die Leiche zeigt fortgeschrittene Fäulnis.
9. Auf Verblutung allein ist der Tod nicht zurückzuführen.«

Zur weiteren Untersuchung wurde Magen- und Darminhalt, Urin und Blut entnommen. Eindeutig ist die Todesursache nicht mehr feststellbar. Ein Raubmord, so wie im ersten Augenschein vermutet, ist nicht ausgeschlossen, jedoch nicht zwingend anzunehmen. Nachbarn, Hausbewohner, Kollegen und Bekannte werden von der Polizei vernommen. Wer war die Tote? Wie hat sie gelebt?

»Seit dem Jahre 1934 oder 1936 wohnt die Frau Lieboldt im Hause Augustusburger Straße 246. Ich selbst wohne nebenan und kenne sie seit dieser Zeit sehr gut. Sie war damals, als sie hier einzog, verheiratet, und ihr Mann hat sich 1945 das Leben genommen und zwar durch Erhängen. Da ich Hausvertrauensmann bin, kam Frau Lieboldt oftmals zu mir, sei es mit dem Lebensmittelabschnitt oder mit der Miete oder dergleichen. Es ist mir bekannt, daß sie sehr viel Männerbekanntschaften hatte. Sie machte auch daraus keinen Hehl und erzählte mir oftmals, wenn sie wieder einen anderen Mann hatte. Sie gab mir auch manchmal zu verstehen, daß sie das Leben satt habe und sagte immer, ›wenn Sie wüßten, wie es in mir aussieht‹. Sie sprach auch davon, was man tun muß, wenn man ein Testament machen will. Am Sonnabend, den 19.4.52, gegen 12.00 bis 14.00 Uhr habe ich sie noch gesehen, und zwar war sie auf der Gablenzer Straße. Sie war hier allein. Ich war der Meinung, daß sie zu dem in dieser Straße wohnhaften Ofensetzer gehe, da sie des öfteren davon gesprochen hatte, sich einen neuen Ofen setzen zu lassen. Irgend etwas Auffälliges ist mir dabei an der Lieboldt nicht aufgefallen.«

Lieselotte Ohldorf gibt weiter zu Protokoll: »Seit ungefähr zwei Jahren kenne ich die Frau Lieboldt und bin auch mit ihr freundschaftlich verkehrt, allerdings nicht mit ihr fortgegangen. Ich weiß, daß Frau Lieboldt sehr viele Männerbekanntschaften hatte und nicht sehr wählerisch war. Mit dem Namen kann ich keinen nennen, denn auch Frau Lieboldt wußte meist nur die Vornamen. In der Regel waren es nur ältere Männer, die ich bei ihr in der Wohnung gesehen habe, bis auf einen und zwar war dies der Gunter Mangold, welcher aber nur im vorigen Jahr bei ihr gewesen ist. In diesem Jahr habe ich ihn noch nicht gesehen … Bemerken möchte ich noch, daß Frau Lieboldt am Donnerstag, den 17.4.52 mit der Gertrud Schwendt abends im ›Neuen Heim‹ zum Tanz war. Am Freitag früh erzählte sie mir, daß sie an diesem Abend, als sie mit der Straßenbahn nach Hause fuhr, von einem Mann angesprochen wurde, der sie fragte, ob sie die Trudel kenne. Sie habe dies bejaht und daraufhin sagte der Mann, sie möchte der Trudel ausrichten, daß er am Freitag, gegen 17.00 Uhr zu ihr in die Wohnung käme, um seine Sachen abzuholen. Sein Name wäre Harry. Frau Lieboldt sprach mit der Trudel am Freitagnachmittag davon und diese erklärte, daß es sich um das Sparkassenbuch handeln würde, welches ihr der Mann als Pfand gegeben habe. Weiterhin sagte sie, daß er am Theater am Karl-Marx-Platz arbeiten würde. Frau Lieboldt sagte noch, daß ihr der Harry nicht bekannt sei.« Weiter kann Frau Ohldorf zur Sache nichts angeben. Aber wenn der Mann namens Harry Martha Lieboldt kannte, hat er sie vielleicht später noch mal aufgesucht. Harry kann sie wie folgt beschreiben: »1,68–1,70 m groß, dunkelblondes gewelltes Haar, an den Zähnen ist mir nichts Besonderes aufgefallen. Er trug ein langes, graues, zweireihiges Jackett, die Hosen waren meiner Ansicht nach von gleicher Farbe, vermutlich kariertes Hemd ohne Selbstbinder, ich glaube, er trug Kreppschuhe, genau kann ich dies jedoch nicht angeben. Er hatte ein schmales Gesicht und die Gesichtsfarbe war bleich.«

Gerüchte entstehen schnell. Martha Lieboldt ist ermordet worden? Starb ihre Mutter nicht durch Mord? Erhängte sich ihr Ehegatte selbst? Und in unsaubere Geschäfte war die Lieboldt auch verwickelt, hat doch selbst im Knast gesessen. Und das mit der Schwendt war mehr als ein Mutter-Tochter-Verhältnis, das war Liebe unter Frauen. Und Trudel Schwendt hat keinen guten Ruf. Martha wollte ihr auch nichts mehr borgen.

»Durch die in obiger Vernehmung genannte Frau Ohldorf, Lieselotte, Augutusburger Str. 248 wohnhaft, wurde ein Hinweis auf eine Gertrud Schwendt, Geibelstr. 16 wohnhaft, gegeben, mit dem Bemerken, daß diese evtl. den näheren Umgang der Geschädigten kenne. Die Schwendt gab an der Arbeitsstelle befragt an, daß sie den Verdacht auf einen jungen Mann habe, den sie vor einiger Zeit bei der Geschädigten gesehen habe. Die Personenbeschreibung, die sie von dieser Person gab, stimmt genau mit der überein, die die Zeugin Ohldorf gegeben hat. Die Schwendt gab an, daß sie lediglich weiß, daß diese Person mit Vornamen Harry heißt und vermutlich in der Gegend der Geschädigten wohnt. Aus diesem Grunde wurde das 2., 3. und 7. VP-Revier angewiesen, alle Personen mit dem Vornamen Harry, die in der Zeit von 1929 bis 1936 geboren wurden, namentlich aus den Hauslisten festzuhalten. Desgleichen wurde die Beschuldigtenkartei der Abteilung K des VPP Chemnitz ebenfalls eingesehen und aus ihr die betreffenden Beschuldigten mit dem Vornamen Harry herausgezogen. Zweck dieser Maßnahme sollte sein, den Täterkreis einzuengen und den Zeugen die Lichtbilder der Betreffenden zwecks Wiedererkennung vorzulegen.«

Polizisten befragen Nachbarn, Kollegen, zufällige Zeugen. Harry wird zur Fahndung ausgeschrieben. Die Zeitungen veröffentlichen die Personenbeschreibung und bitten die Bevölkerung um Unterstützung. »Bei der Überprüfung der Meldesowie Beschuldigtenkartei wurden ca. 70 Personen mit dem Vornamen ›Harry‹ ermittelt. Hierauf wurden die Antragsbogen für den Personalausweis gezogen und die darauf enthaltenen Lichtbilder der Zeugin Schubert sowie Schwendt zwecks Wiedererkennung vorgelegt. Beide Personen erklärten, daß die Person des gesuchten Harry nicht dabei sei. An der Arbeitsstelle der Geschädigten konnte nichts Wesentliches in Erfahrung gebracht werden, lediglich, daß sie am Sonnabend, den 19.4.52, 96 DM Krankengeld abgeholt hat.«

Manch eine sah vielleicht den Mörder. »Eine in der Augustusburger Str. 248 wohnende Frau Schneider gab an, daß sie am fraglichen Tage, nämlich am 19.4.52, gegen 18.40 Uhr, mit der Straßenbahn stadteinwärts gefahren sei. Sie sei im Anhängerwagen gesessen, als eine männliche Person aus dem Hause Augustusburger Str. 246 gelaufen kam und auf die bereits in Fahrt befindliche Straßenbahn aufgesprungen sei. Die Person wäre auf dem hinteren Perron des Anhängers stehen geblieben. Allerdings kann sie eine Personenbeschreibung nicht geben. Aufgrund dessen wurde bei der Verwaltung der Straßenbahn (Fahrdienstleiter) nachgeforscht, welche Angestellten in dieser Zeit und auf der Strecke Dienst taten. Weitere Ermittlungen hierüber sind noch im Gange.« Eine weitere Zeugin sah genau denselben Fahrgast, der es sehr eilig hatte. War das der Harry, der die Martha Lieboldt oft besuchte? Selbst nach den Verstorbenen dieses Namens wird gesucht, doch der Mann namens Harry bleibt Phantom.

Medial »senken sich die Fahnen vor den toten Kumpeln«. Die Rettungsmaßnahmen am Martin-Hoop-Schacht IV stehen »unter der persönlichen Leitung des Staatssekretärs für Kohle und Energie, Max Fritsch, der zusammen mit Funktionären der Sozialistischen Einheitspartei Deutschlands, der Gewerkschaft und Werkleitung, immer wieder einfuhr, um an Ort und Stelle zu helfen. Die gesamte Bevölkerung des Zwickau-Oelsnitzer Steinkohlereviers, darüber hinaus alle Werktätigen in Ost und West unseres deutschen Vaterlandes verneigen sich in tiefer Trauer vor unseren toten Helden.« Staatspräsident Wilhelm Pieck sendet dem sächsischen Ministerpräsidenten Max Seydewitz einen Beileidsbrief, in dem er schreibt: »Sorgen Sie bitte für eine gute soziale Betreuung der Hinterbliebenen und für die beste ärztliche Behandlung der verletzten Bergleute. Ich bitte Sie, den Angehörigen der tödlich verunglückten Bergarbeiter mein tiefempfundenes Beileid zu übermitteln. Den bei dem Unglück verletzten Bergleuten wünsche ich baldige Genesung. Übermitteln Sie bitte, Herr Ministerpräsident, den Rettungsmannschaften meinen herzlichen Dank für ihren tapferen und selbstlosen Einsatz bei der Rettung ihrer verunglückten Kollegen.« Beileidstelegramme folgen vom ZK der SED, der Staatsregierung der DDR, aus dem In- und Ausland. Hilfsgelder werden angewiesen, Unterstützung zugesagt. Die Bevölkerung spendet. Sanatorien in den schönsten Gegenden halten Betten vor. Betriebe stellen Ferienplätze für Kinder und die Hinterbliebenen zur Verfügung.

Mindestens 47 Kumpel kamen beim Unglück ums Leben. Staatstrauer wird am 23. April, dem Tage ihrer Beerdigung, angeordnet. Nicht nur das Steinkohlerevier Zwickau-Chemnitz, das Land ist tief betroffen und trauert.

Die Umstände, die zum Tod der Martha Lieboldt führten, sind noch immer ungeklärt. Jedoch ergeben sich neue Facetten im Charakter des Opfers. Martha Lieboldts jüngere Schwester Grete sagt aus: »Als ich im 5. Lebensjahre stand, verlor ich meine Mutter, weil mein Vater im Verlaufe einer Auseinandersetzung diese mit einem Holzscheit verletzte, an deren Folgen sie kurze Zeit später im Krankenhause verstorben ist. Mein Vater wurde zu einer längeren Zuchthausstrafe verurteilt. Aus diesem Grunde wurden die fünf kleineren Geschwister zu fremden Personen in Pflege gebracht. Von allen Geschwistern war ich mit meiner Schwester Martha Lieboldt am engsten in Verbindung, welche auch bis in die spätere Zeit anhielt. Mir ist bekannt, daß meine Schwester Martha Lieboldt mit einem gewissen Hansmann in Markneukirchen verheiratet war. Insgesamt entstammen dieser Familie vier Kinder, wovon noch zwei am Leben sind. Die vollständigen Personalien des Hansmann sind mir nicht bekannt, ich weiß aber, daß er noch in Markneukirchen wohnhaft sein soll. Die Begründung der Ehescheidung ist darin zu suchen, daß meine Schwester Martha unerlaubte Beziehungen zu anderen Männern unterhalten hat. Die Ursache des Selbstmordes des zweiten Ehemannes meiner Schwester ist ein politisches Motiv gewesen, da dieser damals der NSDAP angehört hat.

Seit 1948 bin ich wieder verheiratet, und seit diesem Zeitpunkt kam meine Schwester Martha Lieboldt nur noch sehr selten zu mir. Ich weiß, daß sie vor und nach dieser Zeit vorwiegend mit einem gewissen Gunter Mangold, sowie dessen damaliger Braut, die in der Nähe von Adelsberg wohnte, verkehrt ist. Außerdem hatte sie noch Verbindung zu einer männlichen Person namens Franz, Familienname unbekannt, jetzt ca. 39 Jahre alt, sowie Neubert, Vorname unbekannt, vermutlich Eck- oder Hauboldtstr. Die Adresse des Franz dürfte dem Mangold, Gunter, bekannt sein. Bei dem Neubert handelt es sich um eine Person, welche etwa 1946/47 einen Einbruch bei meiner Schwester Martha Lieboldt ausgeführt hat. Weitere Bekanntschaften männlicher oder weiblicher Personen bis auf verschiedene Hausbewohner sind mir nicht bekannt geworden. Eine männliche Person mit dem Vornamen ›Harry‹ kann ich nicht angeben. In der Vergangenheit habe ich meine Schwester Martha Lieboldt stets als einen sauberen, ordentlichen und lebenslustigen Menschen kennengelernt. In sexueller Beziehung war sie stark ausgeprägt und demzufolge hatte sie auch einen größeren männlichen Bekanntenkreis. Vorwiegend liebte sie den Umgang mit jüngeren Männern, da ihr diese mehr zusagten. Für diese Personen hatte sie auch alles übrig und war in keiner Weise geizig veranlagt. Hierbei möchte ich erwähnen, daß sie auch mit einem gewissen Weigel, Heinz, wohnhaft Gablenz, verheiratet, beschäftigt als Gewerkschaftsfunktionär, ein Verhältnis unterhalten hat. Mit diesem Weigel hatte sie die Absicht, eine Ehe einzugehen, was sich jedoch in nachfolgender Zeit zerschlagen hat.

In der Vergangenheit war meine Schwester Martha niemals ernsthaft krank gewesen, d. h. bis auf kleinere Magenbeschwerden, welche aber auf ihre körperliche Konstitution keinen Einfluß hatten. Mir wurde bekannt, daß meine Schwester Martha sehr oft in den Gaststätten ›Jägerhof‹, ›Friedensburg‹, ›Kelch‹ und ›Neues Heim‹ verkehrte. Von ihrer Arbeitsstelle AG-Marten lief meine Schwester Martha bis zur Straßenbahnhaltestelle 7 und fuhr von dort aus bis vor ihr Wohngrundstück. Hin und wieder wurde von meiner Schwester Martha geäußert, daß sie die Absicht habe, einen Selbstmord zu begehen, was ich aber aufgrund ihrer Charaktereigenschaft niemals als ernst auffassen konnte.

Als ich beim Begräbnis meiner Schwester zugegen war, sah ich u. a. ein jüngeres Mädchen, wobei ich mich nicht des Eindrucks erwehren konnte, daß möglicherweise meiner Schwester mit dieser bzw. mit anderen weiblichen Personen lesbische Beziehungen unterhalten hat. Dies ist lediglich eine Annahme von mir, und ich habe keine Beweise, die diese Annahme rechtfertigen könnten. U.a. soll dieses junge Mädchen, wie mir zugetragen wurde, geäußert haben, daß die Volkspolizei nicht alles zu wissen braucht. Dies erzählte mir mein Schwager.

Mir ist nicht bekannt, dass meine Schwester Martha im Besitze eines Sparbuchs gewesen ist, sondern daß sie einen schwankenden Geldbetrag stets als Rücklage in der Wohnung aufbewahrte. Am Tage des Begräbnisses erzählte mir Frau Ohldorf, daß sie während der Abwesenheit meiner Schwester ihr das Essen gekocht habe. Ob sie zu diesem Zwecke den vorhandenen Schlüsselbund mit den Wohnungsschlüssel ausgehändigt bekommen hat, kann ich nicht angeben und habe dies auch nicht gesprächsweise in Erfahrung bringen können. Abschließend möchte ich bemerken, daß mir die Ohldorf nach dem Tode meiner Schwester Martha zwei Sicherheitsschlüssel von deren Wohnung ausgehändigt hat, die sie angeblich im Keller meiner Schwester beim Aufräumen gefunden habe. Weitere Angaben, die zur Aufklärung einer strafbaren Handlung dienen könnten, kann ich nicht machen. Vorstehendes entspricht der Wahrheit«, sagt Grete und unterschreibt das Protokoll.

Marthas ältere Schwester Marga meint: »Infolge persönlicher Auseinandersetzungen mit meiner Schwester bin ich in den letzten vier Jahren nicht mehr zu ihr in die Wohnung gegangen, auch wurde ich von ihr in meiner Wohnung nicht aufgesucht. In der zurückliegenden Zeit beschäftigte sich meine Schwester Martha u. a. auch mit Schiebergeschäften, was wir nicht gern gesehen haben. Meine Schwester Martha kann ich als eine saubere, ordentliche und arbeitsame Person schildern, welche aber auf sexuellem Gebiet ein sehr ausschweifendes Leben geführt hat. In der Familie war allgemein bekannt, daß zahlreiche weibliche und männliche Personen bei ihr übernachtet haben.«

Zum geschiedenen Ehemann und ihren Kindern in Markneukirchen pflegte Martha Lieboldt keinen Kontakt. Selbst der zu ihren Schwestern ist sehr selten. Martha Lieboldt besaß keine Familie, nur Freunde.

Genauer daraufhin befragt, sagt Hertha Schubert, die im Stockwerk unter Martha Lieboldt wohnt: »Ich wohne seit etwa 4 Jahren im Hause Augustusburger Str. 246. Seit dieser Zeit kenne ich auch die Frau Lieboldt. Ich habe etwa zwei Jahre lang mit ihr freundschaftlich verkehrt, zog mich aber dann zurück, weil mir ihr Männerverkehr zuviel wurde.

Am Freitag, den 18.4.1952, gegen Mittag, fragte sie mich, ob es schon Geld gäbe, worauf ich antwortete: ›Nein, erst am Montag.‹ Sie hat nämlich seit Weihnachten den Krankenschein. Am Sonnabend, den 19.4.1952, habe ich sie kurz vor 15.00 Uhr kommen sehen. Sie stieg aus der Straßenbahn und war nach meinem Dafürhalten schon etwas beschwipst. Ich habe aber nicht mit ihr gesprochen. 1/2 Stunde später habe ich im Hausflur Fenster geputzt. Zu dieser Zeit kam ein junger Mann die Treppen schnellen Schrittes nach oben, und ich hörte, wie er bei Frau Lieboldt klingelte. Gleich darauf öffnete sich die Tür. Kurz darauf kam die Frau Ohldorf, die auch oft bei ihr verkehrt, und ich hörte auch an der Tür von Frau Lieboldt Lachen, aber Frau Ohldorf scheint nicht in der Wohnung gewesen zu sein, denn sie ging gleich darauf wieder. Anschließend kam eine gewisse ›Trudel‹, welche in der Geibelstraße wohnt. Sie wurde aber ebenfalls nicht in die Wohnung gelassen und ging gleich wieder.« Auch Hertha Schubert kann den Mann beschreiben, den Martha Lieboldt zur Tatzeit in ihre Wohnung ließ: »Ich schätze ihn auf höchstens 21 Jahre, etwa 1,65–1,68 m groß, er trug einen hellen Anzug, hatte einen grauen Hut auf, trug braune Schuhe, meiner Ansicht nach waren diese mit Kreppsohlen. Er hatte ein schmales Gesicht und trug bei sich noch eine braune Aktentasche.« Aus der Wohnung hat die Zeugin diesen Mann nicht wieder gehen sehen. Und ob der Harry heißt, das weiß Hertha Schubert nicht.

Nähere Angaben macht jetzt doch Marthas sehr enge Freundin Gertrud Schwendt. Sie ist jung, erst 23. Mit ihr ist Martha Lieboldt sehr oft unterwegs gewesen. »Im vorigen Jahre im August kam ich nach Chemnitz. Ich habe hier bei der Firma Marten A.G. die Arbeit aufgenommen. Jetzt bin ich bei der Firma Schrottverwertung VEB Berlin, Zweigstelle Chemnitz, beschäftigt. Schon seit meinem Aufenthalt in Chemnitz kenne ich die Frau Lieboldt. Sie war bei der ersten Firma mit mir beschäftigt. Wir sind dann oftmals zusammen fortgegangen, hauptsächlich in der letzten Zeit. Dabei wurden, wie das so ist, auch Männerbekanntschaften gemacht, sowohl bei der Martha als auch bei mir. Ich möchte bemerken, daß die Martha in dieser Angelegenheit nicht gerade wählerisch war. Ich weiß, daß viele Männer bei ihr in der Wohnung aus- und eingingen. Mit Namen kann ich allerdings keine nennen, da ich diese nur gesprächsweise von der Martha erfahren habe. Vor etwa 3–4 Wochen kam ich auch einmal zu ihr in die Wohnung. Es war gegen Abend, und da war auch ein Mann bei ihr im Zimmer. Dieser Mann ging aber nach meinem Erscheinen gleich wieder. Etwa eine Woche später war ich wieder bei ihr, und wir wollten zusammen ausgehen. An der Endstelle 7 vor der Wohnung der Martha, stieg dann dieser junge Mann, den ich vorher bei ihr im Zimmer gesehen hatte, in die Straßenbahn. Ich saß im Inneren des Wagens, während Martha mit dem jungen Mann auf dem Perron stehen blieb. Zusammen gingen wir dann in den ›Jägerhof‹. Dort saß dieser junge Mann nicht mit an unserem Tisch, sondern er lief immer umher. Dadurch, daß Martha diesen jungen Mann mit ›Harry‹ begrüßte und anredete, war mir bekannt, daß er so heißt. Seit dieser Zeit habe ich diesen Harry nicht mehr gesehen. Bemerken möchte ich, daß ich mit Martha später noch einmal in die Gaststätte ›Neues Heim‹ gegangen bin. Hier war dieser Harry aber nicht mit dabei, sondern er blieb im ›Jägerhof‹.« Auch Gertrud Schwendt kann Harry beschreiben. Auch ihre Aussage deckt sich mit der der anderen Zeuginnen: etwa 1,68–1,70 m groß, dunkelblondes, gewelltes Haar. Dunkles Jackett und Hosen von gleicher Farbe. Hemd ohne Schlips. Schuhe mit Kreppsohlen. Gesicht nicht dick. Gesichtsfarbe hell. »Martha äußerte wohl einmal, wenn ich mich recht entsinne, daß dieser Harry vom Westen gekommen wäre und er wahrscheinlich nach dort will, aber kein Geld hat. Am Freitag, den 18.4.1952, habe ich Martha das letzte Mal gesehen und zwar bei der Frau Ohldorf. Es muß gegen 16.00 Uhr gewesen sein. Sie hatte eine Karte Speisemarken von der Wismut A.G. bei sich und wir gingen an diesem Tage nach dem ›Palmengarten‹ essen. Gegen 20.00 Uhr waren wir dann bei mir an der Wohnung und hier verabschiedeten wir uns. Vorher verabredeten wir noch, am Sonnabend, den 19.4.52, gemeinsam auszugehen. Martha kam aber nicht. Um 16.00 Uhr bin ich dann zu ihr in die Wohnung gegangen. Ich hörte laute Radiomusik in ihrem Zimmer und klopfte an die Tür. Es meldete sich jedoch niemand, sondern ich hörte nur Schritte, und gleich darauf spielte das Radio nicht mehr. Ich habe noch eine Weile gewartet, auch angeklopft und gerufen, es wurde jedoch nicht geöffnet, sondern im Zimmer war eine auffällige Ruhe eingetreten. Frau Schubert aus dem Hause sagte mir noch, daß ein junger Mann drinnen ist, den sie die Treppe hat hochgehen sehen. Ich bin dann nach Hause gegangen.« Sahen die beiden Frauen den Mörder? Klopfte Gertrud Schwendt in dem Moment, als Martha Lieboldt getötet wurde? Das Radio stellte in der Wohnung einer leiser, als Gertrud Schwendt davorstand. Aber es war nicht ungewöhnlich, dass Martha Lieboldt ihre Tür verschlossen hielt, wenn sie Besuch empfing.

Allerdings sagten die Betreiber des Lebensmittelladens, sie sollten auf Martha Lieboldts Namen nicht mehr borgen. »Kurz vor dem Ableben der Frau Lieboldt borgte sich die Gertrud Schwendt bei uns fünf Zigaretten auf den Namen der Lieboldt. Sie ist uns dadurch bekannt, daß sie ab und zu dieses Ansinnen an uns stellte, ihr Lebensmittel gegen spätere Bezahlung abzugeben. Sie ist uns als schlechte Bezahlerin bekannt. Sie unterhielt mit der Lieboldt engere Beziehungen und erzählte uns einmal, daß die Lieboldt ihr wie eine richtige Mutter sei.« Waren die Frauen übers Geld in Streit geraten? Aber warum zog sich dann Martha Lieboldt aus? Ihre Sachen lagen ordentlich auf dem Sessel neben dem Sofa. Die Umstände wirkten nicht, als sei die Tat im Streit verübt.

Gertrud Schwendt sind die Gerüchte über sie bekannt. Sie geht nicht auf sie ein. Ja, sie habe sich auf dem Namen ihrer

Freundin ab und zu geborgt. Ja, die Martha hatte nichts dagegen. Gestritten haben sie sich nicht. Gertrud Schwendt hat die Freundin den ganzen Sonnabend nicht gesehen, sie klingelt tags drauf erneut bei ihr. »Am Sonntag, also am nächsten Tage, gegen 10.00 Uhr, ging ich wieder zu Martha, klopfte und klingelte, es meldete sich aber wieder niemand. Vom Hof aus sah ich, daß das Rollo heruntergezogen war. Bemerken möchte ich, daß ich diese Wahrnehmung schon am Sonnabend machte. Ich ging zu Frau Ohldorf und fragte diese, ob sie nicht wüßte, wo die Martha wäre. Sie sagte, daß sie selbst schon einige Male bei ihr gewesen sei und niemand geöffnet habe. Wir nahmen nun an, daß sie schläft. Am Montag, den 21.4.52, gegen 16.00 Uhr, bin ich wieder zu Martha gegangen, ich möchte mich berichtigen, ich war bei der Frau Ohldorf in der Wohnung. Diese suchte bereits mit einer anderen Frau, die in der Kreerstraße wohnt, die Martha. Später haben wir dann die Wohnung durch die Polizei öffnen lassen, und Martha auf dem Sofa liegend vorgefunden.«

Männer, die mit Martha Lieboldt schliefen, gibt es viele. Manche kann die Polizei identifizieren. »In der Zeit vom Herbst 1949 bis etwa Ende Juli 1950 unterhielt ich mit der Lieboldt, Martha, ein intimes Verhältnis, wobei ich auch des öfteren in ihrer Wohnung weilte. Die Lieboldt lernte ich zur damaligen Zeit in dem Lokal ›Helbersdorfer Gasthaus‹ in Chemnitz kennen. Erst später erfuhr ich, daß die Lieboldt wesentlich älter war als ich, und aus diesem Grunde brach ich die Beziehung im Juli 1950 zu ihr ab. Zum Zeitpunkt des Kennenlernens war ich noch mit meiner 1. Frau Lieselotte, geb. Kühn, verheiratet. Die Scheidung erfolgte im Februar 1950. Während des Bekanntseins mit der Lieboldt konnte ich feststellen, daß diese sehr sauber und ordentlich war, was besonders in ihrer Wohnung zum Ausdruck kam. In sexueller Beziehung muß ich sie als leicht und temperamentvoll bezeichnen. Sadistische Regungen in dieser Hinsicht konnte ich nicht feststellen, jedoch wurde von ihr u. a. auch französische Liebe ausgeführt.«

Gunter Mangold vom Theater galt als lang mit ihr befreundet, er wird befragt. »Bei der Durchführung des GV tagsüber legte die Lieboldt ihre Bekleidungsgegenstände vornehmlich und ordnungsgemäß über die Sessellehne in der Nähe der Couch. In keinem Falle weiß ich, daß sie ihre Sachen unordentlich ablegte.« Das spricht für intime Handlungen im gegenseitigen Einverständnis vor dem Tod, denn auch am Tatort lag Martha Lieboldts Kleidung ordentlich gefaltet überm Sessel. »Periodenerscheinungen hatte die Lieboldt nicht mehr. Hinzufügen möchte ich, daß die Lieboldt eine braune Wolldecke hatte, welche ähnlich einer Kamelhaardecke aussah. Diese wurde entweder im Schlafzimmer oder in der Wohnküche auf der Couch aufbewahrt. Die Decke wurde auch verschiedentlich zum Zudecken verwendet, wenn sie sich auf die Couch legte.« Seine geschiedene Frau habe die Lieboldt nicht belästigt, sagt Gunter Mangold. Widersprüche können die Kriminalisten weder bei Mangold noch bei den andern Zeugen ermitteln.

Die Sofadecke – vielleicht das Tatwerkzeug, denn der Gerichtsmediziner nimmt mit Sicherheit an, »daß die Pulsaderöffnung nicht die Todesursache war, sondern, daß das Opfer erwürgt und später mit einem Kissen erstickt worden ist.« Raubmord ist immer wieder die Arbeitshypothese der Ermittler. Martha Lieboldt wurde wahrscheinlich von einem ihrer Liebhaber und Kunden getötet. Vielleicht nämlich waren Waren von Wert in der Wohnung. Denn »in den Jahren 1945 und später wurden von der Lieboldt kleinere Schiebereien vorgenommen. Es drehte sich dabei hauptsächlich um Strümpfe, Punktkarten usw. Es soll auch ein Vorgang bei der Polizei anhängig geworden sein, wobei die Strafe in Geldstrafe und Bewährungsfrist umgewandelt worden ist. Das kann möglicherweise im Jahre 1947 gewesen sein«, weiß die Hausvertrauensfrau. Handelte die Lieboldt noch immer mit Mangelgütern, Waren, die in der DDR der Handel selten anbot oder gar nicht?

»Es ist richtig, daß sich die Lieboldt in den vergangenen Jahren mit Schiebergeschäften befaßt hat, u. a. verkaufte sie Butter, Kakao, Wäsche, Kleiderkarten usw. Sie wurde dieserhalb auch bei der Volkspolizei anhängig und bekam, soweit mir bekannt ist, eine Geldstrafe, die wahrscheinlich noch nicht bezahlt worden ist. Seit dieser Bestrafung hat sie sich nicht mehr mit diesen Dingen befaßt«, sagt Nachbarin Hertha Schubert.

Martha Lieboldt handelte nicht immer nach den sozialistischen Gesetzen. »In der Zentralkartei des VPKA Chemnitz konnte in Erfahrung gebracht werden, daß vier Vorgänge einliegen, in welchen die Lieboldt mit genannt wird. Es handelt sich um die Vorgänge

II 4040/45 – wegen Diebstahl
II 4552/46 – wegen Einbruch
II 2328/47 – wegen Holzdiebstahl und
171/50 – wegen Schieberei.

Bei den beiden erstgenannten Vorgängen ist die Lieboldt als Geschädigte aufgeführt. In den nachgenannten Vorgängen ist sie als Beschuldigte festgehalten, wobei sie im Vorgang Tgb.-Nr. 171/50 mehrere Tage in Haft behalten werden mußte. Außer diesem Vorgang konnten keine weiteren Vorgänge zur Auswertung beigezogen werden, da diese bereits an andere Institutionen abverfügt worden sind.«

Und, so sagt die Hausvertrauensfrau: »Es war allgemein bekannt, daß in den vergangenen Jahren Mangelware bei der Lieboldt käuflich zu erwerben war. Da ich aber erst seit Oktober 1951 in diesem Hause wohnhaft bin und dies nur gesprächsweise von meinen Schwiegereltern erfahren habe, kann ich darüber keine konkreten Angaben machen.« An Schwarzmarktgeschäften hatte Martha Lieboldt verdient, und sie empfing auch »provokatorische und unserem Aufbau negativ gegenüberstehende Menschen«. Überhaupt sei sie nicht dem Sozialismus linientreu, weiß mancher. Martha Lieboldt eine Agentin im Dienste der Bonner Ultras?

1952 herrschte in Deutschland Kalter Krieg. Staatsfeinde, die den Aufbau des Sozialismus zu verhindern suchten, witterte die DDR-Regierung überall. Schieber und andere Straffällige waren vom westlichen Regime gesteuert, das es darauf anlegte, das neue Deutschland zu vernichten. Wie McCarthy in den USA aller Orten Spione des Kommunismus vermutete und fand, fühlte sich die DDR an sensiblen Stellen von westdeutschen Agenten unterwandert. Viele, die mit Falschaussagen und fragwürdigen Indizien zu Geständnissen gepresst und dann verurteilt wurden.

Auch das Grubenunglück im Zwickauer Martin-Hoop-Schacht IV war offiziell eine Tat von Saboteuren. So wurden »acht leitende Angestellte der Steinkohleindustrie in der Deutschen Demokratischen Republik als Organisatoren und Initiatoren einer der bisher größten Schädlingsgruppen in der Industrie der Deutschen Demokratischen Republik festgenommen. Sie haben im Auftrage der amerikanischen und deutschen Imperialisten unter Mißbrauch ihres technischen Wissens, des ihnen von der Regierung der Deutschen Demokratischen Republik geschenkten Vertrauens und aller ihnen entgegengebrachten Möglichkeiten zur Entfaltung einer schöpferischen Initiative 1947 eine systematische Schädlings- und Spionagetätigkeit auf dem Gebiet der Steinkohleproduktion durchgeführt und damit der Deutschen Demokratischen Republik erheblichen Schaden zugefügt. Die früher leitenden Angestellten der kapitalistischen Monopole in den Werken der oberschlesischen Steinkohleindustrie sabotierten die Bemühungen der Regierung um die ständige Verbesserung des Arbeits- und Gesundheitsschutzes im Steinkohlebergbau und sind schuldig an Unglücksfällen im Zwickau-Oelsnitzer Kohlenrevier… Unter Missachtung aller grundsätzlichen bergbautechnischen Regeln veranlassten sie die vorzeitige Inbetriebnahme des Martin-Hoop-Schachtes IV unter der Vorgabe, das Soll erfüllen zu müssen, obgleich die technische Kapazität der Werke nicht ausgelastet war. Die Pläne der Hintermänner des ›Tages X‹, deren Interessen sie vertreten, werden besonders klar, angesichts des Eingeständnisses, ›das aus guter Kohle bestehende riesige Nordostfeld stehengelassen zu haben. Es sollte unausgenützt bleiben, bis die Amerikaner da sind‹, d. h. bis zur geplanten Eroberung der DDR.«

Auf den Klassenkampf verweisen auch die Losungen zum 1. Mai des Jahres 1952. »Gegen die Politik der Spalterregierung Adenauers, die freie und geheime Wahlen zu verhindern sucht! Gegen die Clique der Bonner Militaristen und Revanchisten, die einen neuen Krieg vorbereitet und gegen einen Friedensvertrag mit Deutschland ist!«

Staatsfeindliche Äußerungen waren von Martha Lieboldt nicht geäußert worden, zumindest können sich die Zeugen nicht erinnern, solche von ihr gehört zu haben. Auch galt Martha als gute und zuverlässige Arbeiterin, war kollegial und herzlich. »Sie war den im Hause wohnenden Kindern gegenüber sehr freigiebig veranlagt.« Und wenn es zum Streit kam, war er schnell vergessen.

»Die Lieboldt neigte dazu, sich über unangenehme Dinge schnell hinwegzusetzen. Es kam jedoch auch vor, daß sie schlechtgelaunt war, und in diesem Zusammenhange tat sie wohl die Äußerung, daß sie das Leben oft satt habe. Meine inzwischen verstorbene Mutter teilte mir einmal mit, daß die Lieboldt zu ihr einmal gesagt habe, daß sie nicht auf den Schluß ihres Lebens warten wolle, d. h. mit anderen Worten, daß sie sich einmal das Leben nehmen werde. Trotz ihres schlechten Lebenswandels besaß die Lieboldt keinen schlechten Leumund und Charakter … Kurze Zeit vor ihrem Ableben unterhielt ich mich mit ihr über das Aufsetzen eines Testamentes, wobei mich die Lieboldt fragte, wie dies gehandhabt werden muß. Sie brachte dabei zum Ausdruck, daß ihre Verwandten nichts erhalten würden, war sich aber noch nicht im klaren, wer diese Erbschaft bzw. ihre Hinterlassenschaft erhalten sollte. Verschiedentlich gab sie an, daß sie es satt habe, wobei sie gleichzeitig eine Handbewegung nach dem Halse machte.« Einen Selbstmord schließen die Indizien nicht aus. Hat sich Martha Lieboldt selbst getötet?

Auch deswegen »wurde der praktische Arzt Dr. med. Heller in der Städt. Poliklinik 1 in Chemnitz aufgesucht, welcher die Lieboldt während ihrer Krankheit behandelt hatte. Dieser gab auf Befragen an, daß die Lieboldt lediglich an nervösen Störungen gelitten hatte. Von einer Kehlkopfentzündung, wie sie auf dem Gesundheitsbogen im Betrieb vermerkt war, hat Dr. Heller nichts festgestellt. Sie habe lediglich im Januar 1952 eine leichte Bronchitis gehabt, die aber nach einigen Tagen wieder geheilt werden konnte. Dr. Heller betonte weiter, daß die Krankheit der Lieboldt nicht so ernst war, daß sie hätte aufgrund derselben Selbstmord verüben können. Sie habe eher die Krankheit als Grund zum Bummeln benutzt, da ihr die Arbeit in der Fa. A.G. Marten aufgrund ihres Alters zu schwer war. In ihrem Wesen sei die Lieboldt aber im großen und ganzen sehr nett und vor allem sehr hilfsbereit gegenüber ihren Mitmenschen gewesen. Auch habe sie viel Umgang mit Männern gehabt. Die älteren Männer habe sie wahrscheinlich in bezug auf Unterstützung ausgenützt, während sie jüngere Männer ihrerseits unterstützte.«

Der polizeiliche Überarbeitungsbericht vom 27.8.1952 hält fest: »Nach der nochmals vorgenommenen Durcharbeitung des Vorganges Mordsache Lieboldt, Martha, Tgb.Nr. 1928/52 VPP Zwickau Az. IIIc - AR 188/52 der St.A. Chemnitz von der MK Chemnitz in Verbindung mit den geführten Rücksprachen der ehem. MK Zwickau und dem Komm. C1 Chemnitz ergeben sich Anhaltspunkte, welche eine Fortführung der Ermittlungen in Richtung eines Selbstmordes ebenfalls gerechtfertigen. Die von der MK Zwickau aufgestellten Ausführungen von Beweismitteln, welche ausschließlich nur auf ein Verbrechen hindeuten, können vorläufig nicht weiter aufrecht erhalten werden, da sie gleichfalls den Schluß zulassen, daß ein Selbstmord nicht ausgeschlossen ist, trotzdem vermutlich verschiedene Sachen bzw. Gegenstände aus der Wohnung nicht mehr vorhanden sind. Die Möglichkeit einer Veräußerung der bestimmten Gegenstände wurde noch nicht überprüft.

In der Zusammenfassung wurde festgestellt, daß die Totenflecke der Leiche Lieboldt darauf schließen lassen, daß eine Veränderung der Leiche nach Todeseintritt nicht erfolgt ist.

Die vor dem Tod entstandenen Verletzungsfolgen an der Halshaut sowie der Brustmuskulatur können von hier aus nicht als typische Würgemerkmale angesehen werden. Aufgrund dessen, daß die Lieboldt eine Neigung zum Sadismus hatte, ist die Frage der Beibringung der Verletzungen durch eigene Hand noch besonders zu überprüfen. Dergleichen ihre Äußerungen in bezug auf einen Selbstmord. Besonders ist zu bemerken, daß bei der Obduktion keinerlei Hinweise und Vorhandensein von Sperma festgestellt werden konnten. Die im Sektionsprotokoll aufgeführte Todesursache, Tod durch Herzkreislaufversagen, läßt gleichfalls mehrere Möglichkeiten offen.

Das vom ED der MK Zwickau im Bildbericht Bl. 28 d.A. angeführte objektive Beweismittel Streichholz kann vorläufig nicht als objektiv gelten, weil eine völlige Sauberkeit der Oberfläche in jedem Fall möglich ist, wenn das Ausspritzen oder Auslaufen von Blut aus einer Wunde, vornehmlich aber bei der Beweglichkeit des Armes, mehrere Abspritz- oder Auslaufrichtungen zuläßt. Durch die Tragfähigkeit des Holzes (teils auch durch die Imprägnierung) wird durch eine Umspülung von einer Flüssigkeit das Holz gehoben, so daß eine Beschmutzung der Oberfläche nicht eintritt. Infolge der abgebrannten Zündfläche (Holzverkohlung – Saugfähigkeit) muß zwangsläufig, wenn diese Erscheinung vorhanden ist, eine mehr oder mindere Beeinflussung vorliegen. In der Sache Lieboldt ist dies jedoch nicht der Fall, wie aus dem Bildbericht ersichtlich ist.

Die Schnittwunde am li. Handgelenk innen dürfte aufgrund ihrer Beschaffenheit nicht nur durch einen Schnitt verursacht worden sein, wie es oft auch bei Selbstmördern der Fall ist. Damit kann aber eine Gewalteinwirkung durch fremde Hand nicht vorgeworfen werden. Die Fingerstellung der re. Hand läßt des weiteren zu, daß das Messer von der Lieboldt selbst geführt worden ist. Blutanhaftungen im Bezirk der betr. Hand sind nicht immer mit Sicherheit vorauszusetzen. Auch in dieser Beziehung sind die Voraussetzungen immer Eventualmöglichkeiten gleichzusetzen.

Trotzdem bei der Sektion Lieboldt am 23.4.52 zwecks histologischer Untersuchung Mageninhalt, Darminhalt, Blut und Urin sichergestellt worden ist, liegt ein entsprechendes Untersuchungsergebnis nicht vor. Deshalb wurde am 22.8.52 mit der Pathologie Chemnitz Frau Dr. Breitscheidt Rücksprache genommen und festgestellt, daß ein Untersuchungsergebnis bisher noch nicht vorgelegen hat. Möglicherweise wurde das Ergebnis nicht an die MK Zwickau bzw. an das Pathologische Institut Chemnitz zur Kenntnisnahme weitergeleitet. Der Arzt Frau Dr. Breitscheidt wurde angewiesen, sofort entsprechende Maßnahmen vorzunehmen und der MK Chemnitz Mitteilung über das derzeitige Untersuchungsergebnis zukommen zu lassen. Das Untersuchungsergebnis wird bei Eingang nachträglich dem Vorgang beigefügt.

Durch die geführten Rücksprachen mit den damaligen Sachbearbeitern können nunmehr die folgenden Lücken bzw. nicht im Vorgang ersichtliche Ermittlungen und Ergebnisse geschlossen werden.

1. Die Lieboldt war Raucherin und hatte die entsprechenden Utensilien wie Streichhölzer, Aschebecher, Zigaretten im Besitz.
2. Ein Testament konnte nicht vorgefunden werden. Es waren auch keine Personen bekannt, welche als Erben der Hinterlassenschaft außer den Verwandten in Frage kamen. Eine direkte enge Verbindung zu den Geschwistern lag nicht vor, sondern diese Bindung war nach den gemachten Zeugenaussagen schon seit längerer Zeit nicht mehr vorhanden.

3. Bei dem Mittel »Globonol« handelt es sich um ein Stärkungs- bzw. Kräftigungsmittel.
4. In den Ermittlungen nach der männl. Person mit dem Vornamen Harry wurden außer den im Vorgang angeführten Gaststätten und Lokale der näheren und weiteren Umgebung einbezogen. Die Ermittlungen verliefen jedoch ohne Erfolg.
5. Ein Einblick in das Wohnzimmer der Lieboldt war auch bei dem nicht heruntergelassenen Rollo nicht möglich.
6. Die bei der Straßenbahn in Chemnitz angestellten Ermittlungen verliefen ebenfalls ohne Erfolg. Hinweise von dem Personal, welches am Tattag die Strecke der Straßenbahnlinie 7 gefahren hat, konnten keine gegeben werden.
7. Ein Vorfinden von Hinweisen oder anderen Anhaltspunkten nach der Auflösung der Wohnung Lieboldt hat nicht vorgelegen. Es gingen in dieser Richtung von Seiten der Bevölkerung auch keine weiteren Meldungen ein, die eine Fortführung der Ermittlungen notwendig gemacht haben.

Aufgrund des vorliegenden Sachstandes machen sich nunmehr weitere Ermittlungen zur Klärung folgender Punkte notwendig.

1. Trotz der inzwischen verflossenen Zeit Befragungen im Haus sowie im Bekanntenkreis der Lieboldt anzustellen, um die Adresse des Harry bzw. eine einwandfreie Personenbeschreibung zu erlangen.
2. Nochmalige Befragung der Betriebsangehörigen der Fa. Marten, Borna, sowie genaue Feststellung anhand von Unterlagen, welcher Bargeldbetrag der Lieboldt kurz vor ihrem Tod ausgehändigt worden ist. Welche Ursache der Arbeitsunfähigkeit lag vor?

3. Ausmittlung des betreffenden Arztes, bei welchen die Lieboldt letztmalig in Behandlung war. Welche Krankheitsursache wurde bei der Untersuchung festgestellt und welche Diagnose wurde auf dem Krankenschein vermerkt? Lag eine Frauenkrankheit vor? Wie lange war die gesamte Krankheitsdauer gewesen?
4. War die Lieboldt im Besitz einer Monatsfahrkarte für die Chemnitzer Straßenbahn oder löste sie gewohnheitsmäßig Einzelfahrscheine?
5. Ermittlungen im Theater in Chemnitz, Karl-Marx-Platz, nach der Person mit dem Vornamen Harry, zum Zeitpunkt der Tat bzw. einige Zeit vorher Holzschraubenfund mit beachten.
6. Nach Möglichkeit feststellen, wo sich d. Lieboldt am Sonnabend, dem 19.4.1952 tagsüber bis zu ihrer Rückkunft in ihre Wohnung aufgehalten bzw. was von ihr an dem betreffenden Tage erledigt oder gekauft worden ist. Die möglicherweise verausgabte Bargeldsumme würde dann von der Summe des im Betrieb erhaltenen Krankengeldes abzusetzen sein. (Likör, Speisen, Getränke, verm. in Gasthäusern, da Angetrunkenheit vorlag), Überprüfung der Frage einer Fischvergiftung, da d. Lieboldt am Tattag Frischfisch eingekauft und verspeist haben soll.

Bei den folgenden Vernehmungen sind noch folgende Fragen zu klären bzw. zu ergänzen:

- Aufführung sämtlicher Bekannten der Lieboldt,
- lagen gesundheitliche Beschwerden oder Krankheiten in der Vergangenheit bzw. in der Gegenwart vor, einschl. das Vorhaben eines Selbstmordes,
- bevorzugte die Lieboldt bestimmte Altersklassen zum GV

und lagen sonstige Verbindungen z. B. Schiebereien zu diesen Personen vor,

- Ausmittlung der Anschrift der Eltern sowie ihrer Geschwister und sonstigen Verwandten, allgemeiner Leumund,
- wie war die Ordnung in den Wohnräumen der Wohnung Lieboldt und wo wurden von ihr (auch bei einem flüchtigen GV) die Bekleidungsgegenstände abgelegt,
- wo lag ansonsten die im Vorgang bezeichnete Wolldecke,
- galt die Lieboldt als freigiebig oder geizig und verborgte sie des öfteren kleinere Geldbeträge,
- welche Verbindung lag zwischen d. Lieboldt und d. Schwendt, Gertrud, jetzt wohnhaft Chemnitz, Leninstr. 148, vor?
- Nochmalige eingehende Vernehmung der Schwendt, Gertrud, und Prüfung, ob diese evtl. für einen Diebstahl bei der Lieboldt in Frage kommt bzw. ob sie andere Interessen hat, um in der Angelegenheit falsche Aussagen zu machen. Überprüfung des Leumundes der Schwendt, Gertrud.
- Inwieweit war die Lieboldt sadistisch oder masochistisch veranlagt? Feststellung, ob tatsächlich der erste Ehemann der Lieboldt eine dieser sexuellen Neigungen hatte und aus welchem Grunde er Selbstmord durch Erhängen verübt hat.
- Wurde tatsächlich die Mutter der Lieboldt von ihrem Ehemanne durch Beibringung von Schlagverletzungen getötet?
- Ausmittlung der Adresse des Ehemannes, welcher von der Lieboldt geschieden wurde und der derzeit noch in Chemnitz wohnhaft sein soll.
- Erkundigungen über das Vorhandensein eines Sparkassenbuches der Lieboldt sowie die Höhe des Sparguthabens, gegebenenfalls Nachfrage beim Fundamt Chemnitz auch in bezug auf evtl. aufgefundene und abgegebene Schlüssel der Wohnung.«

Fakt: Der Mörder der Martha Lieboldt wird nicht überführt. Aber vielleicht starb sie auch durch eigene Hand. Der Fall bleibt ungeklärt.

Die Schuldigen am Zwickauer Grubenunglück stehen im September 1953 vor Gericht. Der Prozess musste verschoben werden, denn die Ereignisse des 17. Juni 1953 ließen es den staatlichen Organen nicht ratsam erscheinen, ihn im Juni stattfinden zu lassen. Die Genossen kämpften ums Überleben ihrer DDR.

Im Herbst wird die Verhandlung gegen Saboteure zum Sensationsprozess aufgeblasen. Die Medien der DDR berichten ausführlich und in aller Schärfe über die Machenschaften dieser Agenten. Den Angeklagten werden »Spionageverbindungen von Adenauers Schwiegersohn bis zum Harriman-Konzern vorgeworfen«. Der Hauptangeklagte Dr. Otto Fleischer, »mit dessen Vernehmung die Montagsverhandlung begann, gab vor dem Obersten Gericht zu, daß er während der Nazizeit als Leiter einer der größten Steinkohlegruben zugleich verpflichteter Agent der Gestapo war und in deren Auftrag Spitzeldienste leistete. Von den Faschisten wurde er dafür mit dem Kriegsverdienstkreuz ›ausgezeichnet‹. Seine damals praktizierte arbeiterfeindliche Haltung behielt Fleischer auch nach 1945 bei.

Der nach dem Westen geflohene Agent Laby, der es verstanden hatte, sich eine führende Stellung bei der früheren Zentralverwaltung für Brennstoffindustrie zu erschleichen, gab 1945 Fleischer den Auftrag, zur Weiterleitung von allen Berichten, Statistiken und wichtigen Schreiben Zweitschriften anzufertigen. Vor Gericht versuchte der Angeklagte zunächst dieses Verbrechen als einen ›Erfahrungsaustausch‹ zu bemänteln, mußte dann aber zugeben: ›Ich war mir bewußt, daß dies Spionage ist.‹«

Fleischer und die weiteren Angeklagten »bildeten mit Hilfe des Agenten Laby eine organisierte Schädlingsgruppe. Im gleichen Jahre knüpfte Fleischer Verbindung zu dem in Westdeutschland sitzenden Beauftragten des Harriman-Konzerns an, dem er mehrere Patente und vertrauliche technisch-wissenschaftliche Unterlagen zur Verfügung stellte. Im Jahre 1948 nahm Fleischer die Verbindung zu dem Ruhrmagnaten persönlich auf. Unter Ausnutzung einer Dienstfahrt suchte er das Vorstandsmitglied der Ruhrbergbauleitung, Direktor Stephan, auf. Ihm machte Fleischer ebenfalls Spionageangaben. Vor Gericht bestätigte Fleischer seine in der Voruntersuchung gemachte Aussage: ›Stephan gab mir den Auftrag zu versuchen, die Steinkohleproduktion in der Sowjetischen Besatzungszone lahmzulegen, damit die vorhandenen Kohlen den ehemaligen Grubenbesitzern und den daran interessierten Amerikanern erhalten bleiben.‹ Im September 1950 traf Fleischer mit dem Agenten Sabaß, Direktor bei der Kohlenbergbauleitung in Essen und zugleich deren Vertrauensmann zur Adenauer-Regierung, in Verbindung. Auch Sabaß erhielt von Fleischer Wirtschaftsspionagematerial. Zugleich übernahm Fleischer den Auftrag, seine Forschungstätigkeit an der Bergakademie in Freiberg so durchzuführen, ›damit sie auch im rheinisch-westfälischen Bergbaugebiet verwendet werden kann.‹

Als besonders scharfer Ausbeuter und aggressiver Kriegsinteressent ist den Kumpeln in Westdeutschland der Besitzer der Horremer Braunkohlegruben, Wehrhahn, bekannt. Das nimmt nicht Wunder, wenn man weiß, daß Werhahn der Schwiegersohn des Bonner Kanzlers Adenauer ist. Mit diesem Wehrhahn traf sich Fleischer im August 1952. Er gab dabei einen genauen Überblick über die Organisation der Kohlenverwaltung in unserer Republik, die Technisierung des Tagebaus und sicherte die Übersendung weiterer Spionagematerialien zu. Anfang 1952 beauftragte Fleischer einen Vertrauensmann, die als ›Untersuchungsausschuß Freiheitlicher Juristen‹ bekannte imperialistische Agentur in Westberlin aufzusuchen. Da Fleischer in unserer Republik der Boden unter den Füßen bereits zu heiß wurde, wollte er erkunden, welche Möglichkeiten ihm nach einer Flucht aus der DDR in Westdeutschland geboten werden. Fleischer erhielt den Auftrag, sich erst weiter zu ›bewähren‹.

Generalstaatsanwalt Dr. Meisheimer wies darauf hin, daß die Angeklagten nichts mit der schaffenden fortschrittlichen Intelligenz unserer Republik gemein haben. Die Angeklagten sind gekaufte Subjekte imperialistischer Agenturen. Sie haben ihre Schädlingsarbeit geleistet, weil sie verschworene Feinde der Deutschen Demokratischen Republik waren. Durch ihre Handlungsweise haben sie den Verrat an der deutschen Nation und nicht zuletzt auch an der deutschen Intelligenz geübt, die in der Deutschen Demokratischen Republik in ihrer überwältigenden Mehrheit für eine glückliche Zukunft des deutschen Volkes tätig ist.«

Spionen drohte Todesstrafe. Auf Vaterlandsverrat konnte sie bis 1987 verhängt werden. Durch ihre Geständnisse minderten Dr. Otto Fleischer und die sieben mit ihm Angeklagten das Strafmaß. Sie erhielten zwischen fünf bis fünfzehn Jahren Haft.

Bereits während des Prozesses machten Kumpel in der sozialistischen Presse wieder positiv Schlagzeilen und versprachen »Mehr Kohle für die Bevölkerung«: Die IG Bergbau hatte zur Aktivtagung eingeladen. »Im Mittelpunkt der Beratungen stand das Referat des Vorsitzenden des Bezirksvorstandes der IG Bergbau, Kollege Vogel, der über die Aufgaben der Gewerkschaft auf dem Gebiet der Produktionsmassenarbeit zur Verwirklichung des neuen Kurses unserer Regierung sprach. Er behandelte dabei besonders ausführlich die Aufgaben, die zu einem erfolgreichen Verlauf des Massenwettbewerbs ›Mehr Kohle für die Bevölkerung‹, an dem sich alle im Revier liegenden Gruben und Brikettfabriken beteiligen, zu lösen sind. In einem Aufruf forderte die Aktivtagung alle Kumpel, Techniker, Intelligenzler und Angestellten des gesamten Bergbaus der DDR zur breiten Entfaltung der innerbetrieblichen Wettbewerbe durch Übernahme von Produktionsverpflichtungen zur vorfristigen Erfüllung des Jahresplanes auf.«

Im Mordfall Martha Lieboldt ergeben sich bei den Ermittlungen im Jahre 1953 keine weiteren Hinweise. Der abschließende Bericht vermerkt: »Die bisher vorgenommenen Nachbearbeitungen, erneute Vernehmung von zahlreichen Personen, deren Überprüfungen, sowie die nachträgliche Beiziehung der chemischen Untersuchung der inneren Organteile bzw. Flüssigkeiten erbrachten keine Hinweise auf eine bestimmte Person, welche als Täter in Frage kommt. Erschwerend war, daß sich fast alle Personen durch die inzwischen verflossenene Zeit nicht mehr konkret festlegen konnten. Am 29.11. wurde die Schwendt, Gertrud, welche in enger Verbindung zur Lieboldt stand, in einem anderen Vorgang gehört. Gleichzeitig erfolgte eine Befragung in der Sache Lieboldt. Eine nochmalige Vernehmung erscheint nunmehr als nicht erfolgversprechend. Weder die Obduktion der Leiche Lieboldt, Martha, noch die später durchgeführten Untersuchungen auf Giftstoffe bzw. Blutalkoholwert ließen eine Todesursache feststellen. Bei einer evtl. Verhandlung muß also eine einwandfreie Überführung eines Täters ausscheiden, zumal anderes objektives Beweismaterial nicht oder zumindest ungenügend vorliegt. Auf den Bericht der MUK vom 27.8.52 wird im besonderen hingewiesen. Aufgrund des derzeitigen Sachstandes der Akte wird der Staatsanwaltschaft des Bezirkes Chemnitz der Vorschlag unterbreitet, den Vorgang zur Ablage zu bringen. Bis zum Eingang neuer Hinweise werden von der MUK keine weiteren Ermittlungen durchgeführt.«

Und doch wird die Akte Lieboldt noch einmal geöffnet. Im Frühjahr 1957 ist man einem Betrüger auf der Spur. Harry Rüstau hat sich in Chemnitz und anderen Orten des Bezirks von mehreren Personen Geld geborgt und ist nun verschwunden. Die Ermittler erinnern sich des Namens: Harry?

Ein Harry war des Mordes an Martha Lieboldt dringend tatverdächtig. Harry Rüstaus Beschreibung gleicht verblüffend der, welche die Damen vom Verdächtigen einst gaben. Die geschädigten Frauen geben Harrys Vorlieben zu Protokoll. Genau solche Sexualpraktiken bevorzugte auch Martha Lieboldt. Ein Ermittlungsverfahren wird eingeleitet, da »aufgrund eines Hinweises der MUK der BDVP Leipzig der dringende Tatverdacht besteht, daß der o. A. die vorsätzliche Tötung der Lieboldt, Martha, am 19.4.1952 in Chemnitz, Augustusburger Straße 246, begangen hat. Die Einleitung eines Ermittlungsverfahrens gegen die Person des Rüstau erscheint gerechtfertigt.« Jedoch ist Harry Rüstau gegenwärtig »im Westen aufenthältlich«. Nachforschungen in Plauen u. a. Städten, wo er wohnte, finden statt. »Alle seine Verbindungen werden nachgeprüft. Rüstau soll sich selbst der Tat gebrüstet haben, weiß eine Frau von der Schwiegermutter seiner geschiedenen Frau. Rüstau war bereits 1952 verhaftet worden (damals in Zwickau wohnhaft).« Doch konnten ihm Verbindungen zu Martha Lieboldt nie nachgewiesen werden.

Rüstau geriet in den Kreis der Mordverdächtigen aufgrund der Pressenotiz, Aussehen, Lebenswandel und seines Namens: Harry.

Aber Rüstau hat auch jetzt noch keine feste Arbeitsstelle. Er gerät erneut ins Visier durch die Aussage seiner Schwiegermutter: »Anläßlich eines Besuches, den ich meiner Tochter Anna abstattete, als ich mir einen Mantel kaufen wollte, kam ich mit ihr ins Gespräch, und sie erzählte mir, als wir von Rüstau sprachen, daß da bei ihm vor Jahren etwas mit einer Frau vorgefallen sei. Sie sei in Karl-Marx-Stadt umgebracht worden. Ich habe versucht, genaueres von meiner Tochter zu erfahren, aber sie ließ sich nicht näher darüber aus. Sie sagte auch nicht, woher sie den Verdacht habe. Sie sagte nur, daß die Beschreibung, wie das gemacht sein sollte, genau stimme.« Die Polizei nimmt noch einmal Ermittlungen auf. Doch Harry Rüstau ist geflohen und kommt nicht wieder.

Auch Gunter Mangold und andere Liebhaber werden bei Gelegenheit polizeilich kontrolliert. Keinem von ihnen kann die Tat bewiesen werden. Bis ins Jahr 1959 ermittelt die Kriminalpolizei aktiv. 1972 werden die Akten des Falles Martha Lieboldt endgültig geschlossen.

Dr. Otto Fleischer wurde 1960 aus der Haft entlassen, eine Amnestie war Grund dafür: Walter Ulbricht wurde Vorsitzender des Staatsrats der DDR. Fleischer bezeichnete lebenslang den gegen ihn geführten Strafprozess als seine »Lebenskatastrophe« und kämpfte um seine Rehabilitierung. Die erfolgte am 19.12.1991. Das Urteil der 6. Strafkammer des Berliner Kassationsgerichts erfolgte einstimmig. Otto Fleischer hat die Annullierung des Urteils nie erfahren, er verstarb 1989.

Die wirklichen Ursachen für den Tod von mindestens 47 Menschen am 19. April 1952 im Martin-Hoop-Schacht IV in Zwickau wurden offiziell nie aufgeklärt. Nahe liegt, dass Schlamperei und Verantwortungslosigkeit Grund für das Grubenunglück waren.

Quellen:
Akten des Staatsarchivs Chemnitz.
Fischer, Rudolf: Martin Hoop IV. Berlin 1955.

Staustufe Mensch

Der Fall Hans Köhler, Klingenthal, 1946

Gustav Spranger bewohnt in Klingenthal Grundstück und Haus Markneukirchner Straße 34. Das imposante Gebäude liegt am Ufer der Zwota und steht heute Touristen offen, die eine Ferienwohnung im vogtländischen Erzgebirge suchen. Die Stadt Klingenthal landschaftlich zwischen Bergen gelegen, bietet nicht nur die Aschbergschanze und Wintersport. Sie vermarktet sich als Wanderparadies und besitzt Tradition im Musikinstrumentenbau. Unternehmer Gustav Spranger gründete seine Firma 1923, produziert Holzbaukästen und fertigt Mundharmonikas. Einige seiner Produkte zeigt das Heimatmuseum, manche davon sind noch antiquarisch erwerbbar.

Gegenüber der Sprangerschen Villa, getrennt durch den Fluss, sind Gleisanlagen, Bahnhofsgebäude und Lagerschuppen. Klingenthal ist Grenzort zur tschechischen Republik. Zoll- und Passkontrollen gab es vor Ort bis 2004. Die Zugstrecke von Klingenthal nach Sachsenberg und Georgenthal war die kürzeste und einzig elektrisch betriebene Schmalspurbahn in Sachsen. 1916 in Betrieb genommen, stellte sie ihre Fahrten 1964 ein. Klingenthal war bis dato Umsteigebahnhof zum Gleisnetz der Deutschen Reichsbahn, Transport- und Umschlagplatz nicht nur für Güter heimischer Produktion. Lage und verkehrstechnische Anbindung verschafften der Stadt wirtschaftlichen Aufschwung.

Unternehmergattin Käthe Spranger (52) putzt am Morgen des 5. Juni 1946 und will das Reinigungsgerät spülen. »Die Nordseite unseres Haus- und Flurgrundstückes liegt an der nach Osten fließenden Zwota. Von unserem Garten aus führen einige Steinstufen an das Flußbett der Zwota. Am 5.6.46 wollte ich kurz nach 9 Uhr in der Zwota einen Eimer säubern. Als ich mich an der Zwota befand, sah ich, daß kurz hinter unserem Zugang in östlicher Richtung ein Bündel im Wasser lag. Ich konnte Einzelheiten nicht erkennen und nahm an, daß es sich um Kleidungsstücke handelt. Beim Näherkommen bemerkte ich etwas Rotes, das wie Blut aussah. Erst als ich an dem Gegenstand angelangt war, sah ich, daß ein toter Mann im Wasser liegt.« Der Mantel des Toten ist eine Uniform der Feuerwehr. Käthe Spranger rennt ins Haus zurück. »Von dieser Wahrnehmung setzte ich sofort meinen Mann in Kenntnis, der die Polizei fernmündlich verständigte.« Die alarmierte Polizei sucht die Markneukirchner Straße 34 auf, überzeugt sich vom Feuerwehrwehrmann im Flussbett der Zwota und leitet die kriminalpolizeilichen Ermittlungen ein.

»Am 5. 6. 1946 ersuchte 10.15 Uhr die Ordnungspolizei Klingenthal fernmündlich um Entsendung der Mordkommission, da in der vergangenen Nacht in Klingenthal auf dem Güterbahnhof ein Feuerwehrmann ermordet worden sei. Näheres sei nicht bekannt. Aufgrund dieser Meldung begaben sich Krim.-Insp. Härtel vom Erkennungsdienst und der Unterzeichnete – Krim.-Oberinsp. Tannert – mittels Dienstkraftwagens nach Klingenthal, wo nach unserem Eintreffen gegen 11.30 Uhr folgendes festgestellt wurde:

Der Güterbahnhof Klingenthal liegt im westlichen Stadtteil und ist nicht besonders umfangreich. Zur Aufbewahrung von Gütern und dienstlicher Abfertigungen sind dort drei einstöckige Holzfachwerkschuppen errichtet. Diese Gebäude stehen in einer Front und etwa nur 40 m voneinander entfernt. Im ersten Schuppen in östlicher Richtung befindet sich eine Wachstube der Roten Armee. Untergebracht sind dort ständig 3–4 Soldaten, die auf dem Güterbahnhof in Kisten verpacktes Demontagegut bewachen. An diesen drei Schuppen verläuft an der Südseite eine nicht öffentliche Straße, die nach Süden durch einen Lattenzaun abgegrenzt ist. Hinter diesem Zaun liegt in gleicher Richtung der eingleisige Körper der Straßenbahn. An den Bahnkörper grenzt wiederum in südlicher Richtung eine etwa 6 m breite und nur gering abfallende Grasfläche und weiter, ebenfalls nach Süden, ein steiler, etwa 10 m mit Gras bewachsener Hang. Der Fuß dieses Hanges ist durch eine 1,20 m hohe Steinmauer befestigt und dient als Flutdamm. An diesem Damm liegt das nördliche Ufer der Zwota, die in östlicher Richtung nach der Tschechoslowakei fließt. Das Nordufer ist 1,50 m breit, das nunmehr folgende Flußbett ist 1,20 m breit. Der Wasserstand betrug 0,40 m. Das südliche Ufer ist 1,20 m breit und grenzt an eine Steinmauer, die ebenfalls als Flurdamm dient. Weiter in südlicher Richtung liegt das Fabrikgrundstück der Firma Spranger. Von diesem Grundstück aus führt eine Steintreppe nach dem Flußbett der Zwota. Gegenüber dieser Treppe wurde in der Zwota die Leiche des Feuerwehrmannes Köhler, Vorn.: Hans Walther, geb. am 18.4.1902 in Obersachsenberg, in Sachsenberg-Georgenthal Nr. 55b wohnhaft, verheiratet mit Rosalie, geb. Meitner, Vater eines Kindes im Alter von 20 Jahren (Friedhelm Hugo, geb. 29.1.1926, noch in Gefangenschaft) aufgefunden.

Der Tote lag schräg im Flußbett, die linke Kopfseite streifte die nördliche und der rechte Fuß die südliche Uferwand. Durch diese Lage war ein wehrartiges Anstauen des Wassers und eine teilweise Überflutung der Leiche geschaffen. Trotz dieser Überflutung war der Hinterkopf der Leiche noch stark mit Blut besudelt. Teile vom Gehirn lagen auf dem Mantel auf dem Rücken, weiterhin war in dieser Lage eine etwa 6 cm große, wattebauschähnliche Gehirnmasse an der rechten Kopfseite ausgetreten. Etwa nur 15 cm hinter dem Kopf am nördlichen Ufer wurden Blutflecken und Gehirnteile und auf dem nördlichen Ufer eine größere, teils eingetrocknete Blutlache vorgefunden. In Verlängerung dieser Blutlachen verliefen auf dem Hang nach dem Güterbahnhof zu zwei Fußspuren im Gras und auf der Mitte des Berges wurde wiederum zwischen diesen Spuren ein Lager im Gras vorgefunden. Offenbar hat an dieser Stelle ein Kampf stattgefunden, oder aber das Opfer ist dort bereits zusammengesackt. Auf dem Hang im Grase konnten weitere Blutspuren nicht festgestellt werden. Erst auf dem Schotter des Straßenbahnkörpers dahinter, dicht am Zaun, wurden noch an zwei Stellen Blutspritzer vorgefunden.

Aufgrund dieses Befundes muß gefolgert werden, daß der Angriff auf Köhler auf der Güterbahnhofseite eingesetzt hat. Köhler dürfte dann durch ein etwa 1,20 m Durchmesser großes, mit Gewalt geschaffenes Loch im Gartenzaun geflüchtet oder hindurchgeschleppt worden sein. Auf dem Straßenbahnkörper sind ihm dann vermutlich die ersten Verletzungen beigebracht worden. Von dort aus dürfte er nunmehr den Hang hinuntergeschleppt und in die Zwota geworfen worden sein. Weitere Spuren konnten am Tatort nicht festgestellt werden.

Nunmehr wurde die Leiche einer eingehenden Besichtigung unterzogen. Sie war bekleidet mit einem blauen Feuerwehrmantel, Koppel (zugeschnallt), dunkelblauer Manchester-Stiefelhose, Feuerwehrrock, schwarzen Ledergamaschen und schwarzen hohen Schuhen. Die Leiche lag auf dem Bauch, die beiden Mantelenden waren über dem Rücken hochgeschlagen.

Unterhalb des linken Auges befand sich eine etwa 3 cm lange Stichwunde, eine weitere in der Mitte des rechten Nasenflügels nach dem rechten Backenknochen zu verlaufend. Daran grenzte eine dritte Stichwunde, etwa 2 cm unterhalb des rechten Auges. 3 cm über der rechten Augenbraue verlief eine 1 1/2 cm lange Wunde. Eine 1 1/2 cm über der Ohrleiste liegende, 2 1/2 cm lange Stichwunde durchbohrte das Schädeldach. In gleicher Höhe nach dem Hinterkopf zu war eine 3,2 cm lange Stichwunde zu sehen. Etwa 6,2 cm über diesen beiden Wunden wurde das Schädeldach im Durchmesser von ca. 10 cm durch einen stumpfen Gegenstand zertrümmert. An dieser Stelle sind ausgetretene Gehirnteile sichtbar. Am Hinterkopf links des Wirbels befinden sich zwei 2,2 cm und 2,3 cm lange Stichwunden. Eine danebenliegende 1,7 cm lange Wunde durchstach die Kopfschwarte. Außer einer Schürfwunde am ersten Gelenk des rechten Ringfingers waren weitere Verletzungen an der Leiche nicht sichtbar. Die Kleidung befand sich in ordentlichem Zustand, die Knöpfe und das Koppel waren noch verschlossen.

Der am Tatort eingetroffene Dr. med. Gerhard Lohde aus Klingenthal stellte fest, daß der Tod unmittelbar durch Schädelbruch hervorgerufen, durch Zertrümmerung des Schädeldaches durch ein stumpfes Werkzeug, und Hirnverletzung eingetreten ist.«

Das vorläufige gerichtsmedizinische Gutachten des Dr. Lohde bestätigt den Augenschein der Polizisten: Feuerwehrmann Hans Köhler starb infolge einer Gewalttat. »An der Leiche wurde folgendes festgestellt: Zahlreiche Weichteildurchtrennungen am Kopf, insbes. in der rechten Schläfen-Scheitelgegend. Nach der Beschaffenheit der Ränder rühren diese durch Gewalteinwirkungen mit einem halbscharfen Werkzeug her. Sie wurden alle im Leben beigebracht. Weiterhin liegen eine Zertrümmerung des Schädeldaches und mehrere Sprunglinien in der Schädelbasis vor. Das Gehirn ist in der rechten Schläfen-Scheitelgegend ausgedehnt zertrümmert. Die Verletzungen an der rechten Hand müssen wohl als Abwehrverletzungen gedeutet werden. Der Tod ist durch eine schwere Kopf-Hirnverletzung eingetreten.« Kriminal-Oberinspektor Tannert und Kollegen ermitteln fortan gegen unbekannt.

Die Spuren im Umfeld lassen auf einen Kampf schließen. Vielleicht haben Anwohner der umliegenden Häuser Verdächtiges vernommen. Unternehmergattin Käthe Spranger: »Mein Schlafstubenfenster liegt im Osten. In der vergangenen Nacht haben weder ich noch mein Ehemann irgendwelche verdächtigen Geräusche gehört. Rufe oder Hilfeschreie haben wir ebenfalls nicht vernommen.« Der Postangestellte Wilhelm Groh (56) wohnt mit Gattin im selben Haus wie das Ehepaar Spranger. Er wurde nächtens munter. »Unsere Wohnung liegt im zweiten Stock, während die Fenster meines Schlafzimmers nach Osten und Süden führen, liegen die meiner Ehefrau nach Süden und Norden. In der vergangenen Nacht wurde ich wach. Ich hörte auch, wie unsere Uhr 2 Uhr schlug. Einige Minuten darauf hob plötzlich ein Geschrei an. Es ließ sich vernehmen, als ob mehrere Männer schimpften oder sich zankten. Einzelne Worte konnte ich nicht verstehen, ebenso konnte ich nicht feststellen, in welcher Sprache gesprochen wurde. Dieses Geschrei dauerte 2–3 Minuten, dann war es wieder still. Diese Stimmen mußten vom Güterbahnhof her kommen. Wie erwähnt konnte ich das Gesprochene nicht verstehen. Hilferufe habe ich nicht wahrgenommen. Ich habe dann vielmehr geglaubt, daß es sich um Betrunkene handelt. In der Zeit habe ich mich bestimmt nicht geirrt, da ich vordem wach war und unsere Uhr 2 schlug. Einige Minuten darauf vernahm ich die Stimmen.« Kriminal-Oberinspektor Tannert fügt hinzu: »Die Ehefrau A. machte die gleichen Angaben, und es wurde deshalb von einer Niederschrift abgesehen.«

Die Tatzeit scheint sich einzugrenzen: Frühe Morgenstunden des 5. Juni 1946, zwei Uhr nachts. Warum war Hans Köhler am Güterbahnhof unterwegs? Mit wem ist er in Streit geraten? Die Zeiten waren problematisch: Hunger, Desillusionierung, Perspektivlosigkeit. Der deutsche Staat stand unter Kuratel der Besatzungsmächte. In Klingenthal regierte die Rote Armee. Deren Soldaten saßen in einem Wachschuppen neben den Lagerhäusern am Bahnhof. Sie bewachten Demontagegut. Werte, die sich illegal, auf dem Schwarzmarkt oder durch Schmuggel schnell zu barer Münze machen ließen. Die Sowjetunion beharrte auf Reparationsleistungen Deutschlands. Industrie und die Bevölkerung ihrer Besatzungszone hatten die Verluste zu tragen.

»Während der viereinhalbjährigen Besatzungszeit wurde der materielle Reichtum Deutschlands von den Sowjets auf verschiedene Weise demontiert. Während der ersten Phase der Besatzung, von Ende April bis August 1945, rückten die sowjetischen Soldaten beutemachend und plündernd in die Städte und Dörfer Ostdeutschlands ein. Uhren und Fahrräder wurden geraubt; Kleider, Pelze und Schmuck waren beliebte Beutestücke; Speisekammern wurden nach Wurst, Käse und Alkohol durchsucht. Sogar Klaviere, Kleiderschränke und Eßtische wurden verpackt und in die Heimat geschickt. Es ist unmöglich, den Wert dessen genau festzustellen, was von den einzelnen Soldaten oder Soldatentrupps gestohlen oder zerstört wurde, doch nach allen vorliegenden Berichten zu urteilen, handelt es sich um einen schwindelerregenden Betrag.

Den Kampftruppen auf den Fersen marschierten ›Beute‹-Bataillone in Ostdeutschland ein, von denen die meisten den Auftrag hatten, bestimmte Gegenstände abzutransportieren: militärisches Gerät, wissenschaftliche Laboratorien, Druckerpressen, Fernmeldegerät – Telefone, Kabel, sogar Telefondrähte –, Schiffe und Lastkähne. Ganze Zugladungen von Maschinen und Ausrüstung wurden gen Osten geschickt. Auch Kohle, Eisenerz und Stahl wurden in geschlossenen Güterwaggons in die Sowjetunion verfrachtet. Sonderkomitees des Sownarkom, des Rats der Volkskommissare, die den Abtransport nach besten Kräften beaufsichtigten und koordinierten, waren in jeder Provinz tätig. Unterlagen des sowjetischen Außenministeriums zufolge wurden bis zum 2. August 1945, dem offiziellen Ende des von den Alliierten vereinbarten Beutezuges, von den Sowjets 1.280.000 Tonnen ›Materialien‹ und 3.600.000 Tonnen Ausrüstung abtransportiert. In diesen Zahlen sind nicht die ungeheuren Mengen landwirtschaftlicher Produkte enthalten, die in diesem Zeitraum ebenfalls beschlagnahmt und in die Sowjetunion expediert wurden: Getreide, Alkohol, Pflanzenöl, Zucker und Vieh.

Die komplexeste Phase der sowjetischen Demontagen kam nach August 1945, besonders nachdem die Alliierten auf der Potsdamer Konferenz im Juli in der Frage der Reparationen zu keiner Einigung gelangt waren. Ohne ein zufriedenstellendes Viermächteabkommen über die Erhebung und Verteilung blieb den Sowjets nicht viel anderes übrig, als sich in ihrer eigenen Zone zu bedienen. Dies jedenfalls stellte der amerikanische Außenminister James F. Byrnes seinem sowjetischen Kollegen W. M. Molotow auf der Potsdamer Konferenz anheim. In Moskau wurde ein dem Rat der Volkskommissare unterstellter Interministerieller Ausschuß für Reparationen gebildet, um die Aufsicht über ein Programm zur Befriedigung des unbeirrbaren sowjetischen Anspruchs auf zehn Milliarden Dollar in Reparationen zu führen. Georgi Malenkow stand an der Spitze dieses Ausschusses, und Anastas Mikojan, der Minister für Außenhandel, ließ sich über den Sach- und Kapitaltransfer auf dem laufenden halten. In einem Positionspapier des Außenministeriums vom Juli 1946 zur Frage der Reparationen hieß es, die Summe von zehn Milliarden Dollar sei eine ›Mindestentschädigung‹ für die ungeheuren Verluste, welche die Sowjets während des Krieges erlitten hatten, und dieser Betrag müsse durch die Besetzung Deutschlands abgesichert werden.«

»Die Reparationsleistungen der DDR an die Sowjetunion geschahen bis 1948 hauptsächlich durch Demontage von Industriebetrieben. Davon betroffen waren 2.000 bis 2.400 der wichtigsten und bestausgerüsteten Betriebe innerhalb der Sowjetischen Besatzungszone. Bis März 1947 wurden zudem 11.800 km Eisenbahnschienen demontiert und in die SU verbracht. Damit wurde das Schienennetz bezogen auf den Stand von 1938 um 48 % reduziert. Der Substanzverlust an industriellen und infrastrukturellen Kapazitäten durch die Demontagen betrug insgesamt rund 30 % der 1944 auf diesem Gebiet vorhandenen Fonds. Ab Juni 1946 begann sich die Form der Reparationen von Demontagen auf Entnahmen aus laufender Produktion im Rahmen der Sowjetischen Aktiengesellschaften zu verlagern. Diese Entnahmen aus laufender Produktion betrugen zwischen 1946 und 1953 jährlich zwischen 48,0 und 12,9 % (durchschnittlich 22 %) des Bruttosozialprodukts. Die Reparationen endeten nach dem Volksaufstand vom 17.

Juni 1953. Es gab nur wenige Demontagen mit einem erfolgreichen Abschluß; die Mehrzahl demontierter Industrieanlagen wurde in der Sowjetunion nie in Betrieb genommen. Auf der Grundlage erstmals erschlossener Archivmaterialien, vor allem in Moskau, kamen Wissenschaftler der Humboldt-Universität zu Berlin 1993 auf eine Gesamtsumme von mindestens 54 Milliarden Reichsmark bzw. Deutsche Mark (Ost) zu laufenden Preisen bzw. auf mindestens 14 Mrd. US-Dollar zu Preisen des Jahres 1938. Als die Reparationen 1953 für beendet erklärt wurden, hatte die SBZ/DDR die höchsten im 20. Jahrhundert bekanntgewordenen Reparationsleistungen erbracht. Die Reparationen der DDR betrugen insgesamt 99,1 Mrd. DM (zu Preisen von 1953) – die der BRD demgegenüber 2,1 Mrd. DM (zu Preisen von 1953). Die DDR/SBZ trug damit 97–98 % der Reparationslast Gesamtdeutschlands – pro Person also das 130fache.«

Welche Güter in der von den Sowjets bewachten Halle lagerten, ist aus den Akten nicht ersichtlich. Hans Köhler war auch keineswegs auf Diebeszug, als er ermordet wurde. Auch wenn Zeuge Wilhelm Groh und Gattin zur Tatzeit Sprache hörten, die sie nicht verstanden. Mit den Russen legte sich freiwillig niemand an. Und Köhler war mitnichten auf Beutezug, er schob mit seinen Feuerwehrkollegen Wache. Jedoch ist nicht ausgeschlossen, dass sich sowjetische Soldaten auf eigene Rechnung vom Demontagegut bedienten.

Vorgeladen erscheint vor Kriminal-Oberinspektor Tannert der 17-jährige Maschinenschlosser Wolfgang Pohl: »Ich gehöre der Freiwilligen Feuerwehr Klingenthal an. U. a. ist die Feuerwehr von der russ. Kommandantur beauftragt zur Bewachung von Demontagegut, das sich auf dem Güterbahnhof befindet, Posten zu stellen. Hier muß ich erwähnen, daß die Bewachung durch die Berufsfeuerwehr Klingenthal durchgeführt wird. Zur Bewachung des Demontagegutes bin ich nur von der Freiwilligen Feuerwehr herangezogen worden, weil der zum Nachtdienst von der Berufsfeuerwehr eingesetzte Mann auf Urlaub ist. Den Wachdienst auf dem Güterbahnhof habe ich am 4. 6. 46 gegen 23 Uhr angetreten. Mein Dienst erstreckte sich bis 5. 6. 46, 1 Uhr. Der Wachdienst wird außerhalb der Gebäude ausgeübt. Die Bewachung der Gebäude unterliegt nicht der Aufsicht der Feuerwehr. In einem massiven, schuppenähnlichen Gebäude ist gleichzeitig eine von russ. Soldaten besetzte Wache eingerichtet. Von dieser Wache erfüllt ein russ. Posten die gleichen Aufgaben wie die Feuerwehr. Der Posten patrouilliert also an dem dortigen Gelände. Der Rundgang durch den russ. Posten und dem der Feuerwehr erstreckt sich auf das ganze Gelände, wo Demontagegut lagert. Beide Posten stehen auch fast immer in enger Fühlungnahme. Als ich 23 Uhr meinen Dienst auf dem Güterbahnhof antrat, war von einem russ. Posten nichts zu sehen. Etwa gegen 23.45 Uhr kam ein Posten auf einmal zu den Kisten. Dieser hatte sich nur etwa eine 1/4 Stunde bis gegen 24 Uhr dort aufgehalten. Um diese Zeit sah ich dann plötzlich einen anderen russ. Posten. Diesem Posten bin ich nur einmal begegnet. Dabei habe ich nach der Zeit gefragt, eine Antwort hierauf erhielt ich nicht. Dieser Posten frug mich nur noch, wie lange ich Wache hätte. Ich habe mich erklärt, daß ich um 1 Uhr abgelöst würde. Diese Begegnung kann etwa um 0.30 Uhr stattgefunden haben. Nachdem habe ich auch diesen Posten nicht mehr gesehen.« Den Polizisten erschließt sich der Ablauf schwerlich. Weiter befragt gibt der junge Wolfgang Pohl zu Protokoll: »Es ist ausgeschlossen, daß vielleicht dieser Posten zu mir gesagt haben könnte, ich solle nach Hause gehen. Ich selbst habe auch zu keinem Posten der Feuerwehr gesagt, er könne nach Hause gehen, ich würde ihn ablösen. Übrigens trat ich doch meinen Wachdienst nicht um 2 Uhr, sondern bereits um 23 Uhr an. Als zu meiner Ablösung der Feuerwehrmann Köhler nicht erschien, ging ich in die Feuerwache, Kirchstraße 5, um ihn zu holen.« Offensichtlich hatte Hans Köhler seinen Einsatz verschlafen. Wolfgang Pohl »blieb dann in der Wache zurück, während sich Köhler angeblich nach dem Güterbahnhof begab«. Köhler hatte auch sogleich die Feuerwache verlassen »und muß, wenn er sich direkt nach dem Güterbahnhof begeben hat, in 5–8 Minuten dort eingetroffen sein«, sagt Pohl, später hat er dann den Köhler nicht wieder gesehen. »Während meines Rundganges an der besagten Stelle habe ich nur die 2 russ. Posten gesehen. Irgendwelche Wahrnehmungen, daß sich Personen gegebenenfalls an dem Schuppen zu schaffen gemacht hätten, in welchem Güter lagerten, habe ich nicht gemacht. Ich kann deshalb mit Bestimmtheit erklären, daß während meines Rundganges an der besagten Stelle ein Einbruchsversuch oder überhaupt ein Einbruch in den Güterschuppen nicht ausgeführt wurde.«

Denn nicht im Schuppen mit Demontagegut wurde eingebrochen, sondern in der Lagerhalle der Spedition, die auch für die Firma Gustav Spranger fuhr. Die Halle befindet sich direkt neben Demontageschuppen und Wachstube der Sowjetsoldaten. Unter anderem lagerten dort Holzbaukästen und Mundharmonikas verpackt für den Transport. Auch weiteres Handelsgut bewahrte der Spediteur vor Ort auf. Spielzeug und Mundharmonikas, wer weiß, was noch – Gegenstände, die auch Besatzer interessieren konnten. Auf vielen Klischeebildern der Besatzungsmacht bliesen lächelnde Soldaten der Roten Armee Mundharmonika. Solch Instrument war in die Jacke zu stecken, in Gefechtspausen konnte es für Unterhaltung sorgen. Arrangements für Mundharmonika gibt es von »Lili Marleen« und »Kalinka« bis hin zu Joopi Heesters und Theo Lingen. Erwischte Köhler Diebe, die den Schuppen Sprangers beraubten? Kaum eine andre Lösung lassen die Indizien zu.

Der Berufsfeuerwehrlöschmeister Werner Habedank sollte Hans Köhler vom Wachdienst ablösen. »In der vergangenen Nacht hatte ich ebenfalls Patrouillendienst auf dem Güterbahnhof in Klingenthal, und zwar von 3–5 Uhr nachts. Bei meinem Eintreffen (5. 6. 46) an dieser Stelle gegen 3.05 Uhr traf ich Köhler nicht an. Eine bestimmte Stelle, wo die Ablösung erfolgt, ist nicht vereinbart und auch nicht erforderlich, weil der Aufenthalt der Posten dort begrenzt ist; ebenfalls traf ich einen russ. Posten nicht an. Besondere Bedenken wegen der Nichtanwesenheit des Köhler hatte ich nicht. Ich habe vielmehr angenommen, daß er inzwischen nach der Feuerwache gegangen sein könnte, und wir uns umlaufen haben. Erst als ich wieder um 5 Uhr in der Feuerwache eintraf, fiel mir auf, daß Köhler noch nicht anwesend war. Ich ging deshalb gegen 6 Uhr nochmals nach dem Postenbereich, wo ich den um 5 Uhr angetretenen Posten Petrasch, Kurt, antraf und mit ihm nach Köhler suchte. Obwohl wir alles abgesucht haben, war von Köhler eine Spur nicht zu finden. Auch waren sonst verdächtige Wahrnehmungen nicht feststellbar. Auf die Gedanken, daß er gegebenenfalls unterhalb des Hanges in der Zwota liegen könnte, sind wir nicht gekommen. Ich konnte dies auch nicht annehmen, weil wir doch keinesfalls ahnen konnten, daß er einem Verbrechen zum Opfer gefallen war. Während meines zweistündigen Rundganges auf dem Güterbahnhof habe ich weder einen russ. Posten noch eine andere Person gesehen oder gehört. Es ist auch völlig ausgeschlossen, daß während meines dortigen Aufenthaltes in den Güterschuppen eingebrochen worden ist.

Infolge der außerordentlichen Stille hört man jedes Geräusch, das sich in der Nähe bemerkbar macht. Besonders möchte ich bemerken, daß an dieser Stelle keine Kraftwagen vorbeifahren, und auch nachts kein Zugverkehr herrscht.«

Erklärbar ist, dass die Wachleute keine Einbruchsspuren am Lagerschuppen der Spedition entdeckten: Dunkelheit lässt die Details verschwimmen, und Geräusche hat Werner Habedank keine gehört. Wahrscheinlich stellte Hans Köhler die Diebe auf frischer Tat. Die beseitigten den Feuerwehrmann als lästigen Zeugen.

Auch Habedanks Ablösung konnte Hans Köhler nicht auf dem Gelände des Bahnhofs entdecken. Kurt Petrasch sagt der Polizei: »Ich bin ebenfalls Angehöriger der Berufsfeuerwehr in Klingenthal und war in der vergangenen Nacht zur Wache auf dem Güterbahnhof eingeteilt. Meine Wache sollte sich von 5–7 Uhr erstrecken. Am 5. 6. 46 wachte ich gegen 4 Uhr im Wachlokal in der Kirchstraße auf. Dabei mußte ich feststellen, daß Köhler vom Posten noch nicht wieder zurückgekehrt war. Er hätte um 3 Uhr von einem Kameraden abgelöst werden müssen. Irgendwelche Bedenken hegte ich hierbei nicht und nahm an, daß er dem Kameraden Habedank, der bis 5 Uhr Posten stehen mußte, zur Unterhaltung mit wachestehen würde. Als ich um 5 Uhr nach dem Güterbahnhof kam, konnte ich Habedank nicht persönlich sprechen. Er hatte den Postenbereich über die oberen Gleise verlassen, während ich die unteren entlang lief. Ich versuchte trotzdem, über die Schienen Habedank wegen Köhler anzurufen, jedoch konnte Habedank meine Rufe nicht wahrnehmen. Auf dem Wege zum Demontagegut mußte ich an dem Wachlokal der russ. Streife vorbeilaufen. Hierbei sah ich von der Rampe aus, daß der Posten im Lokal auf dem Bett lag und schlief. Während meiner zweistündigen Wache suchte ich die ganze Zeit nach Köhler, konnte aber nichts finden. Beim Passieren des Lageschuppens der Spedition bemerkte ich, daß ein Fenster zum Kontor offenstand. Dies fiel mir besonders auf, da es bis dahin noch nie der Fall war. Ob in diesem Schuppen ein Einbruch verübt worden war, konnte ich nicht beurteilen. Gegen 6.10 Uhr kam der Löschmeister Werner Habedank, um mir mitzuteilen, daß Köhler in der Wachstube noch nicht eingetroffen sei. Gemeinsam mit Habedank suchte ich nochmals das Gelände ab, jedoch ohne Erfolg. Von Köhler ließ sich keine Spur finden. Während meines Postenganges habe ich irgend etwas Verdächtiges nicht bemerkt. Bis 6 Uhr habe ich weder einen russ. Posten noch eine andere Person in meinem Postenbereich gesehen. Ab 6 Uhr wurde es dann reger, da die Reichsbahnarbeiter ihre Arbeitsstätte aufsuchten. Nachdem wir vergeblich nach Köhler gesucht hatten, verließ ich um 7 Uhr den Bahnhof. Durch den Feuerwehrmann Meinhardt wurde ich abgelöst.« Mehr kann auch Kurt Petrasch zum Fall nicht sagen. Dass die Posten nicht übern Wall hinunter zur Zwota blickten, kann man nachvollziehen. Das Loch im Zaun, durch das man Hans Köhler schleifte, war nicht sehr groß und konnte auch erst in dieser Nacht entstanden sein.

Bei Kriminal-Oberinspektor Tannert erscheint der Bürgermeister Klingenthals Eberhard Kalkreuth. Eine Bluttat schreckt die Gemeinde auf, zumal wenn die russische Besatzungsmacht möglicherweise darin verwickelt ist. Bürgermeister Kalkreuth »erklärte, daß nach Rücksprache mit dem Stadtkommandant Klingenthal die Vernehmungen von Zivilpersonen durch die Kriminalpolizei durchgeführt werden müßten. Die russischen Wachtposten am Güterbahnhof hingegen würden durch die russ. Dienststelle vernommen. Ein russischer Soldat, der ebenfalls zur Wache eingeteilt und am Tatort anwesend war, erklärte während der Unterhaltung wie folgt: Der in der vergangenen Nacht auf Posten gestandene russ. Soldat, der allerdings fast überhaupt nicht deutsch versteht, habe ihm erzählt, daß der Tote um 2 Uhr abgelöst worden sei. Um diese Zeit habe ein junger deutscher Mann mit rundem Gesicht und blondem Haar vom Bahnhofsgelände her den Postenbereich betreten und dem Toten zugerufen, er solle heimgehen, da er ihn jetzt ablöse. Der russ. Posten habe vor dem Wachgebäude gestanden und gesehen, wie sich Köhler über den Bahnkörper den Hang hinunter nach der Zwota begeben habe. Irgendwelche Hilfeschreie will er nicht gehört haben, ebensowenig habe er fremde Personen zu Gesicht bekommen. Von einem Einbruch in die Lagehalle der Firma Spranger habe er ebenfalls nichts bemerkt. Nachdem sich Köhler über die Bahnkörper entfernt habe, habe er ihn nicht wieder gesehen. Der aussagende russ. Wehrmachtsangehörige beherrschte die deutsche Sprache vollkommen.«

Die Kriminalisten können nicht entscheiden, ob der russische Soldat die Wahrheit spricht und er wirklich einen blonden Täter mit rundem Gesicht beobachtete und wenn ja, wen. Möglicherweise lenkte er von seiner Tat nur ab.

In den meisten Fällen ermittelten die Besatzer bei Straftaten intern, als Staat im Staat. Dass sie überführte Straftäter in ihren Reihen nicht bestraften, kam vor, war aber keinesfalls die Regel. Auch schoben deutsche Verbrecher ihre Straftaten gern den Besatzern unter. »Die Russen warn's« war Sprichwort, das nicht auf der Wahrheit beruhen musste. Kriminal-Oberinspektor Tannert verfasst seinen Schlussbericht, für ihn ist der Tod des Wachmanns nicht zu klären. »In der Nacht zum 5.6.46 hatte Köhler von 1–3 Uhr Posten zu stehen und um 1 Uhr den Feuerwehrmann Pohl abzulösen. Da nach Aussage des Pohl

Köhler um 1 Uhr nicht zur Ablösung erschien, ging er in die etwa 8–10 Minuten entfernt liegende Feuerwache und weckte den noch schlafenden Köhler. Köhler muß, wenn er sich sogleich nach dem Bahnhof begeben hat, etwa 30–35 nach 1 Uhr dort eingetroffen sein. Der um 3 Uhr ablösende Posten Habedank fand Köhler jedoch nicht vor. Erst morgens gegen 9 Uhr wurde er von der Ehefrau Spranger in der Zwota liegend tot aufgefunden. Die Mordtat mußte sich also in der Zeit von 1.30 bis 3 Uhr abgespielt haben. Während dieser Zeit muß auch der Einbruch in die Spedition ausgeführt worden sein; da alle anderen Posten nichts bemerkt haben, jedoch im Wirklichkeitsfall es unbedingt hätten bemerken müssen. Die Eheleute Groh, deren Grundstück hart an der Zwota liegt, sagten glaubhaft aus, in der Nacht kurz nach 2 Uhr ein Geschrei von mehreren Männerstimmen vom Güterboden her vernommen zu haben. Diese Zeitangabe deckt sich mit der des russ. Postens. Dieser will gehört und gesehen haben, wie Köhler um 2 Uhr abgelöst wurde und sich über den Bahnkörper nach der Zwota entfernt hat. Allerdings stehen letztere Angaben im Widerspruch zum objektiven Tatbestand. Die von dem Posten angegebene Beschreibung (jung, blond, rundes Gesicht) stimmt mit der Person des Pohl überein. Pohl ist dem russ. Posten in der Zeit von 23–1 Uhr begegnet. Pohl hätte jedoch von Köhler abgelöst werden müssen und nicht umgekehrt. Köhler erschien aber nicht zur Ablösungszeit, sondern ist, nachdem er in der Feuerwache durch den P. geweckt wurde, erst später nach dem Postenbezirk gekommen. Die genaue Zeit seiner Ankunft konnte nicht festgestellt werden. Wie bereits angegeben, hat der um drei Uhr ablösende Posten Habedank Köhler bereits nicht mehr vorgefunden. Nach den weiteren Tatortspuren zu urteilen, kann sich K. auch nicht über den Bahnkörper entfernt haben, da bereits

Kampf- und Blutspuren auf der Straße hinter dem Zaun am Bahnkörper zu sehen sind. Köhler muß also schon vor den Schienen angegriffen worden sein. Zweifellos dürften die Täter zum Einbruch auch als Mörder an Köhler in Frage kommen. Köhler wird die Einbrecher bei der Arbeit überrascht haben und als lästiger Zeuge von diesen stummgemacht worden sein. Der Stadtkommandant Klingenthal wurde von der Mordtat unterrichtet, außerdem war eine Kommission von russ. Offizieren am Tatort anwesend. Ein Ermittlungsbericht wird weiter über deren Bürgermeister Klingenthal an den dortigen Stadtkommandant geleitet.« Genauso ist es dann geschehen.

Die Firma Gustav Sprangers fabrizierte weiter Holzbaukästen und Mundharmonikas. Doch stellte sie im Jahre 1955 ihre Produktion ein. Die Gründe dafür sind nicht bekannt, liegen jedoch nah. Selbständige Unternehmer wurden von der sozialistischen Staatsmacht gegängelt, wenn nicht enteignet. Vielleicht wollte sich Gustav Spranger diesem Zwang entziehen. In seinem Haus kann der Bedürftige heute Erholung finden: Klingenthal, Markneukirchner Straße 34.

Quellen:

Akten des Staatsarchivs Chemnitz.

Naimark, Norman M.: Die Russen in Deutschland. Berlin 1997.

Mädchenaugen

Grete Gießer wohnt in Schwarzenberg, Stiftstraße 34, erster Stock. Am Ende der Straße ist der Marienstift, auch heute ein Fachkrankenhaus. Die Straßen im Wohngebiet sind eng, Schwarzenbergs Stadtteil Sachsenfeld liegt am ruhigeren Ufer des Schwarzwassers, jenseits des Fernverkehrs.

Die sozialistischen Zeiten haben den Straßennamen geändert: Clara-Zetkin-Straße. Heute ist vor Haus Nr. 34 eine Verkehrsinsel neu angelegt, der Buslinienverkehr hält vorm dortigen Wartehäuschen.

Es ist ein Zweifamilienhaus, in dem Grete Gießer wohnt. Holz verkleidet den ersten Stock. Die Mansarde darüber hat man ausgebaut. Da schlafen die Mädchen der Fürwegs. Die sieben Personen der Familie würden in der Erdgeschosswohnung mehr als beengt leben. So nutzt man das Zimmer unterm Dach.

In der Nacht zum 26. Juni 1946 teilt Grete Gießers Mann nicht mit ihr das Bett, er arbeitet: »Ich wollte gegen 23 Uhr schlafen gehen«, sagt sie, »und hörte im Hausflur jemanden die Treppe zu den Bodenkammern hinaufgehen und kurz darnach wieder herunterkommen. Gegen 1.30 Uhr wachte ich auf und sah im Hausaufgang Licht. Ich hörte auch Türen auf- und zumachen. Ich kann allerdings nicht angeben, ob dies oben oder im Parterre der Fall gewesen ist. Meine Wohnung befindet sich im ersten Stock und ich hörte auch um diese Zeit Personen die Treppen auf- und abpassieren. Während dieser Gehgeräusche hörte ich im Hause ein Stöhnen. Ich nahm an, daß eines der Kinder des Fürweg krank geworden ist. Kurze Zeit später habe ich einen Schuß gehört. Ich verließ meine Lagerstatt, öffnete das Schlafzimmerfenster und sah hinaus. Das Küchenfenster, das auf die Stiftstraße führt, öffnete ich nicht, da ich allein im Hause war. Ich ging danach wieder ins Bett. Im Bett liegend hörte ich es dann in unregelmäßiger Reihenfolge klopfen. Ich dachte mir, daß vielleicht jemand in der Toilette eingeschlossen worden war. Plötzlich rief Herr Fürweg aus seinem Fenster heraus: ›Gießer!‹. Auf meine Frage, was los sei, antwortete er mir: Er könne sein Schlafzimmer nicht verlassen, da er eingeschlossen sei. Ich sagte ihm daraufhin, er solle aus dem Fenster steigen und durch die Hintertür ins Haus gehen. Der Haustürschlüssel paßt auch zur Hoftüre. Die Schlüssel werden abends immer von mir oder meinem Mann abgezogen. Herr Fürweg befolgte meinen Vorschlag, und ich hörte ihn zu den Bodenkammern gehen. Er rief dort aus: ›Ach, um Gottes willen, meine Mädels, meine Mädels!‹«

Der Vater Herwart Fürweg: »In der Nacht vom 25. zum 26.6.1946, gegen 2 Uhr morgens, mußte ich wie gewöhnlich austreten. Durch die Türenscheibe meines Schlafzimmers fiel Licht. Ich nahm an, daß eine von meinen Töchtern in die Toilette gegangen war, und wollte daraufhin das Schlafzimmer verlassen. Die Tür jedoch war von außen verschlossen. Ich rief daraufhin nach meinen Töchtern Traudl und Rosalie. Es meldete sich niemand. Als ich durch die zweite Tür aus dem Schlafzimmer in das Wohnzimmer wollte, mußte ich feststellen, daß auch diese von außen verschlossen war. In diesem Moment schlug die Uhr in der Wohnung über mir (Gießer) die zweite Stunde. Ich weiß es deshalb genau, da ich an meine Uhr sehen wollte, um zu wissen, ob es nun halb geschlagen hatte oder, wie ich annahm, 2 Uhr sei. Ich lege diese Uhr immer auf das Nachttischchen, das unmittelbar neben meinem Bette steht. Sie fehlte. Als ich durch das Schlüsselloch in das Wohnzimmer sah, brannte das elektrische Licht, und das Fenster, das auf die Stiftstraße geht, war geöffnet. Nach diesen Feststellungen hatte ich das Gefühl, daß irgendetwas geschehen sein mußte. Ich versuchte nun, durch Klopfen die Nachbarschaft aufmerksam zu machen, damit ich aus meinem Schlafzimmer heraus konnte. Da sich auf mein langes und heftiges Klopfen niemand meldete, es herrschte vollkommene Ruhe, öffnete ich das Schlafzimmerfenster, das auf der Gartenseite liegt und rief nach Gießer. Die Familie Gießer wohnt mit uns gemeinsam im Haus Stiftstr. 34. Es meldete sich Frau Gießer, der ich bekannt gab, daß ich eingeschlossen sei. Ich wollte von ihr wissen, was im Hause los sei und weshalb man im Hausflur Licht brennen habe. Frau Gießer antwortete, daß sie angenommen habe, meine Kinder seien die Treppen herunter und hinaufgegangen. Ich stieg dann durch das geöffnete Fenster in den Hof und öffnete die zum Garten führende Tür. Im Hausflur brannte Licht. Meine Vorsaaltüre stand offen, ebenso die Küchentür und die Tür von der Küche zum Wohnzimmer. Im Wohnzimmer angekommen, sah ich sofort, daß die rechte Seite des Fensters, welches nach der Stiftstraße gelegen ist, zerbrochen war. Ich ging sofort zu meinen beiden Töchtern, die in einer ausgebauten Bodenkammer schlafen. Als ich die Tür öffnete, sah ich beide in ihren Betten im Blut liegen. Ich ging sofort ein Stockwerk tiefer zu Frau Gießer und sagte ihr, daß meine beiden Töchter ermordet worden sind.« – »Er kam an meine Wohnungstür und sagte, daß seine Töchter ermordet worden wären. Sie seien ganz entblößt. Er fragte mich, wo er hingehen solle. Ich rief daraufhin Herrn Lehmann vom Nachbarhause, Stiftstraße 36. Dieser wiederum verständigte Herrn Bäcker, der ein Telefon besitzt und Anzeige bei der Polizei erstattete«, gibt Grete Gießer zu Protokoll.

»Ich rief Herrn Lehmann aus dem Nebenhause, der auch erschien«, sagt Vater Fürweg dagegen. »Da mir bekannt war, daß die Familie Bäcker im Nebenhause ein Telefon besitzt, wurde von dort aus die Polizei verständigt.« Die Geschehnisse jener Morgenstunden werden unterschiedlich geschildert. Verständlich. Der Schock sitzt tief.

26. Juni 1946, 4.05 Uhr. Meldung der Kriminalaußendienststelle Leichsenring, Schwarzenberg: »Gegen 2.55 Uhr nachts wurden dem Dolmetscher Fürweg seine beiden Töchter im Bett ermordet. Täter noch unbekannt. Schriftlicher Bericht wird nachgereicht.«

»Nach Eingang der vorgehefteten Fernsprechmitteilung begab sich das Einsatzkommando an den Tatort. Dieser befindet sich in dem Haus Stiftstr. 34. In einer ausgemauerten Bodenkammer dieses Gebäudes waren die Geschwister

Deppe, geb. Fürweg, Vorn. Gertraude Maria, geb. am 8.9.1920 in Hoffnungsfeld/Rumänien, wohnhaft in Schwarzenberg, Stiftstr. 34, verheiratet, keine Kinder, ev.-luth., Deutsche Staatsangehörigkeit, und

Fürweg, Vorn. Rosalie Minna, geb. am 29.9.1929 in Beresina/Rumänien, wohnhaft in Schwarzenberg, Stiftstr. 34, ev.-luth., Deutsche Staatsangehörigkeit, ermordet worden.

Die Leiche der Deppe lag auf dem Bett gegenüber der Tür. Sie lag auf dem Rücken, der Kopf war leicht nach rechts gedreht, der linke Arm lief fast parallel zum Körper, der rechte Arm war stark angewinkelt und die Hand lag nahe am Kopf. Das Gesicht war stark mit Blut besudelt.

1 1/2 cm unter dem linken Auge befand sich eine halbkreisförmige, etwa 5 mm breite Schnitt- bzw. Stichverletzung. Unmittelbar über der rechten Ohrleiste, etwa 1 cm darüber, befand sich eine Schußöffnung mit herausgetretenen Gehirnteilchen. Der vermutliche Einschuß hierzu befand sich auf der linken Kopfseite etwa 2 cm vom Ohr entfernt. Eine weitere Schußöffnung befand sich am linken Unterarm in Nähe des Handgelenkes in Verlängerung des kleinen Fingers. Es handelt sich hierbei um einen Einschuß. Um die Einschußöffnung befindet sich ein Pulverschmauchring mit einer Größe von 1/2 bis 2 1/2 cm auf der anderen Seite des Armes in gleicher Höhe Ausschußöffnung. Vermutlich wollte die D. den Kopfschuß mit einer Handbewegung abwehren. Neben der vermutlichen Ausschußöffnung lag in einer größeren Blutlache ein stark deformiertes Geschoß auf dem Bett. Weiterhin lag an der rechten Körperseite der Leiche eine Pistolenpatrone Kal. 9 mm. In dem Schamhaar und von da aus nach dem rechten Oberschenkel zu befand sich eingetrockneter Schleim (Sperma?).

Der rechte Fuß der Leiche war mit Blut beschmiert. Neben ihm lag eine Schlafanzughose. Die D. war nur mit einem Schlafanzugjäckchen bekleidet.

Das Bett und das Zudeckbett waren stark mit Blut verschmiert. Am Kopfende des Bettes wurde auf dem Fußboden eine Patronenhülse vom Kal. 9 mm gefunden.

Die Leiche der Fürweg lag mit dem Rücken auf einem Bett, das von der Tür aus gesehen an der rechten Wand stand. Die Füße lagen auf dem Fußboden, beide Arme lagen leicht angewinkelt auf dem Bauch.

An der rechten Nasenseite, 1 cm unterhalb des rechten inneren Augenwinkels, befand sich eine Einschußstelle. Am Hinterkopf, 7 cm hinter der Ohrmuschel befand sich unter der Kopfhaut eine harte Verdickung. Die Kopfhaut selbst war bläulich verfärbt. Möglicherweise handelt es sich hierbei um ein unter der Haut steckengebliebenes Geschoß. Beide Gesichtshälften waren stark blutverkrustet. Vor dem Mund war ein großer blutiger Schaumpilz. Auf dem rechten Handrücken, in Verlängerung des Zeige- und Mittelfingers war die Haut bläulich verfärbt.

Das Zudeckbett war stark blutverschmiert, außerdem war das Blut durch beide Matratzen durchgedrungen. Die Leiche war bekleidet mit rosaroten Schlüpfern und einem weißen Hemd.

Die Totenflecke waren beiden Leichen am Rücken, Gesäßbacken, Oberschenkel und Waden ausgeprägt.

Das ganze Schlafzimmer machte einen unordentlichen Eindruck. Verschiedene Kleidungsstücke lagen auf dem Boden verstreut umher. Die Schrankkästen waren aufgezogen und durchwühlt. Nach Feststellung des Vaters der beiden Toten wurde aus dem Schlafzimmer nichts geraubt.

Der Vater der beiden Ermordeten hat seine Wohnung im Erdgeschoß. Die Wohnung besteht aus Vorsaal, Abort, Küche, Stube und Schlafzimmer. Das Fenster, das von der Stube Richtung Straße zeigt, war von außen eingedrückt. Die Glasscherben lagen zum Teil auf dem Fensterbrett und zum Teil auf einem Fell, das unter dem Fenster lag. Durch dieses Fenster müßen die Täter ein- und ausgestiegen sein. Im Garten, der sich zwischen dem Haus und der Stiftstraße befindet, wurden Fußspuren festgestellt. An der Mauer, unterhalb des Fensters, wurde eine Kratzspur festgestellt, die wahrscheinlich beim Einsteigen verursacht wurde. Auf dem Stuhl, der vor dem Fenster stand, wurden geringe Fußspuren festgestellt. In der Stube lag eine Patronenhülse, Kal. 9 mm, neben dem Tisch. An dem Fenster konnten keine Fingerspuren festgestellt werden. Der Täter muß seinen Weg dann durch die Wohnung des Fürweg genommen haben. In der Wohnung konnten ebenfalls keine Spuren gesichert werden. Die Wohnung selbst wurde vom Täter nicht durchsucht. Es war von ihm keine nennenswerte Unordnung hervorgerufen worden«, schließt Kriminaldirektor Schädlich seinen Tatortbericht.

In der Wohnung Stiftstraße 34 vernommen, erklärt der Vater der beiden Ermordeten:

»Ich heiße: Fürweg, Herwart, geb. 8.9.1892 in Paris/Bessarab., verh. mit Aljonna, geb. Krauß, Kinder 5 im Alter von 16, 21, 22, 24 und 26 Jahren, D.R., ev.-luth., angebl. nicht vorbestraft, wh. ebd.«

Die Ermittler protokollieren: »In meinem Schlafzimmer neben mir im Bett schliefen noch meine beiden Pflegekinder. Sie sind im Alter von 10 und 6 Jahren. Meine ältere Tochter, Gertraude Deppe, geb. Fürweg, arbeitet mit mir im Landratsamt und war am 25.6.1946 vom Dienst müde, so daß sie gegen 21 Uhr schlafen gegangen ist. Meine zweite Tochter Rosalie ist gegen 21.45 Uhr schlafen gegangen. Die beiden Vollwaisen, meine Pflegekinder, schliefen bereits, als ich mich genau 22 Uhr zur Ruhe begab.

Traudl, deren Mann der ehemalige SS-Obersturmführer Deppe gewesen ist, erfuhr erst vor ungefähr einem Monat, daß ihr Mann gefallen sei. Sie trauert noch um ihn. Von einer Liebschaft ist mir nichts bekannt. Rosalie ist erst 16 Jahre alt. Ich halte deshalb eine Liebschaft für nicht gut möglich.

Meine Tätigkeit im Landratsamt ist die eines Dolmetschers der russischen Sprache. Es kommen zu mir in meine Wohnung manchmal Deutsche, die mir Aufträge für Übersetzungen geben. Angehörige der Besatzungsarmee waren bei mir nur einmal vor Weihnachten. Es handelt sich dabei um Kapitän Kapitonow, den Leutnant Schukschin und den Leutnant oder Oberleutnant Rjasanow von der Kommandantur Aue. Die drei Offiziere haben sich längere Zeit bei mir aufgehalten. Kapitän Kapitonow und Ltn. Schukschin haben damals bei mir im Zimmer meiner Töchter übernachtet. Meine Töchter schliefen in dieser Nacht unten in der Wohnung.

Ich wohne seit November 1945 im Hause Stiftstraße 34. Es ist daher verwunderlich, daß die Täter so genau Bescheid gewußt haben, wo meine beiden Töchter und ich schlafen.

Bei der Uhr, die mir gestohlen worden ist, handelt es sich um eine alte silberne Sprungdeckeluhr. Auf dem Sprungdeckel befindet sich ein gelbes Wappen, das vermutlich aus Gold ist, aber bereits stark abgenutzt aussieht. Die Kette ist aus Massivgold und hat ein Anhängsel, welches wiederum an einem Kettchen befestigt ist. Dieses Anhängsel ist dreieckig und hat einen durchsichtigen weißen Stein. Sieht man durch eine Ecke dieses Steines, so sieht man ein Monogramm, das sonst nicht sichtbar ist. Das Monogramm ist K.A. Darüber hinaus konnte ich nichts feststellen, was in der Wohnung abhanden gekommen ist.

Ich bin am fraglichen Tage mit dem 18 Uhr Bus nach Hause gefahren, während meine Tochter Traudl bereits 16.30 Uhr mit dem Bus von Aue nach Hause gefahren ist. Meine Tochter Rosalie ist zu Hause gewesen, weil keine Schule war. Ich habe nach meiner Rückkehr gegen 19 Uhr das Haus nicht wieder verlassen. Meine Frau ist seit einem Monat mit meiner Tochter Mathilde Huß, geb. Fürweg, verreist und befindet sich in der englischen Zone in Totermann b. Rindeln a.d. Weser. Meine Frau erwarte ich jeden Tag zurück.«

Verdächtig, wie ein Schutzmann der Schwarzenberger Ordnungspolizei den Verlauf dieses Abends schildert: »In der Nacht vom 25. zum 26.6.1946 hatte ich Dienst. Kurz vor 24 Uhr kam ein Anruf der Stadtkommandantur, die eine sofortige Streife zur Kontrolle von Kraftfahrzeugen in Richtung von Johanngeorgenstadt verlangte. Ich fuhr mit meinem Motorrad in die angegebene Richtung los. Ungefähr 10 Minuten nach 24 Uhr sah ich unmittelbar neben den Kraus-Werken, Wildenau, einen PKW der Marke *Opel*, rotbrauner Anstrich, halten. Ich wollte ihn kontrollieren. Es war aber nicht möglich, da der PKW weiterfuhr, nachdem die Insassen mich bemerkt hatten. Ich sah im Wagen eine Person in Zivil und eine Person in der Uniform der Roten Armee. Nach 200 m Fahrt blieb der PKW wieder stehen. Ich fuhr zu dem haltenden PKW und fragte die Insassen, ob die Streife der Roten Armee in Erla passiert sei. Das wurde bejaht. Neben dem PKW lehnte an einem Zaun ein Motorrad. Der Fahrer war ein Offizier der Roten Armee. Ich wendete und fuhr 300 m in Richtung Erla. Da ich niemanden sah, kehrte ich zu dem PKW zurück, der noch an gleicher Stelle stand, ebenso der Motorradfahrer. Mit meinem Scheinwerfer leuchtete ich alles ab und hatte das Gefühl, daß der Offizier sein Gesicht verbergen wollte, indem er vortäuschte, daß an seinem Motorrad etwas nicht in Ordnung sei. Der Zivilist im Wagen gab mir auf Russisch zu verstehen, daß ich verschwinden solle. Ich fuhr zur Dienststelle und erhielt einen neuen Auftrag. Als wir gegen 0.40 Uhr bei den Kraus-Werken vorbei kamen, waren der PKW und das Motorrad nicht mehr zu sehen.

Gegen 2.55 Uhr kam von der Gemeindepolizei zur Kommandantur von Schwarzenberg für mich ein telefonischer Anruf. Man teilte mir mit, daß in der Stiftstraße 34 die beiden Mädels

Fürweg ermordet worden seien. Die Kommandantur schickte zwei Soldaten mit, um den Tatort zu besichtigen. Nach der Besichtigung wurde die Kriminalpolizei Schwarzenberg, das Kriminalamt Zwickau und der Polizeiarzt benachrichtigt.

Ich gebe meine Beobachtungen zu Protokoll, weil ich annehme, daß sie mit der Tat infolge der übereinstimmenden Zeit in unmittelbarer Verbindung stehen.«

Was aber haben die Schwestern Fürweg mit Schmugglern zu tun? Keiner traut den Mädels unrechtes Tun zu, Nachteiliges ist über sie nicht bekannt: Zuvorkommend, arbeitsam, der Vater hat sie streng erzogen.

Aufgrund von Umfragen in der Nachbarschaft gibt eine Nachbarin aus der Stiftstraße 32 einen weiteren Hinweis, der den Verdacht des Polizisten bestärkt: »Gegen 23.10 Uhr, die Zeit ist mir deshalb so genau erinnerlich, weil ich schlafen gehen wollte, fuhr ein Auto vor das Haus in der Stiftstraße 34. Ein besonderes Augenmerk habe ich nicht darauf gerichtet, denn es ist bereits öfter vorgekommen, daß PKWs dort vorfahren und Herrn Fürweg abholen. Eine Beschreibung des PKWs kann ich nicht geben. Es ist mir auch nicht erinnerlich, wann das Kraftfahrzeug wieder abgefahren ist. Während der Nacht vom 25. zum 26.6.1946 hörte ich es dauernd Klopfen. Obwohl ich aufgestanden war, habe ich mich nicht weiter darum gekümmert, nachdem ich feststellte, daß das Klopfen im Nachbarhause war. Wie spät es war, weiß ich nicht anzugeben.«

Ist dies der Pkw, der dem Ordnungspolizisten auffiel? Dass Russen im Hause Fürweg verkehren, dass der Vater auch nächtens zum Amt geholt wird, ist üblich. Man glaubt, einen Sowjetoffizier im Wagen gesehen zu haben. Saß Vater Fürweg im Fond? Waren Gertraude und Rosalie Zeugen und haben ihr

Mansardenzimmer verlassen, den Vater beobachtet? Die Mutter ist auf Reise im Westen. Die Pflegekinder schliefen. Vater Fürweg hat keine Schritte auf der Treppe gehört wie Frau Gießer. Ihm hat man sogar die Uhr vom Nachttisch gestohlen. Sagt er die Wahrheit? So wäre diese kaum glaubhaft.

Als Aljonna Fürweg aus Totermann b. Rindeln a.d. Weser nach Schwarzenberg zurückkehrt und vom Tod ihrer Töchter erfährt, trifft sie der Schock. »Obwohl die Mutter der Ermordeten am 26.6.1946 in den späten Nachmittagsstunden aus dem Westgebiet wieder nach Schwarzenberg zurück kam, konnte eine Vernehmung noch nicht stattfinden, da Frau Fürweg durch die Ermordung ihrer Töchter vollkommen erschüttert und nicht vernehmungsfähig war.«

Selbst Aljonna Fürweg kann nicht glauben, daß Gatte Herwart nichts, aber auch gar nichts von den Vorgängen im Haus gehört haben soll. Es muß doch laut gewesen sein. Laut! Man muß was gehört haben, wenn man im selben Hause schlief... Oder? NKWD und Ermittlungsbehörde fühlen sich in ihrem Verdacht bestätigt.

»Am 27.9.1946 mußte der Vater der Ermordeten, Herwart Fürweg, auf Anordnung der NKWD Schwarzenberg festgenommen werden. Die NKWD Schwarzenberg nahm an, daß die Aussagen des Fürweg nicht der vollen Wahrheit entsprächen. Insbesondere erschien es unglaubhaft, daß F. nicht aufgewacht ist, obwohl der Täter das Fenster eingeschlagen hat, aus dem Schlafzimmer neben dem Bett des F. eine Uhr gestohlen hat und dann beide Schlafzimmertüren verschlossen hat. F. wurde allerdings der deutschen Polizei weiter für Vernehmungen zur Verfügung gestellt.«

Das NKWD: Narodnij Kommissariat Wnutrennych Djel – Volkskommissariat für innere Angelegenheiten, seit 1946 Ministerium (MWD), erfüllte geheimdienstliche Aufgaben. Einen Tag darauf ist die Mutter gefasster und sagt bei der Polizei aus: »Im November 1944 wurden wir von Rumänien nach Deutschland umgesiedelt. Wir waren ein Jahr im Umsiedlerlager bei Dresden. Anschließend wohnten wir bis Januar 1945 im Warthegau bei Posen. Mein Mann war dort Beamter. Im Januar 1945 mußten wir flüchten und kamen anschließend nach Markersbach. Von hier aus zogen wir im November 1945 in unsere jetzige Wohnung.

Meine Tochter Traudl war mit Herbert Deppe, der aus Dobrudscha (Rumänien) stammt, verheiratet. Dieser war SS-Obersturmführer und Ritterkreuzträger. Kurz vor dem Zusammenbruch erhielten wir einen Brief, daß er vermißt sei. Vor einigen Wochen kam ein Brief von dem Schwager meiner Tochter, in dem dieser mitteilte, daß er von einem Kameraden seines Bruders erfahren habe, daß er bei den Kämpfen in Budapest durch Kopfschuß gefallen sei.«

Die Vernehmung mußte an dieser Stelle abgebrochen werden, da Frau Fürweg in Weinkrämpfe verfiel. Als sie dann noch erfuhr, daß ihr Mann festgenommen worden sei, brach sie mit ihren Nerven vollkommen zusammen. Sie wurde erst mit zur Kriminaldienstelle Schwarzenberg genommen und anschließend dem Krankenstift Schwarzenberg zugeführt.

Einen Tag später dieser Vermerk: »Fürweg wurde am 28.6.1946 nochmals eingehend vernommen. Er machte hierbei dieselben Angaben, die er bereits bei seiner ersten Vernehmung gemacht hatte. Nachdem auch Frau Fürweg ihre Aussage widerrief, daß sie ihrem Manne nicht glaube, wurde Fürweg von der NKWD Schwarzenberg wieder freigelassen.«

Einen anderen Verdacht legt ein Mieter des Hauses Stiftstraße 56 nah: »Am 25.6. gegen 22 Uhr kam ich von meiner Arbeitsstelle nach Hause. Als ich eine Weile zum Fenster meiner Wohnung auf den Hof hinaussah, entdeckte ich, daß sich eine Person an meinem Hasenstall zu schaffen machte. Ich rief: ›Was ist da unten los?! Wenn ich runterkomme, schlage ich dir die Knochen auseinander!‹ Diese Person lief daraufhin vom Hof auf die Stiftstraße. Ich lief schnell vom Hoffenster zum gegenüberliegenden Schlafstubenfenster, um die Stiftstraße beobachten zu können. Als ich durch das Fenster sah, hörte ich plötzlich einen scharfen Schuß, der vermutlich aus einem Revolver abgefeuert worden war. Ich entfernte mich daraufhin vom Fenster. Als ich wenige Minuten später Schreien hörte – ich dachte, es stamme von Tieren aus einem Stall in unmittelbarer Nähe meines Grundstückes – forderte ich meine Tochter auf, sofort den Besitzer dieses Grundstückes zu verständigen. Als meine Tochter an der Stiftstraße 34 (Tatort) vorbeikam, bemerkte sie vor dem Fenster einen großen stattlichen Herrn in Zivil. Dieser sah dauernd in die Wohnung des Fürweg und stellte sich sofort in den Schatten, nachdem er meine Tochter bemerkt hat.«

Die 22-jährige Tochter des Zeugen dazu: »Am 26.6.1946, gegen 1 Uhr nachts, schickte mich mein Vater in das Grundstück meines Arbeitgebers, um diesen darauf aufmerksam zu machen, daß bei ihm vermutlich Diebe eingebrochen seien. Auf dem Wege dorthin mußte ich an dem Mordhaus vorbei. Ich beobachtete, daß im Wohnzimmer und in der Küche der Familie Fürweg Licht brannte. Ein Lichtschein fiel durchs Fenster auf die Straße. In diesem Lichtschein stand ein großer Herr, der Zivil gekleidet war und schaute in die Fenster der Wohnung des Fürweg. Als er mich bemerkte, entfernte er sich und ging stadtwärts.« Weitere Angaben kann die Zeugin nicht machen. Waren es Diebe? Selbst wenn die Schwestern solche beobachteten, und dies bemerkt worden wäre, laufen solche Täter ins Dachgeschoß, schießen und riskieren dadurch ihre Entdeckung? Dieser Verdacht scheint unbegründet. Sind es private Motive, die zum Mord führten? Haben die Schwestern wirklich keinen Kontakt zu Männern, wie Vater Fürweg annimmt?

Als Freundin der Rosalie Fürweg wurde die Schülerin der Höheren Handelsschule Köhler, Ingrid, geb. am 25.3.1931, wohnh. Schwarzenberg, Grünhainer Str. 31, ermittelt, und sie gab zur Sache befragt an:

»Rosalie Fürweg kenne ich seit ungefähr November 1945. Soviel mir bekannt, wohnten sie vorher in Markersbach und sind um diese Zeit nach Schwarzenberg umgezogen. Sie besucht mit mir die Klasse H5 der Höheren Handelsschule, und da sie meine Nachbarin war, freundeten wir uns an. Wenn sie abends zu mir in das Gasthaus *Köhler* meiner Eltern kam, so war das meistens gegen 22 Uhr. Ob mit oder ohne Erlaubnis ihrer Eltern, weiß ich nicht. Sie ist öfter nach Beierfeld in das Gasthaus *Albertturm* tanzen gegangen. Allerdings war mir fast immer unklar, mit wem sie tanzen ging. Ich habe festgestellt, daß Rosalie und auch Gertraude eine gewiße Neigung zu Russen hatten, sie sprachen freundlich mit ihnen und zwar meist russisch. Von Traudl ist mir bekannt, daß sie einmal mit einem Russen Motorrad gefahren ist, wohl vom Tanzen nach Hause.

Mein Cousin, Fritz Wolf, interessierte sich auch für Rosalie Fürweg. Er war am Abend des 25.6.1946 mit Rosalie zusammen im Gasthaus meiner Eltern. Ich konnte dies nur flüchtig feststellen, als ich an dem gestrigen Abend von einer Geburtstagsfeier kommend gegen 23 Uhr durch das elterliche Lokal ging.«

Ingrids Schwester Magda Köhler kellnert im Lokal des Vaters und bestätigt: »Ich arbeite im Gasthof meines Vaters als Bedienung. Am 25.6.1946 gegen 22.30 Uhr kam die Rosalie Fürweg zu uns ins Lokal. Sie sagte mir, sie sei daheim ausgekratzt und befinde sich ohne das Wissen ihres Vaters hier.«

Rosalie Fürweg war nach 22 Uhr im Gasthaus bei den Eltern der Freundin. Sie hatte sich keineswegs um zehn Uhr schlafen gelegt, des Öfteren hat sich die 16-Jährige ohne Wissen der Eltern aus dem Hause geschlichen und noch Stunden im Lokal der Köhlers verbracht. Das ist keine 300 m vom Wohnhaus entfernt, ein kurzer Weg. Die Köhlers betreiben neben der Gastwirtschaft noch eine Fleischerei. Heute bröckelt am Haus der Putz. Ein Bürocenter ist in die Räume gezogen. Doch den Namen Köhler kann man noch immer über den Fenstern lesen.

Vater Fürweg hatte Liebschaften seiner Jüngsten ausgeschlossen, er hat die Wahrheit nicht gewusst. Denn sehr wohl war sich Rosalie bereits ihrer weiblichen Reize bewusst und setzte sie ein. Dass die Schwestern ihr Leben genießen, wird in mehreren Aussagen bestätigt. Ein Zeuge erinnert sich: Er fuhr Rosalie und Schwester Gertraude Deppe zum Maskenball ins nahe Beierfeld. Als die Mädchen ihn fragten, habe er sie auf dem Rückweg bis vor die Haustür gefahren. Und er hat sich mit ihnen verabredet zum Tanz in der *Sonne* in Wildenau. Doch diese zweite Fahrt kam nicht zustande, weil er nicht zur Stelle war. Nein, er habe an jenem Tag einfach nicht gekonnt. Und außer diesem einen Mal nach dem Maskenball hat er die Mädels nicht gesehen. Wirklich. Anderes ist ihm nicht nachzuweisen.

Haben die Schwestern Männern Liebe versprochen? Haben sie provoziert? Es ist ein anderes Bild, als das des Vaters, das Zeugen von den angeblich so streng erzogenen Töchtern geben. Ingrid Köhler weiß noch mehr: »... Boris interessierte sich … stark für die Rosalie Fürweg. Ich habe auch eine gewiße Schwärmerei bei der Fürweg bemerkt. Mein Vetter Fritz Wolf hatte ebenfalls ein kameradschaftliches Freundschaftsverhältnis mit der Fürweg. Durch das Dazwischentreten des Boris war dies allerdings etwas getrübt worden. Direkt entzweit hatten sich mein Vetter und die Fürweg aber nicht. Ich habe ebenfalls nicht bemerkt, daß ihr mein Vetter wegen des Boris Vorhaltungen gemacht hätte.« Andere Bekannte der Schulfreundin kennt Isolde Köhler nicht.

Aufgrund der Aussagen der Ingrid Köhler wurde der Kaufmann Wolf, Eugen Fritz, geb. am 12.9.1922 in Schwarzenberg, wh. Grünhainer Str.31, zur Kriminaldienststelle Schwarzenberg bestellt und er erklärt zur Sache befragt Folgendes:

»Seit dem 1.4.1945 habe ich mit meiner Mutter eine Wohnung im Grundstück meines Onkels, des Gastwirts Anselm Köhler, in Schwarzenberg, Grünhainer Straße 31, inne. Täglich halte ich mich in der Gaststätte meines Onkels auf und kenne demzufolge seine sämtlichen Gäste. So sind mir auch die beiden ermordeten Töchter des Dolmetschers beim Landrat, Fürweg, von der Stiftstraße 34, bekannt. Mit der jüngsten Tochter Rosalie unterhielt ich seit Weihnachten 1945 ein Freundschaftsverhältnis. Auch die Eltern der beiden Ermordeten sind mir bekannt, und ich weiß, daß diese beiden Mädchen seitens ihrer Eltern eine gute und strenge Erziehung genoßen haben. Rosalie war in ihrer Ausgehzeit sehr beschränkt und bis vor ungefähr einem viertel Jahr mußte sie spätestens um 21 Uhr in der elterlichen Wohnung sein.

Rosalie ist fast täglich in der Gaststätte meines Onkels, da sie eine Freundin meiner Cousine Ingrid Köhler ist. Beide Mädchen verrichteten in den angrenzenden Gesellschaftszimmern der Gastwirtschaft ihre Schularbeiten oder haben gespielt und getanzt. In den Monaten Februar, März und April dieses Jahres ist es wiederholt vorgekommen, daß ich Rosalie am Schluß ihrer Besuche bei meiner Cousine nach Hause begleitete. Wenn ich das später nicht mehr tat, so deshalb, weil durch die Knappheit des Alkohols keine Befürchtungen mehr bestanden, daß Rosalie auf ihrem Nachhauseweg etwa durch Betrunkene belästigt werden konnte, zumal unsere beiden Wohnungen nur etwa 200 m auseinander liegen. Im Allgemeinen kann ich über die beiden Ermordeten sagen, daß es sich hierbei um sehr anständig erzogene Mädchen gehandelt hat. Ihre Vergnügen lagen immer im Rahmen der Anständigkeit und meistens in Gegenwart ihrer Eltern.

Mein Freundschaftsverhältnis erfuhr in letzter Zeit eine Trübung. Rosalie machte die Bekanntschaft eines mir sehr aufdringlich erscheinenden Herren. Es handelt sich wohl um einen entlassenen Soldaten der Roten Armee namens Boris, der meistens in Zivil ging. Nach meiner Meinung hat Rosalie bis zu einem gewißen Grade sich von ihm den Hof machen lassen. Das war der Grund, warum unser Freundschaftsverhältnis in der letzten Zeit etwas getrübt wurde. Am 25.6.1946 war Rosalie im Lokal meines Onkels. Ich kam gegen 22.20 Uhr aus der Kinovorstellung ins Lokal zurück und bemerkte sie dort. Ich unterhielt mich mit Rosalie. Es betraten zwei Soldaten der Roten Armee das Lokal meines Onkels, und wir setzten uns gemeinsam an einen Tisch. Die Unterhaltung mit diesen Soldaten war belanglos. Rosalie spielte mit ihrem Hausschlüssel auf dem Tisch. Ich nahm ihr den Schlüssel aus der Hand und spielte selbst damit. Als die Soldaten mich fragten, ob Rosalie meine Frau sei, bejahte ich das. Rosalie verlangte dann von mir den Hausschlüssel zurück, da sie nach Hause gehen wollte.

Im Scherz sagte ich, ich beabsichtige, einen Wachsabdruck von diesem Schlüssel anzufertigen, damit ich in die Speisekammer gelangen könnte, händigte ihr aber dabei den Schlüssel aus. Sie verließ das Lokal ungefähr gegen 23.15 Uhr, um nach Hause zu gehen. Was sich nun weiter abgespielt hat, nachdem Rosalie das Lokal verlassen hat, weiß ich nicht. Ich selbst verblieb noch im Lokal und suchte dann meine Wohnung auf. Als Zeugen dafür, daß ich mit Rosalie das Lokal nicht verlassen habe, kann ich meinen Onkel, den Gastwirt Anselm Köhler, sowie meine Cousine, Doris Köhler benennen. Meine Mutter war an diesem Abend nicht in unserer Wohnung anwesend, da sie bei der Reichspost in Schwarzenberg ihren Nachtdienst zu versehen hat. Es ist mir deshalb nicht möglich, einen Zeugen zu benennen, der bestätigt, daß ich meine Wohnung an diesem Abend nicht wieder verlassen habe.

Die beiden Rotarmisten, die sich an unserem Tisch befunden hatten, verließen das Lokal etwa 5 Minuten früher als Rosalie. Es ist mir nicht bekannt, daß es irgendwelche Abmachungen oder Verabredungen zwischen den beiden Rotarmisten und Rosalie gegeben hätte.

Ich versichere, daß meine oben gemachten Angaben der reinen Wahrheit entsprechen und ich nichts weiter hinzufügen kann.«

Das war die Aussage des Fritz Wolf. Von der Verdächtigenliste kann er damit nicht gestrichen werden. Hat er wirklich Rosalie, die er verehrte, allein nach Hause gehen lassen? Nur fünf Minuten nach den Sowjetsoldaten hat die von ihm Verehrte die Gastwirtschaft Köhler verlassen. Freundschaft, sagt Wolf, habe er für Rosalie empfunden. Sicher gilt, der 22-Jährige wollte von dem Mädchen mehr. Sie lehnte ab und ließ sich von einem Russen den Hof machen. Hat der Verschmähte diesem Verhältnis zusehen können? Hatte Fritz Wolf seine Leidenschaft unter Kontrolle?

Magda Köhler sagt: »Rosalie Fürweg kam für gewöhnlich ein bis zweimal in der Woche um diese Zeit in unser Gasthaus und unterhielt sich hier etwas mit mir und den anderen Gästen. Am 25.6.1946 saßen wir gemeinsam mit meinem Vetter Wolf, der um diese Zeit vom Kino gekommen war, und noch zwei Herren am Stammtisch und haben uns über belanglose Dinge unterhalten. Während ich meist mit den Männern sprach, unterhielt sich mein Vetter mit der Fürweg. Gegen 23.35 Uhr verließen die beiden Stammgäste das Lokal. Kurze Zeit später kam eine russische Streife. Diese bestand aus zwei Soldaten, die schon öfter in unserem Lokal gewesen waren. Ich bediente diese erst selbst. Dann riefen sie meinen Vetter an ihren Tisch und wollten Schnaps von ihm haben. Mit ihm gemeinsam begab sich auch die Fürweg an diesen Tisch. Ich selbst setzte mich noch mit hin. Wir haben uns auch an diesem Tisch nur über belanglose Dinge unterhalten. Gegen 23.45 Uhr verließen die beiden Russen das Lokal. Kurze Zeit später ging die Fürweg ebenfalls. Auf eine Bemerkung meines Vaters, ob sie keine Angst habe, allein nach Hause zu gehen, sagte sie, ›mir tut niemand etwas‹.

Gemeinsam mit meinem Vetter verließ ich dann die Gaststube durch die Hintertür. Wir begaben uns erst einmal auf die Toilette und anschließend jeder in unsere Wohnung. Ob mein Vetter seine Wohnung später nochmals verlassen hat, kann ich nicht angeben. Es ist dies von meinem Schlafzimmer aus nicht wahrzunehmen.

Bemerken möchte ich noch, daß mein Vetter am 26.6. mit den Geschwistern Fürweg nach Aue ins Theater fahren wollte. Ob mein Vetter der Fürweg einmal den Hausschlüssel abgenommen hat, kann ich nicht angeben. Ich habe darauf keine Obacht gegeben.«

Ein sicheres Alibi kann die Verwandtschaft Fritz Wolf nicht geben. Ein vorläufiger Schlussbericht vom Tag nach dem Mord zeigt weitere Seiten des jungen Mannes, denn »Wolf wurde am 26.6.1946 von der NKWD wegen einer anderen Sache in Haft genommen.« Was ihm vorgeworfen wurde, vermerken die Akten nicht. Schwarzhandel? Schmuggel? Wirtschaftsvergehen liegen nah. Wirtsleute und deren Angehörige standen unter besonderer Beobachtung staatlicher Organe und der Besatzungsmacht. Schnell konnte in diesen Häusern illegal geschossenes Wild veräußert werden. Unbekannte können sich ohne Aufsehen in Gaststuben verabreden. Wer ist Fritz Wolf?

Der junge Mann bleibt in Haft. Über seine Entlassung steht nichts im Protokoll. Dass Fritz Wolf die Aufmerksamkeit des NKWD erregte, lässt auch an andere Straftaten und Prozesse denken. »Auf der Stiftstraße, etwa 8 m vom Eingang Stiftstr. 34, wurde eine Patronenhülse, 9 mm, aufgefunden und sichergestellt.« Allerdings können Zusammenhänge zwischen all den Zeugenaussagen und den beobachteten Personen nicht festgestellt werden.

Vater Fürweg wurde aus der Haft entlassen. Fritz Wolf unter anderem Verdacht verhaftet. Fragen bleiben. Ohne Zweifel: Auf der Stiftstraße wurde geschossen. Mitternacht aß Heizer Hans Koch sein Brot, er hatte 0.15 Uhr zwei Schüsse gehört. Eine Minute später schoss es noch einmal, sagt er. Und er sah das Fürweg'sche Haus um 1.30 Uhr erleuchtet. »Ich habe mir gedacht, daß die Einwohner dieses Hauses aber zeitig aufgestanden sein müssen.« Nur noch Frau Gießer hatte die Schüsse gehört, aber auch sie hatte sich nichts weiter dabei gedacht.

Die Ermittlungen konzentrieren sich erneut auf die Privatsphäre Rosalies. Sie war am Abend außer Haus. Sie war Soldaten und anderen begegnet. Traf sie ihren Mörder im Gasthaus der Köhlers? Wen kannte sie noch?

Schulfreundin Isolde: »Wie ich bereits angegeben habe, ging die Rosalie Fürweg öfter in den *Albertturm* tanzen. Mit wem sie gegangen ist, kann ich nicht angeben. Sie traf dort aber oft einen Russen namens Boris. Diesen kenne ich bereits seit Februar dieses Jahres. B. interessierte sich stark für sie … Getanzt haben die Mädchen mit Boris und mit zwei Sergeanten der Roten Armee. Von denen ist der eine jetzt in Stollberg und der andere in Annaberg tätig. Die zwei Sergeanten waren früher bei einem Demontagekommando tätig …«

Wie Traudl und Rosalie nach solchen Tanzabenden nach Hause kamen, weiß Isolde Köhler nicht. Haben die Schwestern an solch einem Vergnügungsabend ihren Mörder getroffen? Ist er ein Angehöriger der sowjetischen Besatzungsmacht? Darüber gibt die Akte keine Auskunft.

Oder sitzt tatsächlich mit Fritz Wolf der Mädchenmörder bereits hinter Gittern? Leichtere Delikte hat er bereits auf dem Kerbholz. Somit Fall geklärt und zu den Akten? Was trug sich wirklich in jener Juninacht in Schwarzenberg zu?

»Spurensicherungsbericht vom 27.6.1946
A Fingerspuren
Brauchbare Fingerspuren sind trotz eifrigsten Absuchens nicht gefunden worden.

B Fußspuren
Im Vorgarten des Hauses Stiftstraße 34, und zwar unmittelbar unter dem zertrümmerten Wohnstubenfenster des Fürweg,

stellte ich einige schwache Fuß- bzw. Absatzeindrücke im Erdreich fest. Der Stellung der Absatzeindrücke nach handelte es sich um zum Fenster kommende und sich entfernende Spuren. Sie können ihrem Aussehen nach nur von einer Person verursacht sein. Die Stelle, an der sich die Eindrücke befanden, wurde von mir in ihrer Gesamtausdehnung unter Beilegung eines Maßstabes photographiert. 2 Lichtbilder werden beigefügt.

C Sonstige Spuren

1. Ebenfalls im Vorgarten, und zwar auf dem Wege unmittelbar am Zaun des Treppenaufganges, fand ich einen frisch abgerissenen eisernen Sohlenschoner. Er wurde für alle Fälle gesichert.
2. Im Bett der ermordeten Deppe, auf dem Bettlaken unter der rechten Kopfseite der Leiche, fand ich ein Geschoß.
3. Ebenfalls auf diesem Bettlaken, an der rechten Hüfte der Leiche, lag eine Pistolenpatrone 9 mm.
4. Auf dem Fußboden am Kopfende des erwähnten Bettes fand ich eine Patronenhülse 9 mm.
5. Im Wohnzimmer Fürweg, im Erdgeschoß, in der Nähe des zertrümmerten Fensters, war von dem Sohn des Fürweg am Morgen des 26.6.1946 eine Patronenhülse Kal. 9 mm gefunden worden.
6. Auf der Stiftstraße, und zwar etwa 80 m vom Tathause in Richtung Stift entfernt, wurde von einem Beamten des Erkennungsdienstes Chemnitz, der zur Verstärkung an den Tatort beordert worden war, ebenfalls eine Patronenhülse, Kal. 9 mm, gefunden. Sie wurde gleichfalls sichergestellt.«

Schüsse auf der Straße und im Haus. Die Täter zerschlugen das Wohnzimmerfenster, nebenan schlief der Vater mit seinen

Söhnen, sie wachten nicht auf. Nochmals wird Grete Gießer zum Abend und zur Nacht des 25. Juni befragt:

»Ich war bis etwa gegen 21.00 Uhr im Hof. Ob Frau Fürweg schon vorher schlafen gegangen ist, kann ich nicht angeben. Anschließend hielt ich mich in meiner Wohnung auf. Da mein Mann im Dienst war, befand ich mich ganz allein in der Wohnung.

Gegen 22.00 Uhr hörte ich jemanden die Treppe hoch- und in das Schlafzimmer der Geschwister Fürweg gehen. Dem Tritt nach könnte es die Rosalie Fürweg gewesen sein. Kurze Zeit später kamen dieselben Schritte wieder die Treppe herab. Die Schritte hatten die normale Lautstärke, und es wurde nicht versucht, leise aufzutreten. Ich hatte bereits am Donnerstag, dem 20.4.1946 einmal bemerkt, daß sich die Rosalie Fürweg am späten Abend noch einmal aus ihrem Schlafzimmer entfernt hatte. Wann sie damals zurückgekommen ist, kann ich allerdings nicht angeben.

Am 25.6. bin ich dann gegen 23.00 Uhr schlafen gegangen. In der Nacht wurde ich durch Schritte auf der Treppe geweckt. Meine Uhr schlug gerade einmal. Ob es 1/2 1 Uhr oder 1/2 2 Uhr gewesen ist kann ich daraus nicht ersehen, da meine Uhr zu diesen Zeiten immer einmal schlägt. Die Schritte selbst kann ich nicht näher beschreiben. Ich hörte ein leises Wimmern. Ich nahm an, daß eines von den Pflegekindern der Familie Fürweg krank sei und deswegen eine der Töchter Fürweg mehrmals in die Wohnung hinabgegangen sei. Ich hatte mindestens zweimal Schritte hinauf und wieder hinuntergehen gehört. Als ich aufwachte, brannte im Hause bereits Licht. Infolge des Wimmerns konnte ich dann nicht wieder einschlafen. Als ich einige Zeit wach gelegen hatte, und das Wimmern immer noch nicht aufhörte, sah ich sogar einmal zum Schlafzimmerfenster hinaus, konnte aber nichts bemerken. Dann hörte ich einen dumpfen Knall. Ich nehme an, daß dies ein Schuß war. Sofort kamen nochmals Schritte die Treppe hinunter und anschließend hörte ich keine Schritte mehr auf der Treppe. Die Haustür habe ich nicht schließen hören.«

Die von der Familie in Pflege genommenen Brüder Sticher werden behutsam zu ihren Erlebnissen in jener Nacht befragt. Der 10-jährige Ludger erzählt, dass seine Eltern schon lange tot seien, seit einem Jahr wohnen er und Bruder Gerold bei den Fürwegs. Am 25. Juni sind sie 19.00 Uhr schlafen gegangen. Nein, Ludger hat den Vater nicht zu Bett kommen hören. Vom Klopfen sei er aufgewacht, als Vater nicht mehr aus dem Schlafzimmer kam. Lichtschein kam von Küche und Hausflur. Dann hat Frau Gießer den Vorschlag mit dem Aus-dem-Fenster-Steigen gemacht. Er und Gerold seien aber im Bett geblieben, bis Vater »Aufstehen!« sagte.

Der jüngere Bruder bestätigt: »Vater rief: ›Meine Kinder sind ermordet, steht auf!‹ Dann sind wir aufgestanden. Die Taschenuhr auf dem Nachttisch habe ich an jenem Abend nicht gesehen.« Ansonsten haben die Brüder nichts gehört. Sicher, einmal seien Russen zu Weihnachten dagewesen und hätten im Haus übernachtet. Aber Männer haben die Jungen bei den Mädchen niemals gesehen. Nein, Männer sahen sie nicht.

Dazu vermerkt die vernehmende Kriminal-Inspektorin: »Die Kinder Sticher waren recht zutraulich und gingen auf alle Fragen ein, die ihnen gestellt wurden. Bemerkt sei jedoch, daß sie an allen Geschehnissen nach der Tat teilgenommen haben und somit viel nachsprachen, was sich unter den Erwachsenen erzählt wurde. Sie konnten somit nicht mehr Geschehenes und Erzähltes unterscheiden. Bei ihren Vernehmungen mußte immer wieder darauf hingewiesen werden, daß sie nur das erwähnen sollen, was sie wirklich selbst gesehen und gehört hätten. Die Vernehmungen ergaben, daß die Kinder durch das Klopfen des Pflegevaters an der Schlafzimmertür wach geworden waren. Sie sahen dabei das Hauslicht und das Küchenlicht durch die Scheiben des Schlafzimmers scheinen. Ferner haben sie gesehen, daß der Pflegevater, als er nicht durch die Türen des Schlafzimmers heraus konnte, das Schlafzimmerfenster öffnete und Frau Gießer rief. Anschließend sei dann der Pflegevater aus dem Schlafzimmerfenster gestiegen. Nach einiger Zeit sei er wieder gekommen und habe das Schlafzimmer von außen aufgeschlossen und habe zu den Kindern gesagt, daß sie aufstehen sollten, es sei etwas passiert. Irgendwelche anderen Geräusche haben die Kinder selbst nicht gehört.«

»Frau Fürweg (bereits vernommen) wurde nochmals zu der Angelegenheit gehört, weshalb sie zu ihrem Manne sagte, daß dies doch alles nicht so stimmen würde, er solle doch die Wahrheit sagen. Nachdem Frau Fürweg gestern gefaßter war, gab sie an, daß sie von der Polizei diesbezüglich falsch verstanden worden sei … Sie könne dies alles nicht fassen.«

Das Med. Gutachten stellt am 28.6. fest:
»Rosalie Fürweg:

1. Als Todesursache ist eine Kopfschußverletzung anzusehen mit einem Einschuß an der re. Nasenwurzel, Durchschuß der Schädelbasis, schwerer Zertrümmerung des Kleinhirns, Ausschuß am Hinterhauptsbein und Steckgeschoß unter der Kopfschwarte.
2. Bei der Sektion fanden sich noch kleine, stichartige Defekte an den Augenlidern, die laut dem durch Fäulnis bedingten Befund noch Beurteilung zulassen.

3. Als Abwehrverletzung ist möglicherweise eine Unterhautgewebsdurchblutung an der re. Hand anzusehen.

Gertraude Deppe:

1. Der Tod ist die Folge eines Kopfdurchschußes mit Einschuß über dem li. Ohr, Schußkanal quer durch den Kopf mit Schädellappen- und Mittelhirnzertrümmerung, sowie Blutung in die Hirnkammern und mit Ausschuß hinter dem re. Ohr.
2. Es fand sich weiterhin ein Durchschuß des li. Unterarmes, der mit dem Kopfdurchschuß zusammenhängt und als eine Schußverletzung aufzufassen ist, wobei zunächst der Unterarm getroffen wurde und dann der Kopf.
3. Es fanden sich kleine, stichkanalartige Verletzungen in den Augenlidern und in der Mitte des linken Vorauges von etwa 3–4 mm Durchmesser. Diese Verletzungen sind wahrscheinlich als Stichverletzungen anzusehen und im Besonderen wegen ihrer speziellen Beschaffenheit (blutdurchtränkte Gewebsränder) als noch im Leben beigebracht anzusehen.
4. Inwieweit Geschlechtsverkehr stattgefunden hat, läßt sich erst nach Untersuchung des entnommenen Scheiden- und Gebärmutterinhalts aussagen.«

Der Nachtragsbericht der Gerichtsmediziner stellt Überraschendes fest: »Der Sektionsbefund ergab, daß als Todesursache in beiden Fällen Kopfschußverletzungen anzusehen sind. Überraschend ist, daß sowohl Rosalie Fürweg als auch Gertraude Deppe in den Augen mehrere Stichverletzungen haben. Auffällig ist, daß die fast nackt auf dem Bett aufgefundene Deppe bedeutend mehr solche Stiche in die Augenpartie erhalten hat, als die noch mit einer Hose und Hemd bekleidete Rosalie Fürweg. Diese Stichverletzungen müssen mit einem Gegenstand beigebracht worden sein, der 2–4 mm stark und mindestens 5 cm lang gewesen ist.

Der Tatort wurde noch einmal genau untersucht, um den Gegenstand zu finden, mit dem diese Stichverletzungen beigebracht wurden. Gefunden wurde ein mit grünweißkariertem Gewebe überzogener Kleiderbügel, der in der Mitte, wo der Kleiderhaken eingeschraubt ist, gebrochen war. Der Kleiderhaken fehlte. Links und rechts der Bruchstelle waren auf den Gewebe Blutflecke zu sehen. Es wurde noch ein gleicher, unversehrter Kleiderbügel gefunden und nach Herausschrauben des Hakens festgestellt, daß der Haken 2 mm stark ist und bis zum gebogenen Kopf eine Gerade von 5 cm besitzt. Der Haken des defekten Kleiderbügels wurde nicht gefunden. Es kann mit allergrößter Wahrscheinlichkeit angenommen werden, daß die Stichverletzungen mit diesem herausgebrochenen Haken zugefügt wurden.

Die Feststellungen im Sektionsbefund, daß die Stichverletzungen als noch im Leben beigebracht anzusehen sind, sind u. E. falsch.

Die Ermordung der beiden dürfte sich wie folgt abgespielt haben: Der Täter ist in die Kammer eingedrungen und hat ohne Zögern vermutlich Rosalie Fürweg, die vor ihrem Lager stand, mit einem Schuß ins Gesicht auf kurze Entfernung (Pulverschmauchhof fehlte) erschossen. Sie fiel auf ihr Lager. Gertraude Deppe, die in ihrem Bette lag, wurde mit einem Nahschuß ermordet. Sie hatte vorher vermutlich beide Arme links und rechts an die Kopfseiten gedrückt. Daraus ergab sich der Durchschuß des linken Unterarmes mit fast aufgesetzter Waffe. Das Geschoß durchschlug den Schädelknochen hinter dem linken Ohr und zertrümmerte noch den Schädel am rechten Ohr und lag deformiert unter dem Kopf der Leiche auf dem Bettlaken. Zwischen den beiden Schüssen hat vermutlich der Täter seine Pistole repetiert, denn neben der Leiche der Deppe wurde noch eine unversehrte Patrone gefunden.

Danach hat er den Kleiderbügel ergriffen, ihn angebrochen und mit dem Haken zunächst der Rosalie Fürweg einige Stiche in die Augenpartie beigebracht und anschließend der Gertraude Deppe. Das Ergebnis der Untersuchung des Scheideninhalts der Deppe wird noch zeigen, ob an ihr außerdem ein Notzuchtverbrechen verübt wurde.«

Am 2. August liegt das Untersuchungsergebnis den Ermittlern vor:

»Schamhaare: Bei Aufweichen und Aufschwemmung von angeklebtem Sekret mit physiologischer Kochsalzlösung lassen sich noch deutlich Reste von Spermien, meist ohne Kopf, auffinden. Eine Beweglichkeit der Spermien ist nicht mehr feststellbar.

Material aus dem hinteren Scheidengewölbe: (etwa 10 ccm trübe, stark säuerlich und bereits übelriechende, schleimige Flüssigkeit von grauweißlichem bis bräunlichem Aussehen).

Mikroskopisch sind nur Epithelreste und zugrunde gehende gelapptkernige Leukozyten, sowie nur noch einzelne, auf Spermienhalsteile verdächtige Gebilde auffindbar.

Beurteilung: Wegen bereits bestehender Zersetzung sind keine sicheren Spermienbefunde zu erheben.«

Eindeutig konnte Sperma nur im Schamhaar nachgewiesen werden. »Es kann mit ziemlicher Sicherheit aus den Tatbestandsmerkmalen gesagt werden, daß es sich hier um ein Sexualverbrechen handelt. Der Täter dürfte auch mit der Ermordung der Liebolt, Heidelinde, geb. 9.3.1930 in Chemnitz, wohnh. Oberpfannstiel Nr. 41 und der Reichwein, Sigrid, geb. 20.1.1932 in Chemnitz, wohnh. Chemnitz, Hilbersdorf, Zeppelinstr. 74, bei Beierfeld am 31.12.45 identisch sein.«

Beide Doppelmorde weisen neben der örtlichen Nähe weitere verblüffende Gemeinsamkeiten im Tathergang auf.

»Am 1. Januar 1946, gegen 10.15 Uhr wurden in einem 10-jährigen Fichtenbestand zwischen Bernsbach und Beierfeld auf der Beierfelder Flur die Obengenannten ermordet aufgefunden. Beide waren durch Kopfschüsse getötet. Am Tatort wurde eine Gewehrpatronenhülse gefunden. Die Leiche der Sigrid Reichwein lag auf dem Rücken. Sie war noch vollkommen, also auch noch mit einem Mantel, bekleidet. Die rechten Finger umklammerten einen Zweig eines dicht danebenstehenden Fichtenbäumchens. Das Kleid und auch der Mantel waren noch geglättet und reichten bis unter die Knie. Die Strümpfe der Leiche waren leicht heruntergezogen und bildeten kleine Falten. Der Schlüpfer war vom linken Bein völlig herabgezogen und lag über das rechte Bein bis über das Knie. Der Scheideneingang war etwa 1 cm breit geöffnet. Sperma konnte weder am Schlüpfer noch am Scheideneingang festgestellt werden.

In den Augen dieser Leiche wurde je ein etwa bleistiftstarkes Ästchen einer Fichte tief hineingesteckt vorgefunden.

Die in die Augen der Reichwein hineingesteckten Ästchen und die Stichverletzungen in die Augenpartien bei Fürweg-Deppe lassen auf ein- und denselben Täter schließen. Die beiden Tatorte sind ungefähr 1 1/2 km voneinander entfernt.«

Die serologischen Untersuchungen 1946 hatten noch nicht die Präzision der heutigen. Zwar grenzten sie den Täterkreis nach der Blutgruppe ein, zu einer eindeutigen Identifizierung jedoch fehlten die technischen Mittel.

Heute würde die DNS-Analyse den Täter eindeutig kennzeichnen. Die Daten einschlägig Vorbestrafter sind gespeichert, ein Vergleich würde den Täter schnell überführen, wäre er mit sexueller Abartigkeit bereits einmal auffällig geworden. Mit dieser Recherchemöglichkeit können Tätern auch weit zurückliegende Straftaten nachgewiesen werden.

Sollte dies in heutiger Gegenwart nicht zum Erfolg führen, nimmt die Polizei in Wohn- und Lebensgebiet der Opfer Speichelproben der männlichen Bevölkerung und gleicht diese mit den am Tatort gefundenen Spuren ab.

1946 waren diese Untersuchungen nicht möglich. Vielleicht hätte man den Täter mit den modernen wissenschaftlichen Ermittlungsmethoden überführt.

Die Polizei nahm bei dem Mord an den Schwestern Fürweg einen Serientäter an. Die nah beieinanderliegenden Tatorte sprachen dafür. In der Beierfelder Flur fand man Heidelinde Lieboldt und Sigrid Reichwein. In Beierfeld gingen die Schwestern Fürweg zum Tanz. Lernten sie den Täter vor Ort kennen? Der Mörder hatte eine Obsession, lassen die Verletzungen des Opfers vermuten.

Neben unabsichtlichen Verletzungen am Opfer werden Verletzungen auch durch absichtliche Gewalteinwirkung verursacht. Diese sind entweder zur Erreichung des Tatzieles in funktionaler Hinsicht erforderlich, oder sie werden als Täterverhalten verstanden, das über das absolut Notwendige der Tatbegehung hinausgeht. Die Stiche in die Augen der vier Opfer müssen als absichtlich und nach dem Tod beigebracht verstanden werden. Verschaffte diese Gewalt dem Täter zusätzliche sexuelle Befriedigung? »Das Experimentierverhalten des Täters bezeichnet Gewaltanwendung, die nicht aggressive, psychologische, fantasiebezogene Bedürfnisse des Täters befriedigt. Dazu bedarf es keines lebenden Opfers.« Der Mörder der Mädchen, ein Psychopath?

»Psychopathie: Breite Klasse von Persönlichkeitsstörungen, die sich ohne Anzeichen intellektueller Defizite, in relativ überdauernden, von sozial geprägten Erwartungen abweichenden und das Zusammenleben erschwerenden Affekten, Einstellungen und Verhaltensweisen äußern.«

Dem englischen Psychiater Michael Craft zufolge sollten Personen als psychopathisch diagnostiziert werden, wenn sie eine Kombination der folgenden Merkmale aufweisen, wobei die zwei ersten positiven Merkmale beide vorhanden und die negativen Merkmale erfüllt sein müssen.

Positive Merkmale:

1. Fehlendes Empfinden für andere Menschen, von einigen als Gefühllosigkeit, von anderen als Lieblosigkeit bezeichnet. In extremen Fällen können die Personen ganz ohne Gefühl sein.
2. Neigung zu impulsivem, unbedachtem Handeln (vgl. die alte juristische Formulierung »unwiderstehlicher Drang«).

Sekundäre Merkmale (von obigen abgeleitet):

3. Eine Kombination der obigen zwei, die unter entsprechenden Umständen zu Aggressivität führt.
4. Fehlende Scham und Reue über das, was getan wurde.
5. Unfähigkeit, Erfahrungen zu nutzen oder anzuwenden, was fehlende Reaktion auf Bestrafung einschließt. Das Asoziale ihres Tuns kann früher mittels Schuldspruch dokumentiert worden sein.
6. Fehlende Motivation, was zu genereller Untüchtigkeit führt, so dass die betreffende Person vorhandene Fähigkeiten nicht nutzt.

Zusätzlich:

7. Zu obigen kommt Bösartigkeit oder der Wunsch, Dingen oder Personen Schaden zuzufügen.

Negative Merkmale:

1. Fehlen von Psychosen wie Schizophrenie oder Depression, die durch psychiatrische Untersuchungen ausgeschlossen wurden.
2. Fehlen eines rein intellektuellen Defizits / geistige Fähigkeiten geringer als die Hälfte des Durchschnittswerts.
3. Fehlen von krimineller Motivation oder Tatplänen aus Angst vor den damit verbundenen Risiken.

Interessanterweise gibt es keine internationale Übereinstimmung hinsichtlich der Diagnose von Psychopathie. In den USA werden zum Beispiel Charme, Eitelkeit und soziale Fähigkeiten hervorgehoben; in der BRD wird vor allem auf Gefühlskälte geachtet.

Hätte ein heute übliches Profiling den Täterkreis eingegrenzt? Den perversen Mörder überführt?

»Perversion versucht, etwas in der Persönlichkeit eines Menschen zu reparieren. Es sind Konflikte, Probleme, Defizite, die in der perversen Symptomatik abgeschwächt werden. Probleme, die am häufigsten zu tun haben

- mit der männlichen Identität,
- mit der Aggression,
- mit dem Selbsterleben und
- mit der Beziehungsfähigkeit.

Diese Probleme werden als perverse Symptome ausgedrückt und damit auch aufgefangen. Die Perversion dient dann, so sagen die Psychoanalytiker, als Abwehr gegen diese Probleme.«

Warum stach der Mörder Mädchenaugen aus? Konnte er den Blick der Toten nicht ertragen? Verschaffte es ihm sexuellen Reiz?

Nach der Vergewaltigung und den Morden an Traudl und Rosalie hat dieser Täter nicht wieder getötet, nie mehr zugestochen. Sein Zwang zur Serie bricht mit diesem zweiten Doppelmord ab. Zumindest in der Schwarzenberger Gegend. War der Täter danach nicht mehr im Erzgebirge zu Hause? Hat man ihn zu einer anderen Dienststelle versetzt? Wurde ihm von Verwandten das Morden unterbunden. Starb er selbst?

Der Doppelmord an den Schwestern Traudl Deppe und Rosalie Fürweg wurde nicht geklärt. Auch nicht der an Heidelinde Lieboldt und Sigrid Reichwein.